ARCHIVES DE LA FRANCE MONASTIQUE
VOL. XV

ABBAYES ET PRIEURÉ
DE L'ANCIENNE FRANCE

Recueil historique
des Archevêchés, Évêchés, Abbayes et Prieurés de France
par Dom BEAUNIER

TOME SIXIÈME

Province ecclésiastique de Sens

PAR

le R. P. Dom J.-M. BESSE

ABBAYE DE LIGUGÉ

CHEVETOGNE, PAR LEIGNON (BELGIQUE)

PARIS

JOUVE ET Cᵗᵉ, ÉDITEU
15, RUE RACINE, 15

1913

ABBAYES ET PRIEURÉS

DE L'ANCIENNE FRANCE

VI

Province ecclésiastique de Sens

ARCHIVES DE LA FRANCE MONASTIQUE
VOL. XV

ABBAYES ET PRIEURÉS

DE L'ANCIENNE FRANCE

Recueil historique
des Archevêchés, Évêchés, Abbayes et Prieurés de France
par Dom BEAUNIER

TOME SIXIÈME

Province ecclésiastique de Sens

PAR

le R. P. Dom J.-M. BESSE

ABBAYE DE LIGUGÉ

CHEVETOGNE, PAR LEIGNON (BELGIQUE)

PARIS

JOUVE ET Cie, ÉDITEURS
15, RUE RACINE, 15

1913

PROVINCE ECCLÉSIASTIQUE DE SENS

I

DIOCÈSE DE SENS[1]

[*SENS, en latin *Senonensis*, ville capitale du Sénonais, sur les confins de la Bourgogne et du Gâtinais..., métropole ancienne de la quatrième Celtique ou Lyonnaise, comprise pendant quelque

---

1. Chef-l. arr. Yonne. — Senonensium archiepiscoporum vitæ actusque variis ex locis collecti, auct. TAVEAU. *Sens*, 1608, in-4. — Catalogus archiepiscoporum Senonensium, auct. DOMNO MATHOUD. *Paris*, 1688, in-4. — Histoire de l'Église et de l'ancien archidiocèse de Sens, par BOUVIER, t. I des origines à l'an 1122, *Sens*, 1906, in-8; II, *Paris*, 1911, in-8. — Annales ecclesiastici Senonenses, auct. URBAIN REVERSEY. *Bib. nat. ms. lat.* 5204. — Mémoires pour servir à l'histoire des archevêques de Sens, par HENRI FENEL. *Bib. Sens ms.* 76, 77, 78. — Histoire des archevêques de Sens, par J. MAUCLERC. *Sens*, 1825, in-12. — Histoire générale des pays de Gastinois, Senonois et Hurepoix, contenant la description des antiquités des villes, bourgs, châteaux, abbayes, églises et maisons nobles, par DOM MORIN. *Paris*, 1630, in-4. Nouv. éd. annotée par QUESVERS. *Pithiviers*, 1884-1890, 3 vol. in-4. — Recherches historiques sur la ville de Sens et ses environs, par TARBÉ, *Sens*, 1838, in-8; *Paris*, 1888, in-fol. — Les Tarbé, par LANDRY. *Sens*, 1902, in-8. — Histoire de la ville de Sens jusqu'à 1698, par LARCHER DE LAVERNADE. *Sens*, 1845, in-8. — Sens, histoire et description, par CH. MÉMAIN. *Sens*, 1893, in-12. — Sens et ses environs, par PAUL FLEURY. *Sens*, 1897, in-16. — Histoire de la commune de Sens, par QUANTIN. *Auxerre*, 1857, in-8; ext. *Bul. soc. Yonne*. — La commune de Soissons et le groupe communal

---

(a) Le texte mis entre crochets est emprunté à DOM BEAUNIER.

temps dans le gouvernement de Bourgogne et maintenant dans celui de Champagne. C'est une ville plus considérable par sa grandeur et par ses églises que par son monde; car elle n'est pas peu-

---

soissonnais, par Bourgin. *Paris*, 1908, *in-8*; 310-347; on trouve en tête une bibliographie critique. — Les comtes de Sens, par Challe, dans *Annuaire Yonne* (1841), 165 et *s*. — Recherches sur le Tiers État dans les pays qui forment aujourd'hui le département de l'Yonne, par Quantin. *Auxerre*, 1851, *in-8*. — Du revenu de la propriété foncière aux environs de Sens depuis le XVIᵉ siècle, par Lallier, dans *Bul. soc. Sens*, VI (1858), 151. — Antiquités et curiosités de la ville de Sens, par de Montaiglon. *Paris*, 1881, *in-8*. — Esquisses de mœurs sénonaises aux XIVᵉ et XVᵉ siècles, par Molard. *Paris*, 1895, *in-8*. — Sens en 1436-1438, par Julliot, dans *Bul. Soc. Sens*, X (1870), 275-333.

Bibliothèque historique de l'Yonne, par Duru. *Auxerre*, 1850, 2 vol. *in-4*. — Cartulaire général de l'Yonne, par Quantin. *Auxerre*, 1854-1860, 2 vol. *in-8*. — Recueil de pièces pour faire suite au « Cartulaire général de l'Yonne », par le même. *Auxerre*, 1873, *in-8*. — Inventaire sommaire des archives départementales, Yonne, sér. A, B, C, D, E., par Quantin. *Auxerre*, 1868, *in-4*. Sér. G, par le même. *Auxerre*, 1873, 1882, 2 vol. *in-4*; par Molard, 1888-1899, 2 vol. *in-4*. Seine-et-Marne, sér. A, B, C, D, E, II, par Lemaire. *Melun*, 1863-1880, 4 vol. *in-4*. — Inventaire général des archives historiques de l'Yonne; résumé analytique des collections, par Quantin. *Auxerre*, 1852, *in-8*. — Inventaire des archives communales. Sens, par le même. *Sens*, 1870, *in-4*. — Mémoire sur les archives historiques du Sénonais conservées à la mairie de Sens, par le même, dans *Bul. soc. Yonne*, XXV (1871), 131 et *s*. — Rapport fait par son ordre à Mgr l'archevêque de Sens sur l'étude de l'histoire et la réorganisation des archives de Sens et d'Auxerre, par Duru. *Sens*, 1864, *in-8*. — Cartulaire sénonais de Balthazar Taveau, procureur au bailliage et siège présidial de Sens, procureur aux causes et greffier de la Chambre de ville, par Julliot. *Sens*, 1884, *in-4*. — Professions de respect et d'obédience par les abbés et abbesses du diocèse envers les archevêques de la sainte église métropolitaine de Sens (1214-1530), dans *Cartulaire du Chapitre cathédral de Sens*, par Chartraine, 230-261. — Une nouvelle liste de professions épiscopales et abbatiales faites à l'église métropolitaine de Sens, par le même, dans *Bul. soc. archéol. Sens*, XXIII (1908), 122-139. — Dignitaires des abbayes, chapitres et prieurés du diocèse de Meaux, par Delaforge, *Melun*, 1885, *in-8*.

Les chroniqueurs sénonais du Moyen-Age, Odoranne, Clarius et Geoffroy de Courlon, de la valeur historique de Geoffroy de Courlon,

plée. Elle eut des prélats dès le troisième siècle. Charles le Chauve
les voulut établir primats des Gaules et de Germanie dans le concile de Ponthyon en 876 ; ce qui leur en fait prendre le titre. Mais

par CHALLE, dans *Bul. soc. Yonne*, XXXV (1881), 77 et s. — Répertoire
de ce qui concerne le diocèse de Sens et le département de l'Yonne dans
la Patrologie de Migne, par CORNAT, dans *Bul. soc. archéol. Sens*, X
(1872), 225 et s. — Catalogue des cartulaires qui concernent le pays du
département de l'Yonne, par QUANTIN, dans *Bul. soc. Yonne*, XXXV
(1881), 60-76. — Inventaire des documents relatifs à l'histoire religieuse
et civile de Sens. Archives nationales (1108-1785), par PAUL GUÉRIN, dans
Bul. soc. archéol. Sens, XIII (1885), 115 et s. — Liste d'hommages, aveux
et dénombrements des diverses terres situées dans les baillages de Sens,
Troyes, Auxerre, etc. et dans l'étendue du département actuel de l'Yonne
du XIV° au XVII° siècle, par QUANTIN, dans *Bul. soc. Yonne*, XXXVII
(1883), 46 et s. — Relevé des documents concernant le département de
Seine-et-Marne conservés à la Bibliothèque nationale, aux archives
nationales, etc., par L'ARCHIVISTE DÉPARTEMENTAL, *Fontainebleau*, 1883,
in-8. — Pièces relatives à la ville de Sens conservées à la bibliothèque de
Melun, par LEROY, dans *Bul. soc. Sens*, VIII (1863), 26. — Catalogue des
chartes des archives du département du Nord, sér. B, concernant le
département de l'Yonne, par QUANTIN, dans *Bul. soc. Yonne*, XXXVI
(1882), 169 et s. — Un chroniqueur inédit des annales de la ville de Sens,
par CHALLE, dans *Bul. soc. Yonne*, XII (1858), 623-650. — Documents sur
l'histoire de la ville de Sens, par DUPLÈS-AGIER. *Paris*, 1858, in-8 ; ext.
Bib. école chartes. — Obituaires de la province de Sens, par MOLINIER,
t. I, deuxième partie. *Paris*, 1902, in-8.
Doléances et tribulations d'un religieux du diocèse de Sens pendant
l'invasion anglaise en 1358, par JULLIOT, dans *Bul. soc. Sens*, VIII (1863),
199. — Histoire des guerres du Calvinisme et de la Ligue dans l'Auxerrois,
le Sénonais et les autres contrées qui forment aujourd'hui le département de l'Yonne, par CHALLE, dans *Bul. soc. Yonne*, XVII (1863), 5-398 ;
XVIII, 73-465. — Henri de Pardailhan de Gondrin, archevêque de Sens
(1646-1674), par G. DUBOIS. *Paris*, 1902, in-8. — Table générale des biens
nationaux vendus dans l'Yonne, par EUG. DROT, dans *Bul. soc. Yonne*
XLVI (1892), 303-318 ; XLVII, 234-258 ; XLVIII, 265-304 ; XLIX, 14-20 ;
L, 193-259. — La révolution dans le département de l'Yonne, par MON-
CEAUX. *Paris*, 1890, in-8. — Notes pour servir à l'histoire du clergé de
l'Yonne pendant la Révolution (1790-1800), par BONNEAU. *Sens*, 1900,
in-8.
Géographie ancienne du département de l'Yonne, par DEY, dans *Bul.
soc. Sens*, VI (1858), 128 ; VII (1861), 68. — Notes sur quelques paroisses

cela eut si peu de succès qu'ils ont été obligés de reconnaître la
Primatie de Lyon [1]. .

Saint Savinien fut premier évêque de la ville; il eut pour pre-

de l'ancien diocèse de Sens, par Quesvers, Sens, 1893, in-8. — Calendrier
historico-bibliographique des saints des diocèses de Sens et d'Auxerre
(janvier et février), par Duru. Sens, 1865, in-8. — Vie des saints du diocèse de Sens et Auxerre, par Blondel. Sens, 1885, in-12. — Histoire de
l'Assistance publique dans le département de l'Yonne jusqu'en 1789,
par Bouvier, dans Bul. soc. Yonne, LII (1901), 5, 281; LIII, 71 ; LIV, 235.
— Mémoire sur l'instruction primaire au Moyen-Age dans l'ancien diocèse de Sens, par Quantin, dans Congrès scientif. France, XXXIX.
Auxerre, 1858, 130 et s. — Les écoles épiscopales et monastiques de
l'ancienne province ecclésiastique de Sens du Ve au XIIe siècle, par
Aspinvall. Paris, 1904, in-8. — Essai sur l'histoire de l'imprimerie dans
le département de l'Yonne, par Rimène, dans Bul. soc. Yonne, X (1856),
1-378. — Histoire des bibliothèques des établissements religieux qui
forment le département de l'Yonne, par Quantin. Auxerre, 1875, in-8;
ext. même recueil. — Le P. Laire, la bibliothèque et le musée de la ville
de Sens, par Chandenier. Sens, 1900, in-8; ext. Bul. soc. Sens. — Manuscrits de la bibliothèque de Sens, par Molinier, dans Catalogue général
des manuscrits des bibliothèques publiques. Départements, VI, 147-204. —
Inscriptions de l'ancien diocèse de Sens, d'après les estampages d'Edmond
Michel, par Quesvers et Stein. Sens, 1897-1904, 4 vol. in-4. — Fragments
de sigillographie sénonaise, par Julliot, dans Bul. soc. Sens, IX (1867),
202. — Nouveaux fragments de sigillographie sénonaise, par le même.
Sens, 1840, in-8 ; ext. même recueil. — Recherches sur les monnaies et
les médailles émises dans les différentes villes du département de l'Yonne,
par Laureau, dans Bul. soc. Yonne, I (1847), 287 ; II, 339; VI, 59 ; IX,
475 ; XIII, 191. — Fragment de numismatique sénonaise, dans Bul. soc.
Sens, V (1854), 17 et s. — Les études archéologiques dans l'Yonne au
XIXe siècle, par Ch. Porée, dans Congrès archéol. France, LXXIV, 307-
316. — Sens, par le même. Ibid., 205-232.

Annuaire historique du département de l'Yonne. Auxerre, 1837 et s.,
in-8. — Bulletin de la société des sciences historiques et naturelles de
l'Yonne. Auxerre, 1847 et s., in-8. — Bulletin de Société archéologique
de Sens. Sens, 1846 et s., in-8. — Gallia christiana, XII, 1-107; instrum. 1-98.

1. Senonensis Ecclesiæ querela de primatu Galliarum adversus Lug-
dunensem et de metropolico jure adversus Parisiensem, auct. Duiot.
Sens, 1652, in-12. — Recueil des actes du clergé de France, II, 47.

miers associés dans la mission de ce pays saint Potentien, venu de
Rome avec lui, saint Victorin et saint Sérotin, qui étaient de Sens
même, et quelques autres martyrs, vers la fin du troisième siècle[1].
Saint Leu fut fait évêque de Sens après saint Arthème[2] l'an 609 et
il mourut en 613. Saint Amé[3] fut fait évêque vers l'an 664 après la
mort de saint Emmon[4] et fut chassé de son siège l'an 674. Saint
Wulfran[5] fut fait évêque de Sens vers l'an 682. Il se démit de
l'évêché l'an 685, lorsque vivait encore le légitime évêque de cette
Église, saint Amé, qui avait été injustement banni par le roi

---

1. Les Fastes épiscopaux de l'ancienne Gaule, par DUCHESNE, II, 389-
417. — De vera Senonum origine christiana, adversus Johannis de Lau-
noy criticas observationes dissertatio, auct. D. MATHOUD. Paris, 1687,
in-4. — Étude d'onomastique sur les noms des premiers apôtres de la
province de Sens et sur ceux des Gallo-Romains mentionnés dans leurs
actes, par GRAVIER, dans Mém. soc. acad. Aube, XXIX (1892), 131-186. —
Les origines des Églises de la province de Sens, par MÉMAIN. Sens, 1888,
in-8. — Etude sur l'époque de la prédication de l'Evangile à Sens, par
VIVIEN, dans Bul. soc. Sens, XI (1877), 207-286. — Origines chrétiennes
de la Gaule celtique. Recherches historiques sur la fondation de l'Église
de Chartres et des Églises de Sens, de Troyes et d'Orléans, par HÉNAULT.
Paris, 1884, in-8. — Supplément aux Recherches historiques..., par
LE MÊME. Paris, 1885, in-8. — L'apostolicité de l'Église de Sens. Réfuta-
tion des erreurs de M. l'abbé Duchesne, par BLONDEL. Sens, 1902, in-8.
— Apostolicité de l'Église de Sens. Lettre ouverte à M. Houtin, par LE
MÊME. Paris, 1903, in-8; ext. Science catholique. — Passio sancti Sabi-
niani et translatio, dans Bibliothèque historique de l'Yonne, par DURU,
II, 289-354. — Histoire de l'église de Sens, par BOUVIER, 1-40.
2. Saint Leu ou Lupus siégea au Concile de Paris en 614. Sa fête se
célébrait le 1er septembre. — DURU, ouv. cit. I, 232-246. — Acta Sanctorum, Septembris I, 255-265. — Scriptores rerum merovingicarum, par
KRUSCH, IV, 179-187. — BOUVIER, 101-116, 242, 451.
3. Saint Amé, Amatus, évêque de Sion, a été intercalé au XIIe siècle
sur la liste des évêques de Sens. DUCHESNE, I, 239. — BOUVIER, 133, 457-
460.
4. DUCHESNE, II, 413. — BOUVIER, 129-135.
5. La chronologie de la vie de saint Wulfran est peu sûre. Il était mort
en 704. — DURU, I, 171-183. — Acta Sanctorum, de MABILLON, III, 1, 341-
363. — BOUVIER, 139-143.

Thierry, l'an 674, et qui avait survécu à deux évêques consécutifs,
Méric et Lambert[1], qu'on lui avait substitués et qu'on avait fait
suivre de saint Wulfran. Saint Ebbon, abbé de Saint-Pierre-le-Vif,
fut fait évêque de Sens l'an 709, après la mort de son oncle mater-
nel Géric, et mourut vers l'an 743[2]. Saint Aldric fut fait évêque en
829 jusqu'en 840 ou 841[3]. Pour ce qui est de plusieurs saints du
diocèse de Sens, je n'en parle point, parce que cela me mènerait
trop loin.

Anségise donna un grand éclat à son siège[4]. Charles le Chauve
obtint du Pape Jean VIII en sa faveur la Primatie des Gaules et de
Germanie l'an 876. Les évêques de France assemblés à Ponthyon
désapprouvèrent cette élévation de l'Église de Sens. Cependant les
archevêques de Sens ont plusieurs fois essayé de revenir contre
cette décision ; mais Charles de Bourbon, cardinal et archevêque
de Lyon, ayant porté la solution de ce procès au Parlement de
Paris, l'archevêque de Sens, qui était de la maison de Melun, s'y
laissa condamner par défaut. Depuis ce jugement, la Primatie des
Gaules est demeurée à l'archevêque de Lyon. Celui de Sens n'a
conservé que le titre de primat des Gaules et de Germanie. Il avait
autrefois pour suffragants les évêques de Paris, de Chartres, de
Meaux, d'Orléans, d'Auxerre et de Nevers. Mais, depuis l'érection
de Paris en archevêché en 1622, il n'est resté à l'archevêque de
Sens pour suffragants que les évêques de Troyes, d'Auxerre et de
Nevers[5] ; et pour l'indemniser de ce démembrement, on a uni à

---

1. Tout ce passage de Beaunier est erroné. Medericus est inscrit le 20e
sur la liste de Duchesne, immédiatement après Lupus, tandis que Lan-
debertus est le 26e entre Emmo et Wulfran. DUCHESNE, II, 412-413. —
BOUVIER, 118-120, 134-139.
2. Les dates de la vie d'Ebbo sont incertaines. DUCHESNE, II, 414. —
Acta Sanctorum. Augusti, VI, 98-99. — BOUVIER, 144-149, 337-338.
3. Saint Aldric était évêque en 829 ; son biographe le fait mourir en
836. — DUCHESNE, II, 417. — Acta Sanctorum, de MABILLON, IV, 1, 539-
546. — BOUVIER, 189-213.
4. Anségise gouverna l'Église de Sens de 871 à 883. — BOUVIER, 270-295.
5. Reverendo in Christo Patri D. D. Leonori d'Etampes, Carnutum

son archevêché la mense abbatiale de l'abbaye du Mont Saint-Martin en Picardie et dans le diocèse de Cambrai, qui vaut douze mille livres de rente[1]. L'archevêque de Sens est chanoine honoraire de l'église de Saint-Martin de Tours.

Le diocèse de Sens s'étend au-delà du gouvernement de Champagne et comprend 765 paroisses soumises à cinq Archidiaconés, 16 Chapitres, 29 Abbayes et 60 Couvents, Communautés ou Collèges[2]. Dans la seule ville de Sens, il y a 16 paroisses ; et, des 16 curés, il y en a 13 qui sont qualifiés prêtres cardinaux, parce qu'ils assistent l'archevêque à la messe, lorsqu'il officie dans sa cathédrale. Autrefois et même sous M. de Gondrin, ils l'assistaient toutes

---

episcopo, necnon dilectis ac venerabilibus decano, canonicis et capitulo totique clero Carnutensi, metropolitana Senonensis Ecclesia ab antiquae provinciae suae communione non recedere. *Senonis*, 1623, *in-8*. — Metropolitanae Senonensis Ecclesiae supplicatio ad regem ne minoretur. *Senonis*, 1623, *in-8*. — Ordonnance de Mgr l'archevêque de Corinthe, coadjuteur de Paris, sur les entreprises de Mgr l'archevêque de Sens. *Paris*, 1650, *in-4*. — Arrêt de la Cour du Parlement portant défense à M. l'archevêque de Sens de convoquer aucune assemblée du Clergé à Paris et ailleurs dans la province du dit Paris (14 mai 1650). *Paris, s. d., in-4*.

1. Com. et cant. Le Catelet, arr. Saint-Quentin, Aisne. — Actes concernant cette union dans *Recueil des Actes du Clergé*, II, 54-70. — Factum pour M. l'archevêque de Sens, abbé de l'abbaye du Mont-Saint-Martin, unie audit archevêché, appelant d'une sentence des Requêtes du Palais du 12 mai 1682 et intimé, contre les doyen, chanoines et chapitre de Saint-Quentin, intimé et appelant de la même sentence. *S. l. n. d., in-fol*. — Factum pour M. l'archevêque de Sens, abbé du Mont-Saint-Martin, appelant d'une sentence des Requêtes du Palais du 12 mai 1682... *S. l. n. d., in-fol*. — Examen des titres sur lesquels le chapitre de Saint-Quentin prétend établir deux rentes sur l'abbaye du Mont-Saint-Martin, l'une de 84 muids de blé et l'autre de six. *S. l. n. d., in-fol*.

2. Pouillé général contenant les bénéfices de l'archevêché de Sens et des diocèses de Troyes, Auxerre et Nevers. Paris, *Alliot*, 1648, *in-4*. — Pouillé de l'ancien diocèse de Sens, par QUESVERS et STEIN. *Paris*, 1894, *in-4*. — Pouillé de la province de Sens, par LONGNON. *Paris*, 1904, *in-4*, II-XII, 1-102. — Topographie ecclésiastique de la France, par DESNOYERS, 117-120. — Le pouillé de 1648 mentionne le chiffre de 777 paroisses et de 462 chapelles. L'archidiaconé de Sens ou Grand Archidiaconé compre-

les fois qu'il officiait pontificalement aux grandes fêtes. Mais à présent cette cérémonie ne s'observe qu'aux deux fêtes de saint Etienne, patron de l'église cathédrale, à la dédicace de la même église et le Jeudi-Saint pour les saintes Huiles[1].

Le Chapitre de l'église métropolitaine de Saint-Etienne de Sens, à qui saint Bernard donne de grands éloges, est composé de cinq dignités, qui sont l'archidiaconé de Sens, la Trésorerie, le Doyenné, la Préchantrerie et la Cellérerie, de quatre personats, qui sont les Archidiaconés de Gatinais, de Melun, de Provins, et d'Étampes, de trente et un canonicats et de quatorze semi-prébendes, et le reste. Les dignités d'archidiacre de Sens et de trésorier, les personnats et tous les canonicats sont à la collation de l'archevêque. Le doyen, le préchantre et le cellérier sont électifs par le chapitre, et confirmatifs par le Pape. Les deux hautes vicairies

---

nait les doyennés de la Chrétienté ou de Sens, de Pont, de Courtenay, de Saint-Florentin et de Trainel ; celui du Gatinais, les doyennés du Gatinais, de Ferrières et de Milly ; celui de Melun, les doyennés de Melun et de Montereau ; celui de Provins, le doyenné de Provins ; celui d'Etampes, le doyenné d'Etampes.

1. Inventaire sommaire des archives départementales, sér. G. — Invent. som. archives communales. Sens. — Cartulaire de l'archevêché de Sens. Bib. nat. ms. lat. 9895. — Cartulaire général de l'Yonne, par QUANTIN, I, 567 ; II, 530. — Recueil, par LE MÊME, 437. — Bulle du Pape Grégoire XI en 1374, fulminée par l'abbé de Sainte-Geneviève en 1452, confirmative du droit et juridiction qu'a le grand archidiacre de Sens d'installer les archevêques de Sens, les évêques suffragants, etc. S. l. n. d., in-4. — Enquête faite par le chantre de Senlis et le bailli de Sens sur les injures et mauvais traitements dont les clercs de l'abbé de Saint-Denis, venus à Sens pour publier une sentence d'excommunication contre l'official de l'archevêché, furent l'objet de la part de ce personnage et de ses familiers (1285), par P. GUÉRIN, dans Bul. soc. Sens, XIII (1885), 161. — Recherches historiques sur la juridiction des officialités et sur les officialités dans le diocèse de Sens, par SALMON, dans Bul. soc. Yonne, X (1856), 5-22. — Les archevêques de Sens considérés sous le rapport féodal au Moyen-Age, par QUANTIN. Ibid., IV (1850), 63-77. — De l'intervention des archevêques de Sens dans les actes privés passés dans leur diocèse au XII⁰ s., par LE MÊME. Ibid., XXIV (1870), 135-151. — Notice sur les

dépendent du Chapitre, qui a aussi la présentation des quatorze
semi-prébendes, à la réserve d'une, qui dépend du trésorier. L'église
métropolitaine de Sens a quelques privilèges. Louise de Savoie,
duchesse d'Angoulême et régente en France pendant l'absence de
François Ier, son fils, lui donna des lettres de concession, datées du
14 octobre 1515, par lesquelles elle lui donne pouvoir de faire faire
par ses officiers des inventaires de ceux du Chapitre et habitués de
cette Église, qui décéderaient dans le cloître, sans que les officiers
du roi s'en puissent entremettre. Ces lettres furent confirmées par
d'autres de François Ier du 17 février 1516. Cette Église a aussi des
lettres de protection et de sauvegarde semblables à celles du Chapitre de Notre-Dame de Paris, avec le droit de *Committimus* aux
Requêtes du Palais. Ces lettres sont datées du mois de novembre
de l'an 1548[1].

Les autres chapitres de ce diocèse sont le chapitre de Notre-
Dame d'Étampes, fondé par le roi Robert, pour un chantre et dix
chanoines[2]; celui de Sainte-Croix de la ville d'Étampes, fondé en

<hr/>

archidiacres de Sens, par SALMON. *Sens*, 1855, in-8. — Les armes des
archevêques de Sens, par DE GOUSSENCOURT. *Paris, s. d., in-fol.* — Armorial des archevêques de Sens, par JULLIOT. *Sens*, 1862, in-4. — Recueil
des actes du clergé, II, 226, 54 et s. ; VII, 1479, 1464, 860. — La Révolution, par MONCEAUX, 171 et s., 180 et s., 719.

1. Inv. som. arch. départ. sér. G. — Inv. som. arch. com. Sens. —
Cartulaire, *Bib. nat. ms. lat.* 9898. — Cartulaire du chapitre de Sens,
par CHARTRAINE. *Sens*, 1904, in-8. — Cartulaire général, par QUANTIN, I,
567-568 ; II, 530-531. — Recueil, par LE MÊME, 437. — Mémoire sur l'organisation et le régime économique et financier de l'ancien chapitre
cathédral de Sens, par LE MÊME, dans *Mémoires lus à la Sorbonne* (1868-
1869), 193-234. — Le chapitre et les chanoines de Saint-Laurent dans le
palais archiépiscopal de Sens, par CHARTRAINE. *Sens*, 1893, in-8 ; ext. *Bul.
soc. Sens.* — Catalogue des factums, par CORDA, V, 604-607. — Recueil
des actes du clergé, II, 951 ; VI, 461, 1122 ; XI, 1925. — MONCEAUX, 166-
174, 177-182, 721. — Obituaires de la province de Sens, II, 1-14.

2. Chef-l. arr. Seine-et-Oise. — La fondation est de 1022. Il y avait au
début un abbé et douze chanoines. L'église (XIe et XIIe s.) existe encore.
— Inv. som. arch. départ. Seine-et-Oise, sér. G. 1101, par COUARD, 438.

1183 et composé d'un doyen, d'un chantre et de dix-neuf chanoines[1], Le doyen et le chantre sont élus par le chapitre et confirmés
par l'archevêque de Sens ; quant aux canonicats, ils sont tous à la
collation de l'archevêque. Le chapitre de Notre-Dame de Melun
est composé d'un chantre et de sept chanoines, qui sont tous à la
collation du roi[2]. Celui de Notre-Dame de Milly a un doyen, qui

---

— Cartulaire de Notre-Dame d'Etampes, par ALLIOT. *Paris*, 1888, *in-8.*
— POTHAST, Callixte II (1119), 6790 ; Lucius III (1185), 15467 ; Clément III (1191), 16665 ; Célestin III (1191), 16756 ; Innocent III (1209),
3854 ; Grégoire IX (1238), 10602. — Factum pour les chantre, chanoines
et chapitre de l'église collégiale et royale de Notre-Dame d'Etampes,
seigneurs du fief de Roussognon, contre Jean Dean, marchand demeurant à Etampes, appelant d'une sentence rendue par le bailli d'Etampes,
le 26 février 1660. *S. l. n. d., in-4.* — Essais historiques sur la ville
d'Etampes, par MAXIME DE MONTROND. *Paris*, 1836-1837, 2 *vol. in-8.* —
Les rues d'Etampes, par L. MARQUIS. *Orléans*, 1881, *in-8.* — Les antiquités de la ville et du duché d'Estampes, par DOM BASILE FLEUREAU.
Paris, 1684, *in-4*, 287-314. — Dom Basile Fleureau et ses antiquités
d'Etampes. Etude biographique et bibliographique, par DRAMARD, dans
Cabinet historique, XIX, II, 305-323 ; XX, 238-240. — Sur Dom Basile
Fleureau et sur sa famille, par CH. FORTEAU, dans *Conférence des soc.
sav. Seine-et-Oise à Etampes* (1908), 83-93. — Notre-Dame d'Etampes, par
ANTHYME-SAINT-PAUL, dans *Gazette archéologique*, IX (1884), 211-223. —
Essai de bibliographie étampoise, par PINSON. *Paris*, 1873, *in-8.* — Bibliographie d'Etampes et de l'arrondissement, par LE MÊME. *Etampes*, 1910,
in-8. — Etampes et ses monuments au XIe et au XIIe siècles, par
LEFÈVRE, dans *Ann. du Gatinais* (1907), 145-248, 289-346. -- Conférences
des sociétés savantes de Seine-et-Oise. Etampes, 13 et 14 juin 1908. *Paris*,
1908, *in-8.* — Etampes pittoresque ; guide du voyageur dans la ville et
l'arrondissement, par MAX LEGRAND. *Etampes*, 1904, *in-8.* — Pouillé, par
QUESVERS et STEIN, 264.

1. Philippe-Auguste fonda cette église sur l'emplacement d'une syna-
gogue. Le cardinal de Luynes réduisit ce chapitre au chantre et à huit
prébendes. — Inv. som. arch. départ. Seine-et-Oise, sér. G. — Factum
pour les doyen, chantre et chanoines de l'église royale de Notre-Dame de
Sainte-Croix d'Etampes contre les chanoines et chapitre de l'église royale
de Notre-Dame de la même ville. *S. l.*, 1694, *in-4.* — Dom Fleureau, 378-
398. — Pouillé, 265.

2. Chef-l. départ., Seine-et-Marne. — Fondée par le roi Robert. Les

est curé et que l'archevêque nomme sur la présentation du seigneur, et quatre chanoines, que le seigneur nomme[1]. Celui de
Saint-Quiriace de Provins a un doyen, un prévôt, un chantre, un
trésorier, qui sont dignités et ont chacun 800 livres de rente, et
20 canonicats qui valent 400 livres chacun[2]. Celui de Notre-Dame
du Val, fondé hors de la ville de Provins, vers l'an 1170, et transféré dans cette ville en 1356, est composé de trois dignités, qui
valent chacune 800 livres, et de seize canonicats, qui valent 400

---

chanoines étaient d'abord au nombre de douze. — Inv. som. arch.
départ., Seine-et-Marne, sér. G, par LEMAIRE, II, 56-63. — Arch. communales de Melun. — Règlement demandé par les chapelains et communauté de Notre-Dame de Melun contre les chantres et chanoines de
la même église. *Paris*, 1624, *in-4*. — Mémoire sur délibéré pour le sieur
Rousset, prêtre, gradué nommé, pourvu de la chapelle de Sainte-Croix
en l'église collégiale de Notre-Dame de Melun, contre le sieur Mangin,
clerc tonsuré, prétendant au même bénéfice, appelant. *Paris*, 1752, *in-4*.
— Obituaires de la province de Sens, par MOLINIER, II, 31-33. — Histoire de la ville de Melun, par BOUILLART. *Paris*, 1628, *in-4*. — Histoire
de Melun, par G. LEROY. *Melun*, 1887, *in-8*. — Le Vieux Melun, supplément à l'histoire de la ville, par LE MÊME. *Melun*, 1904, *in-4*. — Histoire de Melun, par MAURICE LECOMTE. *Paris*, 1910; *in-8*. — Notice sur
la collégiale de Notre-Dame de Melun, par de BONEUIL, dans *Bul.
monum.* (1851), 401-406. — Histoire et description de Notre-Dame de
Melun, par DE LA FORTELLE. *Melun*, 1843, *in-4*. — Les origines de Notre-
Dame de Melun, par LEROY, dans *Sem. relig. Meaux* (1879), 434 et s. —
Recherches sur les sépultures récemment découvertes en l'église Notre-
Dame de Melun, par GRÉSY. *Melun*, 1845, *in-8*. — Souvenirs melunais,
un ancien vicaire de Notre-Dame. Les tableaux de la même église, par
LEROY. *Meaux*, 1903, *in-8*. — Dignitaires des abbayes, chapitres, du dio-
cèse de Meaux, par DELAFORGE, 20-21. — Pouillé, 194.
    1. Chef-l. cant., arr. Etampes, Seine-et-Oise. — Fondé sous le voca-
ble de saint Louis vers 1300 par Hugues de Bouville, seigneur du lieu,
et Marie de Chambly, sa femme. — Inv. som. arch. départ. sér. G.
— Milly-en-Gatinais. Histoire anecdotique de ses seigneurs, par ALLAIN.
Corbeil, 1889, *in-8*. — Inventaire des titres de la maison de Milly, par
O. DE POLY, dans *An. Gatinais*, VI, 93. — Pouillé, 92.
    2. Chef-l. arr. Seine-et-Marne. — L'archevêque Léothéric exempta
cette collégiale de la juridiction épiscopale vers 1030 ; il avait donné
son agrément à une augmentation du nombre des chanoines faite par
Athnus. — Inv. som. arch. départ. sér. G. 65-66. — Histoire ecclésias-

livres[1]. Celui de Saint-Nicolas de Provins fut fondé en 1218. Il est composé d'un doyen, qui est électif par le chapitre, et de neuf canonicats, qui sont à la collation de l'archevêque et à la nomination du chapitre de Saint-Quiriace alternativement; ils ne valent que 100 livres[2].

---

lique de Provins, par Nic. Pierre Ythier, doyen et chanoine théologal de l'insigne et royale église de Saint-Quiriace, t. I, XIV. *Bib. Provins ms.* 108, 121, 122. — Histoire de la collégiale de Saint-Quiriace, par Gaston Potet, chanoine de cette église, *Ibid.* ms. 213, 217-334. — Obituaire de la province de Sens, par Molinier, II, 76. — Bib. nat. col. Champagne XXV, 25 et s. — Mémoire pour les doyen, chanoines et chapitre de Saint-Quiriace de la ville de Provins, intimés et défendeurs contre les doyen, chanoines et chapitre de Saint-Nicolas de la même ville. *S. l.,* 1723, *in-fol.* — Mémoire signifié pour (les mêmes) contre maître L. Bault, curé de Sainte-Croix de la même ville. *Paris,* 1723, *in-fol.* — Acte du Parlement de Paris pour les mêmes contre L. Bault (29 août 1724). *S. l. n. d. in-fol.* — Mémoire pour le sieur J. Lecourt, curé de Saint-Pierre de Provins, contre les sieurs doyen et chanoines de l'église collégiale de Saint-Quiriace de Provins. *S. l.,* 1720, *in-fol.* — Précis pour les sieurs doyen, chanoines et chapitre royal de Saint-Quiriace de Provins, intimés, contre L. Aug. Valentin, marquis de Culan, appelant. *Paris,* 1780, *in-4.* — Histoire de Provins, par Bourquelot. *Provins,* 1839, 2 *vol. in-8.* — Pouillé, 238. — Essais historiques sur le département de Seine-et-Marne, par Michelin, 192-196.

1. Inv. som. arch. départ., Seine-et-Marne, sér. G, 63-64. — Ythier, ouv. cit., *Bib. Provins ms.* 109. — Factum pour les doyen, chanoines et chapitre de Notre-Dame du Val de Provins, intimés et appelants, contre Jean et François les Prunels. *S. l. n. d. in-4.* — Mémoire pour les mêmes, demandeurs en opposition, contre les sieurs doyen, chanoines et chapitre de Saint-Quiriace, défendeurs. *S. l. n. d. in-fol.* — Au Roi. Réponse du chapitre de Notre-Dame du Val de Provins à une requête d'opposition du chapitre de Saint-Quiriace insérée dans l'arrêt du 7 août 1719, au sujet d'une question de préséance. *Paris, s. d. in-fol.* — Mémoire pour les mêmes et les Pères Minimes d'Aulnay, gros décimateurs de la paroisse de Bazoches, contre sieur commandeur de Chevru. *Paris,* 1726, *in-fol.* — Mémoire pour les mêmes et autres gros décimateurs de la paroisse de Saint-Brice-lez-Provins, intimés, contre les habitants de la paroisse de Saint-Brice, appelants. *Paris,* 1751, *in-4.* — Pouillé, 236.

1. Saint-Nicolas du Martroy eut pour fondateur Gervais, chanoine de Saint-Quiriace. — Inv. som. arch. départ. Seine-et-Marne, sér. G, 64.

Celui de Notre-Dame de Montereau a un doyen, un chantre et neuf chanoines ; le doyenné est électif et les canonicats sont à la collation de l'archevêque[1]. Celui de Brienon, près de Joigny, a une dignité, qui vaut 400 livres, et sept canonicats, qui valent 200 livres chacun[2]. Celui de Saint-Julien du Sault est composé d'un chantre et dix chanoines, qui valent 200 livres chacun[3]. Celui de Villefolle est composé d'un chantre, d'un trésorier et de huit canonicats, qui ne rapportent que 40 livres[4]. Celui de Bray est composé de trois dignités, qui sont le doyen, le trésorier et le chantre, qui ont chacun 600 livres, et de deux canonicats, qui valent 400 livres chacun. Le doyen est élu par le chapitre; le trésorier et le chantre

---

— Bib. nat. coll. Champagne, XXV, 118-137. — Histoire ecclésiastique de Provins, par YTHIER. *Bib. Provins ms.* 109, 119. — MOLINIER, II, 78. — Pouillé, 237. — MICHELIN, 207. — Il y avait dans cette ville une quatrième collégiale, *Notre-Dame du Charel*, fondée avant 1178 par Henri Ier, comte de Champagne. — Pouillé, 236.

1. Chef-l. cant., arr. Fontainebleau, Seine-et-Marne. — Fondé par Michel de Corbeil, archevêque de Sens (1194-1199), supprimé par le cardinal de Luynes (1772). — Inv. som. arch. départ. Seine-et-Marne, sér. G, 84. — Archives communales de Montereau GG 109-147. — Notice sur l'église Notre-Dame et Saint-Loup de Montereau-Fault-Yonne, par QUESVERS. *Montereau*, 1887, in-16. — Un procès au XVe s., entre l'archevêque de Sens et le doyen de Montereau, par LE MÊME, dans *Ann. Gâtinais*, VIII (1889), 137-160. — Le vieux Montereau, par LE MÊME. *Montereau*, 1891, in-12. — Pouillé, 172.

2. Brienon-l'Archevêque, chef-l. cant., arr. Joigny, Yonne. — Fondé par saint Loup, archevêque de Sens, dont il prit le vocable. — Inv. arch. départ. sér. G. — Pouillé, 35.

3. Chef-l. cant., arr. Joigny. — Fondé en 1172 par Guy de Noyers. — Inv. arch. départ. sér. G. — Notice sur Saint-Julien du Sault, par TONNELIER, dans *Almanach Yonne*, VI, 99-112 ; 116, XVII, 269. — Sur l'église de Saint-Julien du Sault, par VIGNON, dans *Bul. soc. Sens*, I (1846), 73. — Pouillé, 55.

4. Com. Villeneuve-sur-Yonne, arr. Joigny. — Fondé sous le vocable de saint Laurent, supprimé en 1708. — Ibid. — Pouillé, 55. — Notice sur Villeneuve-sur-Yonne, par BRISSOT, dans *Bul. soc. Sens*, X, 129. — Notice historique et description de Villeneuve-sur-Yonne, par HONSON. *Sens*, 1903, in-12.

sont à la collation du seigneur de Bray et les canonicats à celle de
l'archevêque de Sens[1]. Dans la paroisse de Courpalay, il y a un
chapitre fondé en 1213 par Pierre de Corbeil, archevêque de Sens ;
il est composé d'un doyenné électif et de douze canonicats ; le
doyenné vaut 700 livres de revenus et les canonicats 350. Ces bénéfices sont à la nomination de l'archevêque de Sens[2].

L'église cathédrale de Sens, dédiée à saint Etienne, est aussi
grande que celle de Notre-Dame de Paris ; mais elle la surpasse, en
ce qu'elle est mieux bâtie. C'est une église cathédrale des plus
considérables de France, soit qu'on en considère les dehors ou sa
belle façade enrichie de différentes figures, où s'élèvent deux grosses tours carrées, dont l'une porte une horloge qui se fait entendre
dans tous les quartiers de la ville. L'on descend quelques marches
pour entrer dans cette église, où l'on voit dans la nef la chapelle
des Salezards, où sont leurs tombeaux soutenus de colonnes de
marbre et enrichis de leurs figures en marbre blanc. Dans la nef
sont ceux des Perault. Celui de l'archevêque de Sens ne cède en
rien à celui de l'évêque d'Angoulême ; et sur l'un et sur l'autre
sont élevées leurs figures de marbre blanc. On estime sur toutes
choses un soubassement du maître-autel, qu'on ne montre qu'aux
grandes fêtes, à cause de ses richesses qui paraissent sur une table
d'or, distinguée de pierres fines, où sont représentés en bas-relief
les quatre évangélistes et dans le milieu saint Etienne à genoux.
Les chapelles qui sont autour du chœur sont toutes très belles,

---

1. Chef-l. cant., arr. Provins, Seine-et-Marne. — Fondé sous le
vocable de Notre-Dame (1168) par Milon de Bray, doté par Henri I,
comte de Champagne. — Inv. som. arch. dép. Seine-et-Marne, sér. G,
38. — Pouillé, 26. — Il y avait dans ce même doyenné le chapitre de la
Trinité de Trainel, fondé par Anseau II, seigneur du lieu, vers 1164. —
Pouillé, 26.

2. Cant. Rozoy, arr. Coulommiers, Seine-et-Marne. — Sous le vocable
de Sainte-Madeleine, fondé par l'archevêque Pierre de Corbeil (1213).
— Inv. som. arch. départ. sér. G, 49-51. — Pouillé, 193. — Il y avait une
collégiale à Châtillon-sur-Loing. *Pouillé,* 150.

principalement celle dont la clôture représente une sphère avec toutes ses constellations. Dans le chœur sont les tombeaux des derniers archevêques, parmi lesquels on remarque principalement ceux du chancelier Du Prat et du cardinal Du Perron. Je dis des derniers archevêques de Sens, car les quarante premiers ont été enterrés à Saint-Pierre-le-Vif. On fait encore remarquer dans cette église le lieu où saint Louis épousa Marguerite de Provence[1].

Le trésor de la cathédrale de Sens est très riche et rempli d'un grand nombre de reliques, dont l'une des principales est un doigt de saint Luc évangéliste, en chair et en os. On tient que la plupart

---

1. Description de la cathédrale de Sens, des principaux monuments et tableaux conservés dans cette église, par TARDE. Sens, 1837, in-12. — Description de l'église métropolitaine de Saint-Etienne de Sens, recherches historiques et anecdotiques sur sa fondation et ses embellissements..., par LE MÊME. Sens, 1841, in-8. — Notice historique sur la construction de la cathédrale de Sens, par QUANTIN. Auxerre, 1842, in-8 ; ext. Journal de l'Yonne. — Mémoire sur la date de la cathédrale de Sens, par CHALLE, dans Congr. scientif. France (1858), II, 171. — Origine de la métropole de Sens et diverses époques de sa construction, par CHAUVEAU, dans Congrès archéol. France, XIV (1847), 170-217. — Note sur la cathédrale de Sens, par CROSNIER. Ibid., 99-111. — Marché pour la fabrication de vitraux destinés à la cathédrale de Sens, par JULLIOT, dans Bul. com. trav. hist., II (1853), 167. — Description des verrières de la cathédrale de Sens, par BRULLÉE, dans Annuaire... Yonne, VII (1861), 162-212. — Le grand portail de la cathédrale de Sens, par QUANTIN. Ibid. (1850), 313-318. — Même recueil, II, 247-280. — Congrès archéologique de France, LXXIV (1907), 209-225. — Deux projets de reconstruction du grand portail de la cathédrale de Sens au XVIIIe s., par CHARTRAIRE, dans Bul. soc. Sens, XXV, 1910, 23-45. — L'horloge de Sens, par JULLIOT, dans Bul. soc. Sens, IX (1867), 386-400. — Inscriptions de l'ancien diocèse de Sens, par QUESVERS et STEIN, I, 325-502. — La sépulture du Dauphin et de la Dauphine dans la cathédrale de Sens, par CHARTRAIRE. Sens, 1907, in-8. — L'office de la fête des fous de Sens, par BOURQUELOT. Sens, 1856, in-8; ext. Bib. écoles Charles. — Nouvelles recherches sur la fête des Innocents et la fête des fous, par CHÉREST. Auxerre, 1853, in-8. — La fête de l'âne célébrée dans la cathédrale de Sens, par GABINET, dans Chronique de Champagne, II (1837), 231-236. — De la suppression ou de la conservation du jubé de la cathédrale de Sens, par VIGNON, dans Bul. soc. Sens, I (1846), 78-96. — Notice sur quelques méreaux de l'église métropolitaine de Sens, par HERMAND, Ibid., 63-71.

de ces reliques avaient été données au monastère de Saint-Riquier
par l'empereur Charlemagne et que le moine Jérémie, qui les avait
apportées à Sainte-Colombe, ayant été élu archevêque de Sens, les
donna à son église [1]:

La musique est proscrite de cette cathédrale. On n'y chante
qu'un beau plain-chant, qui est plus agréable.

Le séminaire de Sens jouit d'environ 13500 livres de rente, que
le roi a permis qu'on imposât annuellement sur le clergé du diocèse [2]. La taxe de Rome pour les bulles de l'archevêché était autrefois de 6166 florins; mais maintenant elle a été réduite à 6000.]

Philippe Hodoart, chanoine de Sens, fonda dans la ville un collège (1537), qui fut donné aux Jésuites en 1623 [3].

---

1. Inventaire du trésor de la cathédrale de Sens, par CHARTRAINE. Sens,
1897, in-8. — Inventaire des reliques et reliquaires, joyaux et ornements,
qui se trouvaient dans l'église métropolitaine de Sens (1653-1654), par
JULLIOT, dans Mém. soc. archéol. Sens. XI (1877), 339-386. — Mémoire
sur les Suaires conservés au trésor de Sens, par CARLIER, dans Bul. soc.
Sens, VI, 7-10. — Tissus conservés au trésor de la cathédrale, par LE
MÊME. Ibid., IX, 78-105. — Les tissus anciens du trésor de la cathédrale
de Sens, par CHARTRAINE, dans Rev. art. chrét., LIV, 1911, 261-280.

2. Le grand séminaire fut fondé par l'archevêque de Gondrin et confié
aux Lazaristes (1651). Inv. som. arch. départ. Yonne, sér. G. — Inv.
som. arch. com. Sens. — L'archevêque Languet fonda un petit séminaire en 1747. — Pouillé, 15-16. — Sommaire de ce qui reste à juger de
l'instance entre messieurs de Saint-Lazare et les Pères Jésuites de Sens.
S. l., 1680, in-fol. — Précis pour les prêtres de la congrégation de la
Mission, supérieurs et directeurs au Grand Séminaire de Sens, intimés
et défendeurs, contre le sieur Lavache, curé de Villemanoche, appelant
et demandeur en évocation. Paris, 1784, in-4.

3. Arch. départ. Yonne, sér. D. — Arch. com. Sens. — Philippe
Hodoard. Fondation du collège de Sens (1537). État de l'instruction
publique à Sens avant cette époque, par JULLIOT, dans Bul. soc. Sens, XI
(1877), 132-173. — Le théâtre au collège de Sens (1610-1761), par TISSE-
RAND. Ibid., VII (1861), I-LXI. — La révolution..., par MONCEAUX, 723.
— Contrat des Jésuites avec les maire et échevins de la ville de Sens, par
lequel il appert comme ils veulent avoir seuls le pouvoir et l'autorité
d'enseigner et en priver à perpétuité les séculiers (1623). S. l. n. d., in-8.
— Lettre des membres de l'assemblée du clergé de France au sujet du
différend entre l'archevêque de Sens et les Jésuites. S. l., 1650, in-fol. —

La ville épiscopale possédait des couvents de *Cordeliers*[1], fondé
en 1231 ; de *Dominicains*[2], fondé par saint Louis et établi dans
l'intérieur de la ville par Pierre de Varennes (1365); de *Capucins*[3],
fondé en 1617 ; de *Tertiaires de Saint-François*[4], fondé à Sainte-
Béate, puis transféré à Sens (1622); de *Carmélites*[5], fondé en 1625 ;

Théotime ou dialogue instructif sur l'affaire présente des Pères Jésuites
de Sens. S. l., 1650, in-4. — Lettre envoyée à Mgr l'archevêque de Sens,
pleine de doctes et judicieuses remarques sur le libelle intitulé : Théotime. Sens, 1650, in-4. — Censure du libelle intitulé : Théotime. S. l.
n. d., in-4. — Lettre d'un ecclésiastique de Provins à un de ses amis de
Paris sur l'ordonnance de Mgr l'archevêque de Sens (27 février 1668).
S. l. n. d., in-4. — Requête présentée au Roi par les Jésuites, le 29 février 1668, contre l'ordonnance de Mgr l'archevêque de Sens, du second
jour du même mois S. l. 1668, in-4. — Recueil des actes du Clergé, V,
260 et s. — Procédures faites contre les Pères Jésuites de la ville et diocèse de Sens et ordonnance de Mgr l'archevêque, portant défense aux
dits Pères d'administrer le sacrement de pénitence sans permission et
approbation signée du dit seigneur. Paris, 1650, in-4. — Recueil de
plusieurs pièces importantes touchant ce qui s'est passé entre Mgr l'archevêque de Sens et les Jésuites. Sens, 1650, in-4. — Lettre d'un ecclésiastique de Sens à un évêque, député pour l'assemblée générale du
clergé, sur le différend de Mgr l'archevêque de Sens avec les Jésuites
(1656). S. l. n. d. in-4.
1. Inv. som. arch. départ., Yonne, sér. II, III, 20, 125-127. —
Mémoire signifié pour les RR. PP. Cordeliers du couvent de Sens,
dénonciateurs, intervenants et demandeurs, contre M. Louis Prunay,
conseiller, procureur du roi à Pont-sur-Yonne, et autres complices.
Paris, 1719, in-4. — Monceaux, 166, 175. — Pouillé, 15. — Dom Morin,
III, 120. — Gallia christiana, XII, instrum. 90. — Recueil de pièces, par
Quantin, 406.
2. Inv. arch. départ. sér. II, III, 127-128. — Monceaux, 167. —
Annuaire... Yonne, XI, 121. — Pouillé, 15. — Dom Morin, III, 109 et s.
— Quantin, 462.
3. Inv. arch. départ. sér. II, III, 20, 129. — Monceaux, 177. — Lettre
des archevêques et évêques assemblés à Paris, le 3 avril 1653, relative
aux actes d'insubordination des Capucins du diocèse de Sens contre leur
archevêque. S. l. n. d. in-fol. — Recueil des actes du clergé, III, 901 et
s. — Pouillé, 14.
4. Ibid., 20, 129. — Pouillé, 15.
5. Ibid., 225. — Factum pour les pauvres Carmélites de Sens, deman-

2

d'*Annonciades*[1], en 1647; et d'*Ursulines*[2], en 1643. Il y avait à
AMILLY un monastère de *Dominicaines*[3], fondé vers 1240 par Amicie de Montfort; à AULNOY, un couvent de *Minimes*[4], fondé dans
un ancien monastère de Grandmontains (1599); à BELLEGARDE, un
couvent de *Cordeliers*[5], fondé en 1658 par Jean-Antoine de Gondrin, duc de Bellegarde, transféré à Amboise en 1769; à BRÉAU,
une maison de *Tertiaires de Saint-François*[6], fondée en 1590 par
Ant. Ribault et sa femme; à COURTENAY[7], ces religieux s'établirent
en 1626; à DONNEMARIE, des *Augustines* desservaient l'Hôtel-Dieu[8];
à ETAMPES, il y avait des couvents de *Cordeliers*[9], fondé avant

---

deresses en entérinement de lettres de rescision contre les sieurs héritiers des sieurs Lallemant et La Guillaumie, défendeurs. *S. l.* 1693, *in-
fol.* — Factum pour les mêmes, appelantes d'une sentence rendue au
Châtelet de Paris, le 18 septembre 1693, contre M. de Monthelon, tuteur
des enfants de lui et de défunte Mme de La Guillaumie, son épouse. *S.
l. n. d. in-fol.* — Addition de factum, à nosseigneurs du Parlement.
Pour les Carmélites de Sens, on réplique aux réponses fournies à leurs
griefs par les héritiers du sieur Lallemant. *S. l. n. d. in-4.* — MONCEAUX,
721.

1. Ibid., 222-225. — MONCEAUX, 719.
2. Ibid., 226. — ID., 734.
3. Cant. et arr. Montargis, Loiret. — Arch. départ. sér. II. — Les
enfants de Saint-Dominique dans l'Orléanais, par COCHARD. *Orléans*,
1890, *in-8*. — Les Dominicains d'Auxerre, par le R. P. CHAPOTIN, 2-4. —
Pouillé, 168.
4. Com. Courchamp, cant. Villiers-Saint-Georges, arr. Provins, Seine-
et-Marne. — Courchamp, par LHUILLIER, dans *Almanach historique de
Seine-et-Marne* (1888), 118. — Pouillé, 258.
5. Chef-l. cant., arr. Montargis, Loiret. — Etude historique sur Belle-
garde-en-Gâtinais, par TARTARIN. *Orléans*, 1888, *in-16*. — Pouillé, 144.
6. Cant. Mormant, arr. Melun, Seine-et-Marne. — Inv. som. arch.
départ., sér. II. 6. — Bréau, par LHUILLIER, dans *Almanach... Seine-et-
Marne* (1873), 98. — Pouillé, 227.
7. Chef-l. cant., arr. Montargis, Loiret. — Pouillé, 69.
8. Chef-l. cant., arr. Provins, Seine-et-Marne. — Histoire du Montois,
par DÉLETTRE, I, 118; II, 231. — Pouillé, 189.
9. Arch. départ. Seine-et-Oise, sér. II. — DOM FLEUREAU, 444. —
Pouillé, 281.

1240, de *Trinitaires*[1], fondé en 1197, de *Capucins*[2], fondé en 1580, de *Religieuses de Notre-Dame*[3], fondé en 1536, et un collège, dirigé par les *Barnabites*[4] depuis 1629 ; à FONTAINEBLEAU une maison de *Trinitaires*[5], fondée par saint Louis (1259) ; à JOIGNY, un couvent de *Capucins*[6], remontant à 1606, et un de *Religieuses de Notre-Dame*[7], fondé en 1630 ; à LA BUSSIÈRE, un couvent d'*Augustins*[8], fondé par Jean du Tillet (1615) ; à LA FERTÉ-ALAIS, un couvent de *Cordeliers*[9], fondé par Louis de Vendôme (1660) ; à LIMOREAU, des *Religieux de la Merci*[10] ; aux BASSES-LOGES, un couvent de *Carmes*[11],

1. DOM FLEUREAU, 442-444. — Pouillé, 281. — L'Ordre des Trinitaires, par DESLANDRES, I, 503.

2. Arch. départ., Seine-et-Oise, sér. H. — DOM FLEUREAU, 447-451. — Procès-verbal de la visite faite par M. de Goudrin dans le couvent des frères Capucins d'Étampes. *Sens*, 1672, in-4. — Lettre d'un savant et saint Capucin à un provincial de son ordre sur le zèle que ces Pères font paraître pour l'indépendance des évêques, à l'occasion de ce qui est arrivé dans leur monastère d'Étampes, pendant la visite de Mgr l'archevêque de Sens, le 9 juillet 1672. S. l. n. d. in-4. — Pouillé, 281.

3. DOM FLEUREAU, 445-447. — Pouillé, 282. — Mémoire pour les religieuses de la Congrégation de Notre-Dame d'Étampes au sujet de l'élection nulle et irrégulière de la mère Marie de Jésus à la supériorité de leur monastère et de la profession de la sœur Marie-Louise Le Fèvre, pour servir de réponse à une requête au roi de la dite Marie de Jésus et de seize autres religieuses du dit monastère. S. l., 1736, in-4.

4. 76 art. aux arch. départ. Seine-et-Oise, sér. D. — DOM FLEUREAU, 426-439. — Histoire du collège d'Étampes, par Hip. SAISSET. *Étampes*, 1886, in-12. — Pouillé, 285.

5. Inv. som. arch. départ. Seine-et-Marne, sér. H, 32. — Le Palais de Fontainebleau, par CHAMPOLLION-FIGEAC, 69 et s., 535 et s. — Obituaires.., par MOLINIER, II, 73. — Pouillé, 118. — DESLANDRES, I, 508-512. — Gallia christiana, XII, instrum. 74.

6. Chef-l. arr. Yonne. — Pouillé, 48.

7. Pouillé, 49.

8. Cant. Briare, arr. Gien, Loiret. — Les du Tillet, seigneurs de La Bussière, par DE RUBERCY. *Orléans*, 1891, in-8. — Pouillé, 167.

9. Chef-l. cant. arr. Étampes, Seine-et-Oise. — Pouillé, 227.

10. Com. Chenoise, cant. et arr. Provins, Seine-et-Marne. — Chenoise, par LHUILLIER, dans *Almanach... Seine-et-Marne* (1884), 141. — Pouillé, 258.

11. Com. Avon, cant. et arr. Fontainebleau, Seine-et-Marne. — Des-

fondé en 1632 ; à MALESHERBES, un de *Cordeliers*[1], fondé par Louis
Malet de Graville (1494) ; à MARLOTTE, une maison du même
ordre[2]; à MELUN, des couvents de *Carmes*[3], fondé en 1494, de
Récollets[4], en 1568, de *Capucins*[5], en 1606, de *Religieuses Annonciades*[6], qui desservaient l'Hôtel-Dieu Saint-Nicolas (1624), d'*Ursulines*[7], fondé en 1644, de *Visitandines*[8], en 1635, et une maison
de *Frères des Écoles chrétiennes*[9], arrivés en 1773 ; à MONTARGIS,
des couvents de *Récollets*[10], fondé en 1599, d'*Ursulines*, de *Visitandines*[11], et un collège dirigé par les *Barnabites*[12] à partir de 1620 ; à
MONTEREAU-SUR-YONNE[13], des couvents de *Récollets*, fondé en 1618,

---

cription historique de Fontainebleau, par GUILBERT, II, 156. — Pouillé,
118. — Maisons religieuses d'Avon, par ESTOURNET. *Fontainebleau*, 1903,
in-8.
  1. Chef-l. cant., arr. Pithiviers, Loiret. — Arch. départ. sér. II. —
Notice biographique sur Louis Malet de Graville, par MICHEL PERRET.
Paris, 1889, in-8. — Pouillé, 282.
  2. Com. Bourron, cant. Nemours, arr. Fontainebleau, Seine-et-Marne.
— Pouillé, 118.
  3. Inv. som. arch. départ., Seine-et-Marne, sér. II, 83-84. — Histoire
de Melun, par ROUILLARD, 576-578. — Pouillé, 227. — MICHELIN, 122.
  4. ROUILLARD, 327. — Pouillé, 227.
  5. Pouillé, 227. — MICHELIN, 123.
  6. Inv. som. arch. départ. sér. II, 212-213. — Pouillé, 229. — Notice
historique sur l'Hôtel-Dieu de Melun, par AUBERGÉ, dans *Bul. soc.
archéol. Seine-et-Marne*, VII (1878), 183 et s.
  7. Pouillé, 228. — Histoire de Melun, par LEROY, 343.
  8. Pouillé, 228. — Le monastère de la Visitation Sainte-Marie de
Melun, par G. LEROY, dans *Revue de Champagne et de Brie* (1888), 256-
271. — Factum pour les religieuses, prieure et couvent de la Visitation
de Sainte-Marie de Melun, demanderesses, contre M. Claude Le Fèvre.
Paris, 1683, in-fol.
  9. Pouillé, 233.
  10. Chef-l. arr. Loiret. — Arch. départ. sér. II. — Pouillé, 167.
  11. Pouillé, 168.
  12. Arch. départ. sér. H et D. — Pouillé, 171. — Mémoire sur la propriété des immeubles du collège de Montargis, par GRIMONT. *Montargis*,
1878, in-4.
  13. Chef-l. cant., arr. Fontainebleau, Seine-et-Marne. — Pouillé, 188-
189.

et d'*Ursulines*, en 1643; à NEMOURS, des maisons de *Récollets*[1], fondée en 1632, et de *Religieuses Augustines*[2], en 1641; à PROVINS, des couvents de *Cordeliers*[3], fondé par Thibaud IV, comte de Champagne (1233); de *Dominicains*[4], fondé par Thibaut V (1270), de *Capucins*[5], en 1613; une abbaye de Clarisses à *Mont-Sainte-Catherine*[6], fondée par Thibaut IV (1248), des maisons de *Filles de la Vierge*[7], établie en 1629, et de *Filles dévotes de l'École de Jésus*[8],

1. Chef-l. cant. Ibid. — Pouillé, 118.

2. Pouillé, 119.

3. Inv. som. arch. Seine-et-Marne, sér. II, 101. — Histoire ecclésiastique de Provins, par YTHIER, V, XIII, *Bib. Provins*, ms. 113, 121. Ibid. ms. 133. — MICHELIN, 206. — Pouillé, 259.

4. YTHIER, loc. cit. — Bib. Provins, ms. 138. — MICHELIN, 205. — Histoire de Provins, par BOURQUELOT, I, 224 et s. — Pouillé, 259. — Obituaires.., par MOLINIER, II, 85.

5. YTHIER, loc. cit. — Bib. Provins ms. 138. — Pouillé, 258. — MICHELIN, 207.

6. Cartulaire de l'abbaye du Mont Sainte-Catherine-lès-Provins, *Bib. Provins ms.* 241-244. — YTHIER, VIII, ms. 116; ms. 134. — Gallia christiana, XII, 255. — Pouillé, 236. — MICHELIN, 204. — Obituaires..., par MOLINIER, II, 888. — Histoire abrégée de la fondation de l'abbaye royale des Dames Cordelières de Mont-Sainte-Catherine. *Provins*, 1733, in-4. — Requête relative à une sédition survenue dans le monastère de Sainte-Catherine-lès-Provins, 1605, *in-fol.* — Factum pour les religieuses de Sainte-Catherine contre les Pères Cordeliers. S. l. 1668, in-4. — Lettre circulaire d'un fondé de pouvoir du P. Le Fort, provincial des Cordeliers de France, relative à la publication d'un libelle intitulé : Factum pour les religieuses de Sainte-Catherine... S. l. n. d., in-4. — Toilette de M. l'archevêque de Sens, ou réponse au Factum des Filles Sainte-Catherine contre les Pères Cordeliers. S. l., 1669, in-12.

7. Inv. som. arch. départ. Seine-et-Marne, sér. II, 184-186. — YTHIER, loc. cit. VIII, XIII. ms. *Provins* 116, 122, ms. 85, 138, 208, 251, 252. — Pouillé, 259. — Factum pour les religieuses de la Congrégation de la Vierge de Provins, appelante de la vérification d'un nouveau rôle contre les administrateurs du bureau des pauvres. S. l. n. d., in-4. — Plaise à M. conseiller avoir pour recommandé en justice le bon droit en l'instance pour les religieuses de la Congrégation Notre-Dame, établies à Provins, défenderesses, contre maître Ant. Chantrel, chapelain de l'église de Paris, demandeur en déclaration d'hypothèque. S. l. n. d., in-fol.

8. Pouillé, 259.

un collège, confié aux *Oratoriens*[1] en 1669 ; à SAINT-FLORENTIN, un couvent de *Capucins*[2], fondé en 1620, et un d'*Ursulines*[3], en 1634.

Les *Chartreux* possédaient à *Valprofonde*[4] un monastère, fondé en 1301 par Isabelle de Mello.

Abbayes d'Hommes

Ordre de Saint-Benoît

SAINTE-COLOMBE-LÈS-SENS, *Sancta Columba Senonensis*[5], fondée en l'honneur d'une sainte martyre sénonaise par le roi Clotaire II,

---

1. Pouillé, 262. — YTHIER, VI, IX, *Bib. Provins, ms.* 114, 117.

2. Chef-l. cant., arr. Auxerre, Yonne. — Inv., som. arch. départ., sér. II, III, 129. — Pouillé, 48. — Recueil des actes du clergé, III, 901 et s.

3. Pouillé, 49.

4. Com. Béon, cant. et arr. Joigny, Yonne. — Inv. som. arch. départ. sér. II, III, 204-209. — MONCEAUX, 722. — Pouillé, 69. — Annales Ordinis Cartusiensis, auct. DOM LE COUTEULX, I, 224 ; IV, 457 ; V, 100, 154. — Gallia christiana, XII, instrum. 79.

5. Inv. arch. départ. Yonne, sér. II, III, 1-5, 21-37. — Départ. Seine-et-Marne, sér. II, 110. — Bib. nat. ms. lat. 12665 f. 87 ; 13816 f. 386 ; ms. fr. 15715 f. 310. — DOM ESTIENNOT. *Bib. Arsenal ms.* 1009, f. 318-322. — Bib. Sens, ms. 1, 2, 18, 21, 44, 241. — Chronicon rerum magis notabilium cœnobii Sanctæ Columbæ Senonensis ab anno Domini 1070 usque ad annum 1648, auct. D. VICTORE COTTRON. *Bib. Auxerre, ms.* 217. — Liste des Archevêques de Sens enterrés à Sainte-Colombe, *Ibid.* ms. 216, *Coll. de Bastard,* 50. — Bib. Carpentras, ms. 1791. — Bib. Reims, fonds Tarbé, *cart.* I, nᵒˢ 2, 3, 4 ; IV, 124. — Cartulaire général de l'Yonne, par QUANTIN, I, 570 ; II, 533-534. — Recueil des pièces du XIIIᵉ s., par LE MÊME, 437. — Die Urkunden des Karolinger, von SICKEL, II, 148, 181, 191, 364, 383. — POTHAST, Innocent II (1143), 8347 ; Adrien IV (1157), 10312 ; Alexandre III (1164), 11020 ; Innocent III (1203, 1206), 1867, 2708 ; Innocent IV (1251-1257), 14461, 16882 ; Alexandre IV (1259), 17589 ; Honorius III (1225), sup.

(620), protégée et enrichie par les rois mérovingiens, chère aux
archevêques, surtout à saint Loup, qui y reçut la sépulture, prospère sous les Carolingiens, soumise à des abbés laïcs, puis ramenée
de bonne heure à la vie régulière, ruinée pendant la guerre de Cent
ans et les guerres de religion, restaurée par son abbé commendataire, Robert de la Ménardière, et enfin agrégée à la Congrégation

----

9476a-26147. — Papsturkunden in Frankreich, par WIEDERHOLD, V,
20, 165. — Notes bibliographiques sur les archives des églises et des
monastères, par GIRY, 51. — Recueil des actes de Lothaire, par HAL-
PHEN, XXXV, 86. — Recueil des actes de Philippe I, par PROU, LXVII, 173.
— Catalogue des actes de Philippe-Auguste, par L. DELISLE, nᵒˢ 808,
1060. — Monuments historiques, par TARDIF, 3274. — Actes du Parle-
ment de Paris, par BOUTARIC, nᵒˢ 380, 447, 7495, 7496, 7502, 7838. —
Cabinet historique, II, II, 48-49. — La Révolution..., par MONCEAUX, 718.
— Sceau de l'abbé Hélie (1212), dans DOUET D'ARCQ, 9106; de l'abbé
Guichard (1463), 9107.
Annales Sanctæ Columbæ Senonensis (708-1218), dans *Monumenta
Germaniæ historica*, par PERTZ, I, 102-109, et *Bibliothèque historique de
l'Yonne*, par DURU, I, 200-213. — Bibliographie des Annales de Sainte-
Colombe. *Ibid.*, 213-216. — Chronicon Senonense Sanctæ Columbæ
(1159-1193), dans *Novus Thesaurus* de MARTÈNE, III, 1449-1453. — Obi-
tuaires de la Province de Sens, par MOLINIER, II, 15-21.
Histoire de l'abbaye royale de Sainte-Colombe-lès-Sens, par BRULLÉE.
Sens, 1852, in-8. — Étude sur l'histoire et l'organisation de l'abbaye de
Sainte-Colombe de Sens, depuis son origine jusqu'à la fin du XVᵉ siècle, par PAUL DESCHAMPS, dans *Positions des thèses. Ecole nationale des
chartes*, 1911. — Notes sur quelques comtes d'Autun, abbés de Sainte-
Colombe de Sens, par BULLIOT, dans *Congrès archéol.*, XIV (1847), 69-75.
— Rapport sur les fouilles exécutées à la fin de 1852 et au commencement de 1853 dans l'emplacement des trois églises successivement élevées sur le tombeau de Sainte-Colombe de 274 à 1143, par BRULLÉE, dans
Bul. soc. archéol. Sens, IV (1853), 68. — Sur diverses sépultures découvertes à l'abbaye de Sainte-Colombe et en particulier sur une crosse en
bronze émaillé et doré, par JULLIOT. *Ibid.*, X (1872), 358. — Cimetière
carolingien à l'abbaye de Sainte-Colombe-lès-Sens, par J. PERRIN. *Ibid.*,
XXII (1906), 310-313. — Enseigne du pèlerinage de Sainte-Colombe de
Sens (XVᵉ s.), par COFFINET, dans *Bul. soc. acad. Aube*, XXIX (1865),
331-357. — Gallia christiana, XII, 146-156; instrum. 6, 7, 8, 64, 66. —
Monasticon gallicanum, *pl.* 136. — Recueil des actes du clergé, VII,
800.

de Saint-Maur (1636). L'église, consacrée par le pape Alexandre III,
et les édifices claustraux ont été démolis après la révolution.

SAINT-PIERRE-LE-VIF, *Sanctus Petrus Vivus Senonensis* [1], fondée,

---

1. Inv. som. arch. départ. Yonne, sér. II, III, 9-15, 37-56. — Départ.
Seine-et-Marne, sér. II, 111. — Bib. nat. ms. lat. 13819, f. 126. Nouv.
acq. lat. 2344, n° 8. — Bib. Sens, ms. 23, 24, 56. Liber de redditibus
anniversariorum pertinentibus ad conventum monasterii Sancti Petri
Vivi (1298), *ms.* 55. — Extrait des chroniques et du cartulaire de Saint-
Pierre-le-Vif, contenant la relation de la fondation de ce monastère et
de plusieurs autres sénonais, *Arch. départ. Yonne, ms.* 24. — Chronicon
ecclesiæ percelebris ac cœnobii regalis Sancti Petri Vivi Senonensis, ab
anno Incarnationis Dominicæ septuagesimo ad annum ejusdem Domini
1650, studio et opera Domni VICTORIS COTRONII, *Bib. Auxerre, ms.* 213.
— Brevis eximiarum rerum in abbatia Sancti Petri Vivi gestarum des-
criptio juxta seriem abbatum ipsiusmet cœnobii (1644), *ms.* 216. —
Histoire des abbayes de Saint-Pierre-le-Vif et de Saint-Rémi à Sens, par
fr. A. BELIN, cellerier à Saint-Rémy, en 1591, *ms.* 218. — Chronique du
moine Clarius, *ms.* 212. — Quinze lettres écrites par FRÈRE TRADLAINE à
Dom Ramet, prieur de Saint-Pierre-le-Vif, pour les affaires de cette
abbaye (1749-1755), *Bib. Sens, ms.* 282. — Bib. Provins, ms. 85. — Bib.
Reims, fonds Tarbé, carton II, n° 1, 19. — Cabinet historique, II, 11
(1856), 47-48.
Etude sur les chartes de fondation de l'abbaye de Saint-Pierre-le-Vif.
Le diplôme de Clovis et la charte de Sainte Théodechilde, par MAURICE
PROU. Sens, 1894, in-8; ext. *Bul. soc. archéol. Sens.* — La vérité sur les
chartes de fondation de l'abbaye de Saint-Pierre-le-Vif, par BLONDEL.
Sens, 1896, *in-8*; ext. *ibid.* XVIII, 181-216. — GIRY, *ouv. cit.*, 89. —
POTHAST, Paschal II (1103), 5953; Callixte II (1119), 6792; Honorius II
(1125-1129, 1125-1130), 7328, 7393, 7394; Innocent II (1132, 1135, 1137),
7538, 7815, 7863; Lucius II (1144), 8688; Eugène III (1147), 9145;
Alexandre III (1170, 1166-1179), 11714, 13211; Innocent III (1212, 1213),
4404, 4848; Honorius III (1216-1227), 7723, 7833; Alexandre IV (1259),
17587. — Bulle du pape Honorius IV, qui confirme les privilèges, immunités, indulgences et exceptions de tout impôt séculier, accordés à
l'abbaye de Saint-Pierre-le-Vif de Sens (1235), dans *Bibliothèque champenoise.* — Papsturkunden in Frankreich, par WIEDERHOLD, V, 21, 31-35,
45-49, 112, 125, 134. — Recueil des actes de Philippe Ier, par M. PROU, LII,
140. — Louis VI, par LUCHAIRE, n° 90, 338, 359. — Catalogue des actes
de Philippe-Auguste, par L. DELISLE, 52, 55, 166, 388. — Ordonnances
des rois de France (février 1383), VII, 755. — Actes du Parlement de

vers le milieu du sixième siècle, auprès d'un ancien cimetière, où les évêques de Sens recevaient la sépulture, par une sainte Théodechilde, dont la légende a fait une fille de Clovis, rivalisa avec l'abbaye voisine de Sainte-Colombe pendant le cours du Moyen-Age. Le trésor des reliques qu'on y vénérait la rendit célèbre. Elle eut fort à pâtir des Anglais et des Huguenots. Ses religieux entrèrent dans la Congrégation de Saint-Maur en 1639. L'église et le monastère furent démolis après la révolution.

Paris, par BOUTARIC, n°ˢ 362, 421, 601, 729, 3090. — Cartulaire général de l'Yonne, par QUANTIN, I, 568; II, 532. — Recueil, par LE MÊME, 437. — Voyage littéraire, par MARTÈNE et DURAND, 61. — La révolution..., par MONCEAUX, 718. — Sceaux de l'abbaye, dans DOUET D'ARCQ, 8414 ; des abbés Herbert (1148), 9099 ; Robert (1230), 9100 ; Geoffroy (1254), 9101 ; Jacques (1300), 9102 ; Jean (1317), 9103 ; Guillaume (1448), 9104. Codices manuscripti monasterii Sancti Petri Senonensis, dans Bibliotheca bibliothecarum de MONTFAUCON, 1179 et s., Dictionnaire des manuscrits, I, 163-164 ; Catalogi bibliothecarum antiqui de BECKER, 194-196, et Ueber mittelalterliche Bibliotheken de GOTTLIEB, 145-146. — Ordo ad monachum faciendum, dans De antiquis Ecclesiæ ritibus, de MARTÈNE, II, 461-462. — Odorannus, moine de cette abbaye, dans Pat. lat. CXLII, Bibliothèque de l'Yonne, par DURU, II, 391-471. — Notice sur Odoranne, par CHALLE, dans Annuaire... Yonne, XXI, 84-115 et Bul. soc. Yonne, X, 275-316. — Sanctorum Saviniani et Potentiani translatio (1020), dans Acta Sanct. de MABILLON, sec. VI, 1, 256-266. — Chronicon Sancti Petri Senonensis (1-1267), par le moine CLARIUS et ses continuateurs, dans DURU, II, 451-550. — Chronique de Saint-Pierre-le-Vif, rédigée vers la fin du XIIIᵉ siècle par GEOFFROY DE COURLON, texte et traduction de JULLIOT. Sens, 1876, in-8. — Geoffroy de Courlon, † après 1295, dans Hist. littér. France, XXI, 1-20. — Le livre des reliques de l'abbaye de Saint-Pierre-le-Vif de Sens, publié avec plusieurs appendices par JULLIOT et PROU. Sens, 1887, in-8. — Inventaire des saintes reliques et thrésor de l'abbaye de Saint-Pierre-le-Vif du 25 mai 1660, par JULLIOT, dans Bul. soc. Sens, XI (1877), 80 et s. — Obituaires de la Province de Sens, par MOLINIER, II, 22-30. — Epitaphia Senonensia, dans DURU, II, 434-436. Histoire de l'abbaye de Saint-Pierre-le-Vif à Sens, par BOUVIER. Auxerre, 1891, in-8; ext. Bul. soc. Yonne. — Sainte Théodechilde, vierge, fille de Clovis, fondatrice du monastère de Saint-Pierre-le-Vif à Sens, par CHABAU. Aurillac, 1883, in-16. — Etude historique et littéraire sur sainte Théodechilde, fondatrice du monastère de Saint-Pierre-le-Vif, par BUZY, dans Bul. soc. Sens, X (1872), 197 et s. — Gallia christiana,

Saint-Remy, *Sanctus Remigius Senonensis*[1], fondée au début du VIIIᵉ siècle, ruinée par les Normands en 833, reconstruite en 915, détruite en 1054, puis en 1358, et enfin supprimée au XVIᵉ siècle. Ses biens furent attribués aux religieux de Saint-Pierre-le-Vif et aux Prêtres de la Mission de Versailles (1638).

Chaumes, *Calmi, Calami*[2], fondée en l'honneur de saint Pierre,

XII, 132-145 ; instrum. 2. — Recueil des actes du clergé, XII, 1899. — Monasticon gallicanum, *pl.* 137.

1. Inv. som. arch. départ. Yonne, sér. II, t. III, 15-18, 57-72. — Bib. nat. ms. lat. 13819, f. 248. — Chronique de Saint-Remy de Sens, par Dom Victor Cotron, *ms. lat.* 13878. — Mémoires sur l'abbaye de Saint-Remy, par Dom Louis Janet, prieur de Saint-Pierre-le-Vif, *Bib. Sens ms.* 74. — Histoire des abbayes de Saint-Pierre-le-Vif et de Saint-Remy à Sens, par Fr. Nicolas Belin (1591), *ms.* 218. — Copie de plusieurs diplômes et liste des abbés, *ms.* 216. — *Ms.* 241, 20. — Bib. Reims, *ms.* 346, f. 192, 195, 211.

Vier Urkunden für die Abtei Saint-Remy zu Sens aus dem Jahren 835 *bis* 853, von Albert Verminghoff, dans *Neues Archiv...* XXVII (1902), 217-232. — Giry, 92. — Senonense concilium, in quo Aldricus archiepiscopus concedit privilegium de abbatia Sancti Remigii ad Varellias transferenda (834), dans *Spicilegium* de Dachery, II, 579-580. — Potthast, Grégoire IX (1233), 9256a-25232. — Cartulaire général de l'Yonne, par Quantin, I, 569 ; II, 533. — Recueil..., 437. — Actes du Parlement de Paris, nᵒˢ 497, 883. — Cabinet historique, II, 11, 49. — Sceaux, dans Douet d'Arcq, 8412, 8413 ; de l'abbé Gérard II (1351), 9105. — Gallia christiana, XII, 118-125, instrum. 2, 3, 10, 12.

2. Cant. Tournan, arr. Melun, Seine-et-Marne. — Inv. som. arch. départ. sér. II, 19-29. — Bib. nat. ms. lat. 12664, f. 1. — Arrêt du Parlement relatif à l'extinction. *Bib. Sens ms.* 132. — Bib. Fontainebleau ms. 10. — Relevé des documents concernant le département de Seine-et-Marne..., par l'Archiviste du Département, nᵒˢ 2108, 2110, 2111, 2147, 2157. — Catalogue des actes de Philippe-Auguste, nᵒ 225. — Marché passé en janvier 1404 pour la démolition et la construction d'une partie de l'église abbatiale de Chaumes-en-Brie, par Lhuillier, dans *Rev. soc. sav.* (1867), II, 517-519. — Factum pour les religieux, prieur et convent de l'abbaye de Saint-Pierre-de-Chaumes, seigneurs spirituels et temporels dudit Chaumes, contre M. le maréchal de Schomberg et M. le duc de Vitry, défendeurs. S. l., 1675, *in-fol.* — Addition au factum pour les religieux de Chaumes contre M. le maréchal de Schomberg et le duc de Vitry. S. l. n. d., *in-fol.* — Factum pour les reli-

sous le règne de Philippe-Auguste (1181). On y vénérait les reliques
d'un saint que l'on prétendait être celles de saint Domnole, évêque
du Mans. Les anciens Bénédictins, qui l'occupaient encore au
XVIII⁰ siècle, vivaient en commun, couchaient dans un dortoir,
mangeaient dans un même réfectoire, faisaient leurs exercices à
heures réglées et s'appliquaient à la lecture et à l'étude, pouvant
servir de modèle à ceux qui n'avaient embrassé aucune réforme.
L'abbaye fut supprimée en 1747 et la mense conventuelle unie au
petit séminaire de Sens. Le monastère est devenu une habitation
privée.

FERRIÈRES, *Ferrariæ* ¹, sous le vocable de saint Pierre, fondée

gieux de l'abbaye royale de Saint-Pierre de Chaumes contre Ant.
Arnauld, abbé commendataire de la dite abbaye. *S. l.*, 1676, *in-4*. —
Sceau de la Prévôté (1312), dans DOUET D'ARCQ, 9353 ; de l'abbaye, 8190,
8191 ; de l'abbé Robert (1203), 8630 ; de l'abbé Etienne (1312), 8631.
Abbaye royale de Saint-Pierre de Chaumes en Brie, du XII⁰ au XVIII⁰
siècle, par CHAMAIL. *Paris*, 1876, *in-4* ; première livraison, seule parue.
— Abbaye royale de Saint-Pierre de Chaumes en Brie, par TONNELIER,
dans *Bul. soc. Sens*, XIII (1880), 50 et s. — Chaumes, par G. LEROY,
dans *Almanach... Seine-et-Marne* (1884), 102-115. — MICHELIN, 532-536.
— Chonique des évêques de Meaux, par ALLOU, 241. — Gallia christiana,
XII, 184-188. — Dignitaires des abbayes... du diocèse de Meaux, par
DELAFORGE, 27-29. — Annales Ord. Sancti Benedicti, de MABILLON, VI,
646. — Pouillé, 192.
1. Chef-l. cant., arr. Montargis, Loiret. — Douze liasses aux Arch.
départ. Loiret, sér. II. — Inv. som. arch. départ. Seine-et-Marne, sér.
II, 31-32. — Bib. nat. ms. lat. 12670, f. 70; 17048, f. 553-560 ; nouv.
acq. franç. 3552, 7433 f. 216-224. — Fragment d'un diplôme inédit de
de Clovis II pour Ferrières, par M. PROU. *Paris*, 1899, *in-8*; ext. *Moyen-
Age.* — Notices sur les archives des églises, par GIRY, 15. — POTHAST,
Paschal II (1103), 5954 ; Eugène III (1147), 9030 ; Adrien IV (1156),
11064 ; Alexandre III (1162, 1163), 10695, 10696, 10974. — Recueil des
actes de Philippe Iᵉʳ, par PROU, LI, 137. — Louis VI le Gros, par
LUCHAIRE, nᵒˢ 396, 500. — Catalogue des actes de Philippe-Auguste, 14,
145. — Monuments historiques, par TARDIF, p. 238. — Ordonnances des
rois de France (juin 1395), VIII, 4, 5 ; (mai 1479), XVIII, 488. — Actes
du Parlement de Paris, 104, 556*, 991, 992, 2399. — Le sceau d'un
abbé de Ferrières au XVI⁰ siècle, par EDM. MICHEL, dans *Rev. soc. sav.*

par Clovis, eut pour abbés pendant la période carolingienne Alcuin,
saint Aldric et Loup. Ses écoles furent alors célèbres. Elle resta
prospère aux XI et XII° siècles. L'abbé Louis de Blanchefort la res-

(1882), 426-428. — Sceaux de l'abbaye, dans DOUET D'ARCQ, 8222-8224 ;
de l'abbé Pierre d'Arrablai (1332), 8709 ; du prieur (1270), 9307.
   Vita Sancti Aldrici, abbatis (821-828), dans Acta Sanct. MABILLON, sec.
IV, I, 568-575. — Loup de Ferrières, dans Pat. lat. CXIX. — Étude sur les
lettres de Loup de Ferrières, par L. LEVILLAIN, d'après les notes de GIRY,
dans Bib. éc. chartes, LXII (1901), 444 et s.; LXIII, 69-117, 289-330,
537-586. — Lupi abbatis Ferrariensis epistolæ, ed. DUEMMLER, dans Monumenta Germaniæ historica. Epistolarum, VI (Berlin, 1902, in-4), 1-114.
— Une nouvelle édition des lettres de Loup de Ferrières, par L. LEVIL-
LAIN, dans Bib. éc. chartes, LXIV, 259-283. — Date de l'abbatiat de Loup
de Ferrières, par GIRY, dans Études d'histoire du Moyen-Age dédiées à
G. Monod (Paris, 1896, in-8), 113-118. — Beitrage zur Servatus Lupus
abt von Ferrières, par MAROWALD. Strasbourg, 1894, in-8. — Un abbé au
IX° siècle. Étude sur Loup de Ferrières, par MAX. DE LA ROCHETERIE,
dans Acad. Sainte-Croix Orléans, I (1865), 371. — Les écoles épiscopales
monastiques de l'ancienne province ecclésiastique de Sens du VI° au
XII° s., par ASPRIMVALL, Paris, 1903, in-8. — Deux manuscrits de
Fleury-sur-Loire et de Ferrières conservés au Vatican, par L. AUVRAY,
dans Annales du Gatinais, VII (1889), 38-54.
   Histoire d'une abbaye à travers les siècles, Ferrières-en-Gatinais,
Ordre de Saint-Benoît (508-1790), par JAROSSAY. Orléans, 1901, in-8. —
L'abbaye de Ferrières en Gatinais, par CH. DE SOURDEVAL, dans Mém.
soc. archéol. Touraine, II (1843), 16. — Ferrières et son abbaye, par TOR-
QUAT, dans Revue Orléanaise (1847), 321-344. — Concession et translation des reliques de saint Potentien et de saint Albin à l'abbaye de
Ferrières en 1619, par COCHARD. Orléans, 1891, in-8. — La marquise de
Sévigné à l'abbaye de Ferrières, par MAX. BEAUVILLIERS, dans L'Abeille
de Fontainebleau. 15 octobre 1897. — Un pèlerinage à Ferrières en Gatinais, en 1719, par DENIZET, dans Annales du Gatinais, II, 191-194 ; V,
93-104. — Pèlerinage à Ferrières-Gatinais sous les auspices de la muni-
cipalité de Château-Landon, le 28 juin 1790, par LE MÊME. Fontainebleau, 1890, in-8 ; ext. même recueil. — Lettre d'un Bénédictin sur
l'abbaye de Ferrières, par STEIN. Ibid., X, 387-393. — Tombeau de
l'abbé de Blanchefort dans l'église de l'ancienne abbaye de Ferrières, par
EDM. MICHEL, dans Gazette des Beaux-Arts (1883), II, 225-229. —
Demandes du conseil général de la commune de Ferrières pour la conservation des églises et reliquaires de l'ancienne abbaye de Ferrières, par
DE GIRARDOL, dans Rev. soc. sav. (1880), II, 243-247.
   La naissance miraculeuse de la Chapelle de Bethléem en France, fon-

taura après les ruines occasionnées par la guerre de Cent ans. Les
Huguenots la pillèrent encore. Elle fut soumise à la Congrégation
de Saint-Maur (1633). Il y avait dans l'abbaye un pèlerinage très
fréquenté sous le titre de Notre-Dame de Bethléem. L'église est
devenue paroissiale. On a installé un pensionnat dans ce qui reste
des bâtiments claustraux.

MELUN, *Melodunum* [1], sous le vocable de saint Pierre ou de saint

---

dée en l'abbaye royale de Saint-Pierre et de Saint-Paul de Ferrières,
avec plusieurs chartes, par Monts. *Paris*, 1905, *in-12*. — Discours des
miracles faits en la chapelle de Notre-Dame de Bethléem, située en
l'abbaye de Ferrières, avec les antiquités d'icelle abbaye, par le même.
Paris, 1607, *in-12*. — Histoire abrégée de Notre-Dame de Bethléem de
Ferrières en Gatinais, par Legrand, *Paris*, 1837, *in-32*. — Les merveilles
de Notre-Dame de Bethléem ou de l'abbaye de Ferrières, par Dom Rains-
sant. *Paris*, 1635, *in-24*. — La confrérie royale des rois de France,
instituée en la chapelle de Notre-Dame de Bethléem, de la ville de
Ferrières en Gatinais, 1621, *in-8*. — Origine miraculeuse et histoire de
la chapelle de Notre-Dame de Bethléem de Ferrières-en-Gatinais, par
Crochet. *Orléans*, 1890, *in-18*. — Notre-Dame de Bethléem à Ferrières-
en-Gatinais, par Bertnois. *Orléans*, 1898, *in-8*. — Notre-Dame de Bethléem, par Artaud. *Corquilleroy*, 1898, *in-8*. — Couronnement de Notre-
Dame de Bethléem. Le sanctuaire, la vierge miraculeuse, histoire et
description, par Jarossay. *Orléans*, 1898, *in-8*. — De Cardonne, dans
Le Correspondant, 25 août 1898. — Pour visiter Ferrières. Petite guide
du pèlerin, par Leluc. *Orléans*, 1910, *in-16*.

Gallia christiana, XII, 157-170; instrum. 8, 13, 15. — Dom Morin,
737-784. — Monuments civils, religieux et militaires du Gatinais, par
Edm. Michel (*Orléans 1887*), 8-19. — Monasticon gallicanum, *pl.* 134.
1. Chef. départ. Seine-et-Marne. — Inv. som. arch. départ. sér. II,
62-83. — Mémoire pour servir à l'histoire de l'abbaye de Saint-Père de
Melun, par Dom Raulin, *Bib. nat. ms. lat.* 12690. — Autre mémoire concernant le même monastère. *Ibid. ms. lat.* 11818. — Recueil de chartes,
nouv. acq. franc. 3292. — Bib. Fontainebleau, *ms.* 10. — Les singularités de l'abbaye de Saint-Père de Melun, recueillies et colligées par
Gabriel Leroy, melunais, *Bib. Melun, ms.* 99. — Bib. Reims, ms. 346
f. 194. — Recueil des actes de Philippe Ier, par Prou, cxxxiii, 337. —
Louis VI, par Luchaire, n°s 283, 613. — Catalogue des actes de Philippe-
Auguste, par L. Delisle, 2176. — Monuments historiques, par Tardif,
p. 252. — Ordonnances des rois de France (1141), XI, 191; (*janvier 1415*),

Père, fondée au VIe siècle, détruite en 577, 845 et 888, restaurée vers 991 sous l'épiscopat de l'archevêque Sevin, agrégée à la Congrégation de Saint-Maur. La préfecture est installée dans l'ancien monastère.

MORIGNY, *Moriniacum* [1], fondée en l'honneur de la Sainte-Tri-

---

XII, 255. — Layettes du trésor des chartes, II, 349, 551. — Actes du Parlement de Paris, 74*, 329, 671, 1142, 1511, 1677, 5708, 5938, 6230, 7058. — Election contestée d'un abbé de Saint-Pierre de Melun en 1419, par DOUET D'ARCQ. *Nogent-le-Rotrou*, 1878, in-8; ext. *Bul. soc. hist. Paris*, V (1878), 38-41. — Information faite au Châtelet, le 19 juin 1488, sur l'élection de l'abbé de Saint-Pierre de Melun en 1479, *Ibid.* 41-45. — Les abbayes de Saint-Denis..., de Saint-Père de Melun au XVIe siècle, par VIDIER, *Ibid.*, XXV (1898), 149-153. — Sceaux, dans DOUET D'ARCQ. 8284, 8285 ; de l'abbé Seguin (1210), 8836 ; Milon (1228), 8837 ; Etienne (1239), 8878 ; Hugues (1242), 8839. — Les sépultures dans l'ancienne église abbatiale de Saint-Père de Melun de 1698 à 1790, par LHUILLIER. *Paris*, 1903, in-8. — Le janséniste Fontaine à Saint-Pierre de Melun, dans *Port-Royal*, par SAINTE-BEUVE, II, 244-245. — *Gallia christiana*, XII, 170-176 ; instrum. 12. — Dignitaires des abbayes..., par DELAFORGE, 22-24. — *Monasticon gallicanum*, pl. 135. — MICHELIN, 120.

1. Cant. et arr. Etampes, Seine-et-Oise. — 4 reg. et 4 cart. aux arch. départ. sér. II. — Cartulaire de l'abbaye de Morigny (XIIIe s.), Bib. nat. ms. lat. 5648. — Copie du XVIIe siècle, 5439, ms. lat. 17049 f. 95-114; ms. fr. 15504 f. 158-162 ; 16188 f. 182 ; 24133 f. 495-503 ; nouv. acq. fr. 7433 f. 206; coll. BALUZE, LXXIV, 184-206. — POTHAST, Alexandre III (1163), 10979. — Recueil des actes de Philippe Ier, par M. PROU, CXLIV, CLV-CLVI, 356, 383. — Louis VI, par LUCHAIRE, 21, 37, 85, 143, 144, 145, 156, 227, 254, 268, 292, 402, 437, 438. — Catalogue des actes de Philippe-Auguste, par L. DELISLE, 64. — Monuments historiques, par TARDIF, n°s 445, 630. — Ordonnances des rois de France (1120), XI, 179. — Layettes du trésor des chartes, II, 52. — Actes du Parlement de Paris, n°s 338*, 1054, 1075, 1469, 6308. — Une supplique des religieux de Morigny (XVIe-XVIe s.), par J. DEPOIN, dans *Bul. soc. Etampes*, VIII (1902), 48-50. — Adrien L'Empereur, maître fondeur en cuivre à Paris, par L. DELISLE, dans *Bul. soc. hist. Paris*, X (1883), 37-39. — Consultation pour l'abbé de Tressan, abbé de Morigny, contre le chapitre de Sainte-Croix d'Etampes. *Paris*, 1788, in-4. — Précis pour le même contre les grand chantre, chanoines et chapitre de Sainte-Croix d'Etampes. *Paris*, 1785, in-4. — Attribution d'un sceau à Guillaume II, abbé de Morigny (1373-1378), par DUHAMEL, dans *L'Abeille d'Etampes*, 14 octobre

nité vers 1106 avec une colonie de Saint-Germer de Flaix. Le roi Philippe I lui unit le chapitre de Saint-Martin-lès-Vieilles-Etampes. Les religieux, ne s'étant affiliés à aucune Congrégation réformée au XVIIe s., faisaient partie des anciens Bénédictins. L'église (XIII-XIVe s.) est devenue paroissiale.

Ordre de Citeaux

BARBEAU, *Barbellum* [1], fondée avec une colonie venue de Preuilly auprès d'une chapelle desservie par cinq ermites (1145),

---

1876. — Sceaux, dans DOUET D'ARCQ, 837 ; de l'abbé Landri (1164), 8866 ; Simon (1438), 8867.

Chronicon Mauriniacense, dans *Pat. lat.* CLXXX, 131-176. — La chronique de Morigny (1095-1152), publiée par L. MIROT. *Paris*, 1909, in-8. — Hist. littér. France, XI, 689-694 ; XII, 218-222. — Mémoire sur la chronique de Morigny et sur les auteurs qui l'ont composée, par LACURNE DE SAINT-PALAYE. *S. l. n. d. in-8* ; ext. *Mém. acad. Inscript. et Belles-Lettres*, X, 558. — Abt Thomas von Morigny als verfasser des II. Bucher des Chronicon Mauriniacense, par K. HAMPE, dans *Neues Archiv.* (1897), 389-398. — Etudes sur quelques manuscrits de Rome et de Paris ; la chronique de Morigny, par LUCHAIRE. *Paris*, 1899, in-8.

Morigny, son abbaye, sa chronique et son cartulaire, suivi de l'histoire du doyenné d'Etampes, par MENAULT. *Etampes*, 1867, in-8. — PAUL PIN-SON, dans *L'Abeille d'Etampes*, 21 sept. 1867. — Les antiquités de la ville et du duché d'Etampes, avec l'histoire de l'abbaye de Morigny, par BAS. FLEUREAU. *Paris*, 1783, in-4. — Les derniers abbés de Morigny, par H. DE LA BIGNE, dans *L'Abeille d'Etampes*, 30 nov. 1867. — Descriplion sommaire de l'église de Morigny, par PAUL PINSON, dans *Almanach d'Etampes* (1899), 49. — Gallia christiana, XII, 176-184 ; instrum. 18, 23, 72. — FLEUREAU, 483, 499, 519, 528, 537, 578.

1. Com. Fontaine-le-Port, cant. Châtelet-en-Brie, arr. Melun, Seine-et-Marne. — Inv. som. arch. départ. sér. II, 1-5 ; suppl. 1-2. — Relevé des documents intéressant le département de Seine-et-Marne, 274. — Arch. nat. H, 3900 ; Q. 1422. — Bib. Melun ms. 13 f. 81, 46. Bib. Fontainebleau, ms. 9 n° 3 ; 10 n° 13. — Cartulaire Bib. nat. ms. lat. 5466 et 10943. Ms. fr. 15504 f. 37-40. Coll. BALUZE, LXXI, f. 128-183 ; coll.

de ce lieu, appelé *Sacer Portus*, transférée à Barbeau (1156), que le
roi Louis VII avait donné aux religieux. Ce roi, bienfaiteur insigne
de cette abbaye, y choisit le lieu de sa sépulture. Les moines

---

Duchesne, LXXVII, 46-65. — Bib. Rouen ms. 2087 f. 77-91. — Communication sur des chartes de l'abbaye de Barbeau conservées aux archives
de Corbeil, par Dufour, dans *Bul. soc. hist. Paris*, VIII (1881), 25. —
Diplôme inédit du roi Louis VII en faveur de l'abbaye de Barbeau, par
G. Leroy, dans *Bul. soc. archéol. Seine-et-Marne*, XII, 126-132. — Etude
sur les actes de Louis VII, par Luchaire, 469. — Tardif, nᵒˢ 593, 697. —
Catalogue des actes de Philippe-Auguste, par L. Delisle, 6, 24, 25, 50,
81, 91, 104, 105, 150, 162, 170, 177, 272, 273, 314, 345, 971, 1880, 1985,
1996, 2156, 2227. — Actes du Parlement de Paris, 381*, 1917, 1919,
2277, 2756, 3447, 4204, 4956, 5841 ; 159* A, 3567, 7880. — Martène et
Durand, 70-74. — Recherches généalogiques sur la famille des seigneurs
de Nemours, par Richemond, *passim.* — Sceaux, dans Douet d'Arcq,
8145 ; de l'abbé (1200-1213), 8515 ; de l'abbé Jean (1396), 8516 ; (1411),
8517.
    L'abbaye de Barbeau, dans *Bul. archéol. com. trav. hist.* II, 499. —
L'abbaye royale de Barbeau, par Ch. Rabourdin. *Melun*, 1895, in-8. —
L'abbaye de Barbeau, par Dorvet, dans *Almanach... Seine-et-Marne*
(1867), 158-162. — Fontaine-le-Port, par Lhuillier. *Ibid.* (1898), 121-
130. — Le refuge de Barbeau, par G. Leroy, dans *Bul. soc. archéol.
Seine-et-Marne*, I (1865), 193-198.
    Abbaye de Barbeau, Seine-et-Marne, district de Melun. S. l. n. d. in-4.
— L'obituaire de Barbeau, par G. Leroy, dans *Bul. hist. com. trav. hist.*
(1898), 56. — Rapport sur l'obituaire de Barbeau, par Longnon. *Ibid.*,
395. — Obituaire de l'abbaye de Barbeau, d'après un manuscrit de la
bibliothèque de Melun, par G. Leroy. *Melun*, 1901, in-8 ; ext. *Bull. soc.
hist. dioc. Meaux*, II, 357-375. — Obituaires de la province de Sens, par
Molinier, II, 33-37. — Sur Gérard, abbé de Barbeau, dans *Hist. littér.
France*, XVI, 592. Sur Amauri, abbé, *Ibid.*, XXVII, 430. — Dalles funé-
raires de l'abbaye de Barbeau, par G. Leroy, dans *Bul. Soc. archéol.
Seine-et-Marne*, XI (1906) 181-189. — Dessins de pierres tombales des
anciens abbés de Barbeau, par le même, dans *Rev. soc savantes* (1863), II,
493. — Clochette de l'abbaye de Barbeau, dans *Revue de Champagne et
Brie* (182), 394. — La plus vieille cloche de Seine-et Marne, dans *Almanach de Seine-et-Marne*, (1903), 101-105. — Communication sur l'abbaye
de Barbeau et sur ses possessions à Paris, par Constant, dans *Bul. soc.
hist. Paris*, III (1876), 167-168.
    Gallia christiana, XII, 236-240 ; instrum., 35, 41, 58. — Janauschek,
111. — Michelin, 428-432. — Allou, 246.

embrassèrent la réforme au XVIIe siècle. L'église, consacrée en 1178, fut démolie pendant la révolution. Ce qui reste des bâtiments claustraux sert d'habitations privées.

CERCANCEAUX, *Sercancellum, Sacra cella*[1], sous le vocable de Notre-Dame, fondée en 1181 avec des moines de la Cour-Dieu par Henri Clément, seigneur du Mez, dotée par Philippe-Auguste. Il n'y avait plus que trois religieux au XVIIIe siècle. On a installé une papeterie dans le monastère.

FONTAINE-JEAN, *Fons Johannis*[2], fondée sous le vocable de Notre-Dame, en 1124, par Milon, seigneur de Courtenay. Plusieurs membres de cette famille y eurent leur tombeau. Les Huguenots massacrèrent les religieux, pillèrent l'abbaye et détruisirent en grande

---

1. Com. Souppes, cant. Château-Landon, arr. Fontainebleau, Seine-et-Marne. — Inv. som. arch. départ. sér. II, 9-12. — Relevé des documents, n°s 2127, 2136. — Catalogue des actes de Philippe-Auguste, par L. DELISLE, 274, 514. — TARDIF, 697. — Actes du Parlement de Paris, 423, 5082, 5313. — Layettes du trésor des chartes, IV, 120, 211 ; V, 274, 275. — Sceau de l'abbé (1219), dans DOUET D'ARCQ, 8592, 8593. — Gallia christiana, XII, 240-242. — DELAFORGE, 46. — JANAUSCHEK, 180. — AILLOU, 247. — MICHELIN, 1717-1720. — Pouillé, 90. — DOM MORIN, 386-389. — MICHEL, 183-186.

2. Com. Saint-Maurice-sur-Aveyron, cant. Châtillon-Coligny, arr. Montargis, Loiret. — Deux liasses aux arch. départ. sér. II. — Inv. som. arch. départ. Seine-et-Marne. sér. II, 36. — Bib. nat. coll. BALUZE, XXXVIII, 312. — Les actes de Louis VII, par LUCHAIRE, 261. — Catalogue des actes de Philippe-Auguste, par DELISLE, 924, 1025, 1026. — Première requête au Roi pour Gabriel Charbonneau de Fortécuyère, abbé commendataire de Fontaine-Jean, au sujet des usurpations des religieux de son abbaye. *Paris.* 1727. *in-fol.* — Sceaux, dans DOUET D'ARCQ, 8227 : d'un abbé (1214), 8720 ; de l'abbé Jean (1376), 8721. — Voyage littéraire de deux Bénédictins, par MARTÈNE et DURAND, 181-184. — Le martyre d'une vieille église, par J. LAURENT, dans *Journal des arts*, 12 novembre 1902, et Ann. soc. Gatinais (1903), 255. — Histoire de l'abbaye de Fontaine-Jean, de l'ordre de Citeaux (1124-1790), par JAROSSAY. Orléans, 1894, in-8 ; ext. Ann. soc. Gatinais, IX-XI (1891-1893). — DOM MORIN, 197-202. — Pouillé, 149. — Gallia christiana, XII, 228-231 ; instrum. 72, 50, 59, 66. — JANAUSCHEK, 12.

partie l'église (1565). Entre autres manuscrits, on conservait dans ce monastère un Eusèbe de Césarée, richement enluminé.

Jouy, *Joiacum* [1], sous le vocable de Notre-Dame, fondée en 1414 par Thibault II, comte de Champagne, dans la forêt de Jouy, avec des moines venus de Pontigny. De leur église, consacrée par l'archevêque Pierre de Corbeil (1214), il ne reste que des ruines.

Les Échallis, *Scarleiæ* [2], sous le vocable de Notre-Dame, fondée

1. Com. Chenoise, cant. et arr. Provins, Seine-et-Marne. — Inv. som. arch. départ. sér. II, 43-45. — Relevé des documents concernant le département de Seine-et-Marne, n°° 101, 138, 2091, 2098, 2101, 2103, 2119, 2136, 2160. — Bib. nat. ms. lat. 5467 f. 159-219: nouv. acq. fr. 7433, f. 238; coll. Champagne, XVII, 206, 211-214. — Histoire ecclésiastique de Provins, par Ytihr, IV, Bib. Provins, ms. 111. — Recueil de pièces, Ibid. ms. 140. — Bib. Fontainebleau, ms. 10, n° 13. — Potthast, Eugène III (1150), 9429; Alexandre III (1164, 1162-1175, 1176, 1171-1181), 11119, 12422, 12671, 14282; Clément III (1190), 16496. — Actes de Louis VII, par Luchaire, 479. — Actes du Parlement de Paris, 2989, 5316. — Lettres patentes du 1er janvier 1638, accordant aux religieux de Jouy-en-Brie la permission d'aliéner une maison dont ils sont propriétaires à Paris, Rec. Thoisy XL, f. 218; Bib. nat. — Sceaux, dans Douet d'Arcq, 8249; de l'abbé (1260), 8773; de Remi (1397), 8774. — Martène et Durand, 74-75. — Seigneurie de Jouy-le-Châtel, dans Recherches historiques sur la Brie, par de Silvestre. Paris, 1877, in-8. — Chenoise, par Lhuillier, dans Almanach... Seine-et-Marne (1884), 131-143. — Gallia christiana, XII, 222-228; instrum. 34, 62, 89. — Delaforge, 58. — Janauschek, 12. — Pouillé, 234. — Allou, 246. — Michelin, 1606-1609.

2. Com. Villefranche, cant. Charny, arr. Joigny, Yonne. — Inv. som. arch. départ. Yonne, sér. II, III, 146-153. — Bib. nat. ms. lat. 17097 f. 1-35; coll. Baluze, XXXVIII, 304-311, 304-311; coll. Champagne, XV, 142-145. — Potthast, Alexandre III (1163), 10950; Innocent III (1202), 1749. — Actes de Louis VII, par Luchaire, 160, 177, 261, 290, 324, 484, 554, 567. — Catalogue des actes de Philippe-Auguste, par Delisle, 15, 1061, 1271, 1778. — Actes du Parlement de Paris, 7389. — Ordonnances des rois de France (janv. 1247), IV, 343; (juin 1304), ibid.; (mai 1356), ibid. — Layettes du trésor des chartes, III, 576. — Cartulaire de l'Yonne, par Quantin, I, 561; II, 523. — Recueil... par le même, 436. — La Révolution, par Monceaux, 150-152, 718. — Factum pour Hilaire Chevallier, seigneur de Chambon, appelant d'une sentence rendue au Présidial de

en 1112 par le chevalier Vivien de La Ferté-Loupière et d'autres chrétiens du pays. L'église est démolie. On conserve une partie des bâtiments claustraux et des dépendances.

PREUILLY, *Prulliacum* [1], fondée en l'honneur de Notre-Dame

Sens, le 17 mars 1683, contre M. Roger de Courtenay, abbé commendataire de Notre-Dame des Echarlis. *S. l. n. d.*, in-4. — DOUËT D'ARCQ, 8218. — Histoire de l'abbaye des Echarlis, par SALOMON, dans *Bul. soc. Yonne*, VI (1852), 386-450. — Gallia christiana, XII, 219-222; inst. 24, 36, 39. — JANAUSCHEK, 20. — Dictionnaire topographique de l'Yonne, par QUANTIN, 149.

1. Com. Egligny, cant. Donnemarie, arr. Provins, Seine-et-Marne. — Inv. som. arch. départ. Seine-et-Marne, sér. II, 93-97. — Relevé des documents... Seine-et-Marne, 98, 136, 2014, 2119, 2124, 2133, 2147, 2150, 2161. — Recueil de titres relatifs à cette abbaye, *Bib. nat.* 5469 f. 3-129. — Bib. Sens, ms. 241, nᵒˢ 8, 4, 10. — Bib. Provins, ms. 138. — Bib. Fontainebleau, ms. 10, nᵒ 13. — Bib. Reims. Fonds Tarbé, cart. II, nᵒ 13. — POTHAST, Grégoire IX (1234), 9385. — Actes de Louis VII, par LUCHAIRE, 53, 70, 174, 288, 336, 501, 539, 797. — Catalogue des actes de Philippe-Auguste, par L. DELISLE, 185, 243, 305, 736, 751, 1051, 2166. — Ordonnances des rois de France (22 déc. 1408), IX, 402; (avril 1326), IV, 452; (oct. 1350, juin 1364). ibid.; (juin 1396), VIII, 79. — Actes du Parlement de Paris, 3735, 3859, 3941, 4281, 6225, 6629. — Layettes du trésor des chartes, II, 366; III, 7; IV, 81, 429. — Cartulaire général de l'Yonne, par QUANTIN, I, 565; II, 528. — Recueil..., nᵒˢ 392, 478. — Inventaire du mobilier et des archives de l'abbaye de Preuilly en 1790, analysé par MAILLÉ, LAPIERRE et LECOMTE. *Provins*, 1896, in-8. — MARTÈNE et DURAND, 80-81. — Sceaux d'un abbé (1187), dans DOUËT D'ARCQ, 8976-8979; de l'abbé Hervé (1345), 8980; de Nicolas de la Place, rentier de l'église (1320), 9365.

Sur Humbert, abbé de Preuilly, *Hist. littér. France*, XXI, 86-90. — Abbaye cistercienne de Preuilly. Documents et obituaire, par MAUR. LECOMTE. *Paris*, 1899, in-8; ext. du *Moyen-Age*. — Obituaires de la province de Sens, par MOLINIER, II, 883-888. — Tablette en cire provenant de l'abbaye de Preuilly, transcrite par DELISLE et BORDIER, dans *Bul. soc. antiq. France*, XXXVII (1876), 118-130. — Notice sur l'abbaye de Preuilly, cinquième fille de Cîteaux, par GRÉSY. *Paris*, 1857, in-8; ext. *Mém.* ibid. XXIII, 329-382. — Egligny, par LHUILLIER, dans *Almanach... Seine-et-Marne* (1896), 107-116. — Histoire du pèlerinage de Notre-Dame de Preuilly, aujourd'hui Notre-Dame du Chêne, par G. LAPIERRE, dans *Bul. conf. hist. dioc. Meaux*, I (1894-1897), 79-83. — Histoire de la

(1118), par Thibaud II, comte de Champagne, et sa mère, Adèle d'Angleterre. C'était la cinquième fille de Cîteaux. Elle fonda à son tour les abbayes de Vauluisant, de Barbeaux et de la Colombe. Dom Denis Largentier, qui entreprit la réforme des Cisterciens au commencement du XVII° s., y avait rempli les fonctions de prieur, avant de devenir abbé de Cîteaux († 1624). On conserve des débris de l'église, du chapitre et du monastère.

VAULUISANT, *Vallis lucida* [1], fondée en l'honneur de Notre-Dame

------

province de Montois, par DELETTRE; t. I. *Donnemarie*, 1850, in-8. — ALLOU, 245. — MICHELIN, 1500-1503. — Pouillé, 172. — Gallia christiana, XII, 302-306; instr. 21, 22, 95. — DELAFORGE, 60. — JANAUSCHEK, 5-6. — Les monuments de Seine-et-Marne, par AUFAUVRE et FICHOT, *Paris*, 1858, in-fol. 148, pl. 146.

1. Com. Courgenay, cant. Villeneuve-l'Archevêque, arr. Sens, Yonne. — Inv. som. arch. départ. sér. II, t. III, 154-184. — Cartulaire (XIII° s.), *Bib. nat. ms. lat.* 9904. *Ms. lat.* 5468, f. 1-209. — Extraits des chartes, titres et autres pièces, qui se trouvent au chartrier de Vauluisant, *Bib. Sens ms.* 128. — *Bib.* Troyes ms. 2476. — Arch. nat. H. 3900. — POTHAST, Alexandre III (1163, 1166-1177), 1095, 13187; Innocent III (1200), 1048. — Papsturkunden in Frankreich, par WIEDERHOLD, 22. — Actes de Louis VII, par LUCHAIRE, 415, 491. — Catalogue des actes de Philippe-Auguste, par DELISLE, 317. — Actes du Parlement de Paris, 2691; 5944. — Monuments historiques, par TARDIF, 452. — Layettes du trésor des chartes, II, 422. — Cartulaire général de l'Yonne, par QUANTIN, I, 572-573; II, 534-535. — Recueil... 438. — MONCEAUX, 718. — Obituaires de la province de Sens, II, 53-57. — Voyage littéraire, par MARTÈNE et DURAND, I, 82-84. — *Cabinet historique*, II, 11, 51. — Factum pour les religieux, prieur et couvent de l'abbaye de Vauluisant, de l'Etroite Observance de l'Ordre de Cîteaux, appelants, demandeurs, contre Regnaud, cardinal d'Est, abbé commendataire de la dite abbaye, intimé. *S. l. n. d.*, in-4. — Sommaire du procès par Regnault, prince, cardinal d'Est, protecteur de France à Rome, abbé de Vauluisant, demandeur en interprétation de l'arrêt du 7 sept. contre les religieux...*S. l. n. d.*, in-4. — Factum pour les religieux et communautés de Vauluisant, Jouy et Royaumont, défendeurs, appelants comme d'abus contre Dom Pierre Boucher, abbé de Clairvaux. *S. l. n. d.*, in-4. — Mémoire pour les prieur, religieux et couvent de... Vauluisant, contre les chanoines de Saint-Quiriace de Provins, gros décimateurs de Saint-Martin de Chenestron, et d'Avesne, curé de la dite paroisse. *Paris*, 1741, in-fol. — Mé-

par Artaud, premier abbé de Preuilly (1127). Les religieux embrassèrent au XVIIe siècle l'étroite observance de Cîteaux. Leur bibliothèque possédait de nombreux manuscrits. L'église a été démolie. Il reste le portail d'entrée et une partie des édifices claustraux.

Chanoines réguliers

SAINT-JEAN-LÈS-SENS, *Sanctus Johannes Senonensis* [1], fondée en 1111 par Etienne, prévôt du chapitre métropolitain, au lieu et place d'un monastère d'origine mérovingienne. La mense abbatiale fut

moire sur délibéré pour les prieur, religieux... de Vauluisant, appelants d'une sentence rendue en la première chambre des requêtes du Palais, le 24 février 1760, contre J.-Phil. Merles de la Tournerie. *Paris*, 1760, *in-fol.* — Relation de la restauration de l'abbaye de Vauluisant par l'abbé Anthoine Pierre, par QUANTIN, dans *Bul. soc. Yonne*, IX (1855), 203. — DOUET D'ARCQ, 9164-9168. — Gallia christiana, XII, 231-236; instrum. 30, 76. — JANAUSCHEK, 16. — Diction. topogr., par QUANTIN, 226.

1. Inv. som. arch. départ. Yonne. sér. II, III, 79-100. — Cartulaire (XIIIe s.), aux mêmes archives. — Bib. nat. nouv. acq. lat. ms. 400. — Inv. som. arch. départ. Seine-et-Marne, sér. II, 110. — Bib. Sainte-Geneviève, ms. 608 f. 453; 705; 985. — Registre capitulaire (1647-1691). *Bib. Sens, ms.* 60. — Bib. Auxerre, ms. 199. — Bib. Troyes ms. 1066, n° 45. — Cabinet historique, II, 11, 47. — POTTHAST, Innocent II (1132, 1136), 7538, 7805, 7815; Alexandre III (1164, 1174), 11056, 13005; Innocent III (1202), 1722. — WIEDERHOLD, *ouv. cit.*, 21, 29, 83, 99, 104, 163. — Louis VI, par LUCHAIRE, n°s 355, 393. — Actes de Louis VII, 345, 363, 697. — Catalogue des actes de Philippe-Auguste, 1966, 2092. — Actes du Parlement de Paris, 2551, 7018. — Cartulaire général de l'Yonne, par QUANTIN, I, 568; II, 531. — Recueil..., 437. — MONCEAUX, 718. — Sceaux, dans DOUET D'ARCQ, 8411; de l'abbé Guillaume (1224), 9097; de l'abbé Simon (1237), 9098. — Quatre inventaires des reliquaires et objets précieux du trésor de l'abbaye de Saint-Jean, par CHARTRAIRE, dans *Bul. soc. archéol. Sens*, XXI (1905), 268-276. — Répertoire archéologique de l'Yonne, par QUANTIN, 212. — Gallia christiana, XII, 195-199; instrum. 2, 18, 19, 28-31, 40-48.

unie à l'archevêché en 1607 et la maison donnée un peu plus tard à la Congrégation de France. L'église est conservée et l'hospice est installé dans les bâtiments claustraux.

CHATEAULANDON, *Castrum Nantonis* [1], fondée par le roi Louis VII pour remplacer la communauté de clercs séculiers desservant une église que Clovis I avait fait élever sur le tombeau du saint martyr Séverin, abbé d'Agaune. Le premier abbé commendataire, Jacques d'Anbusson, y introduisit, en 1494, la réforme de la congrégation de Windesheim. Les Huguenots pillèrent l'abbaye et tuèrent

---

1. Chef-l. cant., arr. Fontainebleau, Seine-et-Marne. — Inv. som., arch. départ. sér. II, 13-19. — Statuts, *Bib. nat. ms. lat.* 13866. — Bib. Sainte-Geneviève, ms. 574, 595, 608, 1149-1150, 1641, 2963, 2966, 2967. — Œuvres du P. Hyacinthe Freydeau, religieux de cette abbaye, *Ibid.*, 1648, 2967. — POTHAST, Alexandre III (1163), 10813. — Actes de Louis VII, 3, 262, 293, 518, 588. — Catalogue des actes de Philippe-Auguste, par DELISLE, 33, 251, 1404. — Monuments historiques, par TARDIF, 357. — Notice sur un sceau d'André, abbé de Saint-Séverin de Châteaulandon, par SALMON, dans *Bul. soc. Yonne*, IX (1855), 269, et *Rev. soc. sav.*, I (1856), 364. — Sceaux, dans DOUËT D'ARCQ, 8188, 8189 ; de l'abbé Jean (1217), 8626 ; André (1225), 8627 ; du prieur (1279), 9801. Le propre de saint Séverin de Châteaulandon, description d'un manuscrit appartenant à l'église de Notre-Dame et des boiseries représentant la vie de Saint-Séverin, par DUPONT. *Fontainebleau*, 1890, in-8 ; ext. *Ann. Gatinais*, VIII, 263-290. — Château-Landon et l'abbaye de Saint-Séverin, par DORVET. *Fontainebleau*, 1877, in-8. — Notes historiques sur Château-Landon, par BAFFOY. *Fontainebleau*, 1889, in-8 ; ext. *Ann. Gatinais*. — Château-Landon, Ancienne abbaye Saint-Séverin, par MAXIME BEAUVILLIERS, dans *Almanach Seine-et-Marne* (1898), 150-153. — Château-Landon, par G. LEROY. Ibid. (1882), 119-129. — L'abbaye et l'asile départemental de Saint-Séverin à Château-Landon, par HUGUES. *Melun*, 1895, in-8. — Note sur Louis-Henri de Loménie, comte de Brienne (1636-1698). Sa mort à l'abbaye de Saint-Séverin de Château-Landon, par DUPONT, dans *Annales... Gatinais* (1906), 268-299. — Château-Landon. Les derniers jours de l'abbaye de Saint-Séverin, par BAFFOY, dans *Ann. Gatinais*, 1910, 73-151. — Les monuments religieux de Château-Landon, par PRÉAU. *Tulle*, 1910, in-8. — Histoire du Gatinais, par DOM MORIN, 367 et s. — MICHEL, 227. — *Gallia christiana*, XII, 200-205 ; instrum. 37, 38, 50. — Dignitaires des abbayes..., par DELAFORGE, 33. — MICHELIN, 1692-1695. — ALLOU, 249.

deux religieux (1567). Cette maison entra dans la congrégation de
France en 1636. L'église a été démolie. Les bâtiments claustraux
sont occupés par un asile d'aliénés.

Le Jard, *Jardum* [1], sous le vocable de saint Jean-Baptiste, fondée par un ermite, nommé Fulbert, au lieu de Passy en 1171, érigée en abbaye en 1176, transférée dans le château royal du Jard,
que la reine Alix, veuve de Louis VII, donna à ces religieux (1204).
Pierre de Corbeil, le futur archevêque de Sens, en fut le premier
abbé. Ces chanoines entrèrent, au XVIIe s., dans la congrégation de
France. Le monastère est transformé en château.

Provins [2], sous le vocable de saint Jacques, fondée auprès d'un

---

1. Com. Voisenon, cant. et arr. Melun, Seine-et-Marne. — Inv. som.
arch. départ. sér. II, 38-43. — Relevé des documents..., 185, 189, 2091,
2116, 2150. — Cartulaire (XIVe s.), *Bib. nat. ms. fr.* 2697, *lat.*, 5482
f. 249-256 : *fr.* 18083 *f.* 215-220 ; *coll.* Baluze, LI *f.* 183-195 ; Duchesne,
LXXVII, *f.* 46-47. — Bib. Sainte-Geneviève, ms. 1980 f. 23-31 ; ms. 347,
n° 40 ; 606 f. 195 ; 882 ; 705 ; 957 f. 11 ; 1939 f. 9 ; 2274, 2785. — Bib.
Fontainebleau, ms. 10. — Catalogue des actes de Philippe-Auguste, par
L. Delisle. 515, 979, 1803, 1921, 2065. — Monuments historiques, par
Tardif, 726, 1604. — Denifle, I, 26. — Recherches généalogiques sur la
famille des seigneurs de Nemours, par Richemond, I, xii ; II, xix, xxix,
xxx, xxxiv, xxxix, etc. — Sceaux, dans Douet d'Arcq, 8246, 8247 ; de
l'abbé Henri (1222), 8767 ; Hugues (1371), 8768. — Les livres de l'abbaye
du Jard au XIIIe s., par G. Leroy. *Meaux*, 1874, *in-8* ; ext. *Rev. art*
chrétien, XVI (1873), 638-643. — Les singularités de l'obituaire de l'abbaye du Jard, proche Melun, au XIIIe s., par le même. *Melun*, 1898,
in-8. — Les obituaires de la province de Sens, II, 37-53. — L'abbaye de
Sainte-Geneviève, par Féret, II, 14. — Allou, 251. — Michelin, 454-
456. — Pouillé, 193. — *Gallia christiana*, XII, 210-215 ; instrum., 63. —
Delaforge, 34.

2. Inv. som. arch. départ. Seine-et-Marne, sér. II, 97-99. — Relevé des
documents..., 92, 101, 121, 136, 2110. — Bib. Provins, ms. 85, n°s 3, 4,
20, 42, 46, 83 ; 86, n° 14 ; 87, n° 10. — Inventaire et comptes rendus
des biens, ms. 211. — Mémoire pour servir à l'histoire de Saint-Jacques
de Provins (1160-1599, 1600-1744), par le P. Beudet, prieur, ms. 235-
236. — Histoire ecclésiastique de Provins, par Ythier, t. III, XII, ms.
110, 119. — Recueil de pièces sur l'histoire ecclésiastique de Provins,
t. VI, ms. 138. — Vie et correspondance de François d'Aligre, abbé de

hospice de pèlerins établi par Thibault, comte de Blois, vers 1050,
où le comte Henri transporta les chanoines réguliers de Saint-Quiriace en 1157; soumise à la congrégation de France en 1640. Il n'en
reste plus rien. La bibliothèque, conservée à l'Hôtel-de-Ville, fut
brûlée en 1821.

Ordre de Prémontré

SAINT-PAUL-SUR-VANNE, *Sanctus Paulus Senonensis* [1], fondée en
1192 par l'archevêque Guy de Noyers auprès d'un prieuré dépendant de Dilo. Il n'en reste rien.

DILO, *Dei locus* [2], fondée sous le vocable de Notre-Dame en

Saint-Jacques de Provins, *Bib. nat. ms. fr.* 16827. — Bib. Sainte-Geneviève, ms. 608 f. 209, 859 ; 1945 f. 54 ; catalogue de la bibliothèque,
1773, 2156, 2483, 2532, 2546, 2570. — Bib. Troyes, ms. 2201, n° 17. —
Bib. Reims, fonds Tarbé, cart. II, n° 12. — POTHAST, Célestin III (1193-
1194), 17060. — Sceaux, dans DOUËT D'ARCQ, 8348, 8349 : de l'abbé
Geoffroy I (1214), 8972 ; Pierre II (1232), 8973 ; Jean (1268), 8974 ;
Pierre III (1352), 8975. — Lettre écrite de Provins, du 22 janvier 1712,
sur la vie et la mort de M. d'Aligre, abbé de Saint-Jacques de la dite
ville, par DOM PIERRE COURT. *Paris*, 1712, in-4. — Oraison funèbre de
messire François d'Aligre, abbé de Saint-Jacques de Provins, prononcée
dans l'église de cette abbaye, le 19 avril 1712, par le P. LENET. *Paris*,
1712, in-4. — La relation de la vie et de la mort de M. d'Aligre, abbé de
Saint-Jacques de Provins, par DOM PIERRE COURT. *Paris*, 1712. — Obituaires de la province de Sens, II, 57-73. — ALLOU, 250. — MICHELIN,
498-499. — Histoire de Provins, par BOURQUELOT, I, 123 et s. ; II, 382 et
s. — Pouillé, 234. — Gallia christiana, XII, 205-210 ; instrum., 41-47, 65,
68. — DELAFORGE, 50. — Recueil des actes du clergé, IV, 144 et s., 155
et s.
    1. Inv. som. arch. départ. Yonne, sér. II, III, 100-105. — Bib. Sainte-
Geneviève, ms. 1837 f. 281. — Cartulaire général de l'Yonne, I, 568. —
Recueil, 437. — Gallia christiana, XII, 252-254. — Annales Praemons-
tratenses, par HUGO, II, 499.
    2. Cant. Cerisiers, arr. Joigny, Yonne. — Inv. som. arch. départ.
sér. II, III, 129-140. — Bib. nat. coll. BALUZE, XXXVIII, 296-298. Coll.
CHAMPAGNE, 22-27, 32-34. — 19 chartes originales (1150-1484). Bib.
Joigny ms. 19, ms. 31. — Cabinet historique, II, II, 37-38. — POTHAST,

1132, avec des religieux venus de l'abbaye du Val-Secret, par Louis
VI et l'archevêque Henri Sanglier. L'église est démolie ; la sacristie
sert d'église paroissiale. On a installé une ferme dans ce qui reste
des bâtiments claustraux.

Abbayes de Femmes

Ordre de Saint-Benoît

NOTRE-DAME-DE-LA-POMMERAIE, *de Pomaria*[1], fondée vers 1150

Eugène III (1147), 9102 ; Anastase IV (1154), 9916 ; Alexandre III
(1163-1164), 10971. — Louis VI, par LUCHAIRE, 498. — Actes de
Louis VII, par LE MÊME, 27, 45, 46, 633.— Cartulaire général de l'Yonne,
par QUANTIN, I, 559; II, 522. — Recueil, 436. — Factum pour Louis-
Antoine de Villefort, abbé de Dilo, et les prieur et religieux de cette
abbaye, contre Gédéon Louis le Conquérant. *Paris*, 1718, *in-fol.* — Factum pour les prieur et religieux de Dilo contre le même, seigneur de
Chartray. *Paris, s. d., in-fol.* — Mémoire pour les même contre le même.
Paris, 1743, *in-fol.* — La révolution..., par MONCEAUX, nᵒˢ 149, 152, 160,
842. — Répertoire archéol., par QUANTIN, 141. — Gallia christiana, XII,
1252-1255; instr. 31, 34, 55, 60, 62.

1. Com. La Chapelle-sur-Oreuse, cant. Sergines, arr. Sens, Yonne. —
Inv. som. arch. départ. sér. II, III, 18, 212-220. — Constitutions sur la
règle de saint Benoît pour les religieuses bénédictines de l'abbaye de
Notre-Dame de Sens, *Bib. nat. ms. fr.* 19836. — Lettres de Taffoureau,
évêque d'Alet, à quelques bénédictines de Sens. *Bib. Sens ms.* 148. —
Actes de Louis VII, par LUCHAIRE, 447. — Cartulaire général de l'Yonne,
I, 563 ; II, 526. — Recueil..., 436. — MONCEAUX, 124. — Sceau de l'ab-
besse Marie (1284), dans DOUET D'ARCQ, 9247. — Discours funèbre sur la
vie et la mort de feue Madame Anne-Bathilde de Harlay, abbesse de Notre-
Dame de Sens, par DOM CÔME DE SAINT-MICHEL. *Paris*, 1668, *in-4.* —
Oraison funèbre d'illustre Louise de Harlay, ancienne abbesse de Notre-
Dame de Sens, prononcée dans l'église de la même abbaye, le 28 mai
1700, par NICOLAS DENIS. *Paris*, 1700, *in-4.* — Éloge de feue Madame
Anne-Bathilde de Harlay, abbesse du monastère de Notre-Dame de Sens,
anciennement la Pommeraie, dans *Éloges de plusieurs personnes illustres
en piété de l'Ordre de saint Benoît*, par la MÈRE DE BLÉMUR, II, 247-288.

par Mathilde d'Istrie, femme de Thibault II, comte de Champagne, transférée dans un faubourg de Sens en 1659 par Anne-Bathilde de Harlay, qui en était abbesse. Ce fut le point de départ d'une réforme sérieuse et d'une grande prospérité. Les abbesses de cette maison ne portaient point la croix pectorale.

VILLECHASSON [1], prieuré fondé au commencement du XIIIᵉ siècle sous la dépendance de l'abbaye de Rosoy, *Rosetum*, qui avait eu pour fondateur Pierre de Courtenay (1183). Les religieuses de Rosoy s'établirent, après la destruction de leur monastère par les Huguenots, dans leur prieuré de Villechasson, qui reçut dès lors le titre d'abbaye. Louis XVI l'unit au monastère de Champbenoît près de Provins (1781). Le monastère est occupé par une ferme. Notre-Dame de CHAMPBENOIT avait été fondée par Henri I, comte de Champagne, vers 1158, transférée à Provins en 1625.

Ordre de Cîteaux

LA COUR-NOTRE-DAME [2], fondée d'abord sur la paroisse de Vil-

---

— Notice sur l'ancienne abbaye de Notre-Dame de la Pommeraye, par BRULLÉE, dans *Bul. soc. Sens*, II (1851), 98.—*Gallia christiana*, XII, 190-193.

1. Com. Chevry-en-Sereine, cant. Lorrez-le-Bocage, arr. Fontainebleau, Seine-et-Marne. — Inv. som. arch. départ. sér. II, 183. — Relevé des documents..., 2132. — Cartulaire, aux archives départem. Yonne. — Recueil de pièces, Bib. nat. ms. fr. 5990 ; ms. lat. 12664 f. 32. — Louis VI, par LUCHAIRE, 153. — Actes de Louis VII, par LE MÊME, 181, 261, 643. — Catalogue des actes de Philippe-Auguste, par DELISLE, 980. — Actes du Parlement de Paris, 802, 1653. — POTHAST, Alexandre III (1164-1179), 11070, 13506, 13539; Martin IV (1282), 21888. — Un recueil de pièces sur l'abbaye de Rozoy-le-Jeune, par L. AUVRAY, dans *Ann. Gatinais*, XXIII (1905), 88-98. — Chevry-en-Sereine, par LHUILLIER, dans *Almanach Seine-et-Marne* (1885), 104-109. — La chapelle de l'abbaye de Villechasson, dans *Autrefois et aujourd'hui*, par EUG. THOISON, Nemours, 1904, in-16. — Monuments du Gatinais, par MICHEL, 214. — Une lettre du P. Jacques Viguier sur la fondation de l'abbaye de Rozoy en Gatinais, par MARCEL, dans *Ann. Gatinais*, VIII, 336-340. — DOM MORIN, 589 et s. — ALLOU, 243. — MICHELIN, 1816. — Pouillé, 73. — *Gallia christiana*, XII, 188-190, 193-194 ; instrum. 59-62. — DELAFORGE, 40, 55.

2. Com. Michery, cant. Pont-sur-Yonne, arr. Sens, Yonne. — Inv.

luis par de pieux fidèles vers 1225, transférée à une époque inconnue sur celle de Michery, réduite après la guerre de Cent ans au rang de prieuré.

La Joye-Notre-Dame, *Beata Maria de Gaudio* [1], fondée en 1230 par Philippe, seigneur de Nemours, associée à l'ordre de Cîteaux en 1236. Languet, archevêque de Sens, lui unit l'abbaye de Mont-Notre-Dame-lès-Provins (1751); elle fut elle-même supprimée et unie à celle de Villiers, en 1764. Les Cisterciennes y furent remplacées par les ermites de la forêt de Senart.

Le Lys, *Lilium* [2], fondée en l'honneur de Notre-Dame par la

---

som. arch. départ. sér. II, III, 184-190. — Cartulaire, ibid. — Recueil de pièces, par QUANTIN. 436. — La Cour-Notre-Dame, dans *Almanach... Yonne* (1883), 121-127. — Pouillé, 25. — Gallia christiana, XII, 29.

1. Com. Saint-Pierre-lès-Nemours, cant. Nemours, arr. Fontainebleau, Seine-et-Marne. — Inv. som. arch. départ. sér. II, 151-156. — Relevé des documents, 2105. — Arrêt du Parlement de Paris, du 6 juin 1722, relatif au droit de minage prétendu par les religieuses de Notre-Dame de la Joye sur les grains vendus à Nemours. Rendus au profit des religieuses contre les nommés Bourry et Augis, marchands. S. l. n. d., in-fol. — Sceaux, dans DOUËT D'ARCQ, 8458 ; de l'abbesse Isabelle (1444), 9217. — La fin de l'abbaye de la Joye, par STEIN, dans *Ann. Gatinais*, 1908, 354-364. — Les tombeaux des seigneurs de Nemours, procès-verbal d'exhumation de l'abbaye de la Joye (décembre 1777), dans *Annales... Gatinais* (1897), 288-292. — Recherches généalogiques sur la famille des seigneurs de Nemours, par RICHEMOND, I, LXXIV, LXXVI, LXXVIII. — ALLOU, 247. — Gallia christiana, XII, 245-247 ; instrum. 67-70. — DELAFORGE, 45.

2. Com. Dammarie-lès-Lys, cant. et arr. Melun, Seine-et-Marne. — Inv. som. arch. départ. sér. II, 156-166. — Relevé des documents, 2097, 2105, 2116, 2137, 2156. — Cartulaire, Bib. nat. ms. lat. 13892. — Arch. nat. Q, 1403. — Bib. Fontainebleau, ms. 10, n° 13. — Factum pour les religieuses, abbesse et couvent de l'abbaye de Notre-Dame la Royale du Lys, près Melun, demanderesses à l'entérinement des lettres patentes par elles obtenues, en juin 1652, pour le rétablissement en la propriété et jouissance des bois et droits de leurs concessions, fondations et dotations. S. l. n. d., in-4. — Mémoire pour dame Marie-Françoise d'Aspremont, abbesse du Lys, appelante comme d'abus contre M. l'archevêque de Sens, intimé. *Paris*, 1727, in-fol. — Arrêt de la cour de Parlement portant homologation de l'ordonnance de M. l'archevêque de Sens pour le temporel de l'abbaye du Lys. Extrait des registres du Par-

reine Blanche de Castille (1244); saint Louis confirma cette fondation (1248). On y conservait des reliques et de précieux souvenirs
de ce saint roi. L'abbesse Marguerite de la Trémouille-Rohan introduisit une réforme dans cette maison (après 1624) et elle mit les
religieuses sous la juridiction des archevêques de Sens. On voit
encore les ruines de l'église et de l'abbaye dans le parc. L'hôtellerie
est conservée.

LE MONT-NOTRE-DAME, ou les FILLES-DIEU, *Sancta Maria de
monte Pruvinensi* [1], fondée en 1236 par Jean Bouvier, enrichie par
les comtes de Champagne Thibault IV et Thibault V, ruinée pen-

---

lement (17 février 1727). *Paris*, 1727, *in-fol.* — Inventaire des titres
concernant la seigneurie que les religieuses de l'abbaye royale de Notre-
Dame du Lys possédaient à Malay-le-Roi, par LHUILLIER, dans *Bul. soc.
Sens*, X (1872), 347-357. — Monuments du Gatinais, par MICHEL, 211.
— DOM MORIN, 505 et s. — Sceaux de l'abbesse Alix (1286), dans DOUET
D'ARCQ, 9225 ; Barbe de Salm (1584), 9226.

Une visite à Melun, par ALEXIS MARTIN. Historique, les faubourgs,
abbaye du Lys... *Paris*, 1896, *in-16*. — Réception d'Etiennette Duboys à
l'abbaye du Lys, près Melun, par G. LEROY, dans *Rev. soc. sav.* (1873),
II, 326-330. — État des tableaux de l'église du Lys, tels qu'ils sont
indiqués en l'inventaire dressé le 2 août 1790, par LE MÊME. *Ibid.*, 330-332.
— Translation du cilice de saint Louis à Dammarie-les-Lys, dans *Revue
Champagne et Brie* (1891), 856. — La cassette de saint Louis donnée par
Philippe-le-Bel à l'abbaye du Lys, par EDM. GANNERON. *Paris*, 1855, *in-
fol.* — Les reliques de saint Louis en Seine-et-Marne, dans *Sem. relig.
Meaux* (1889), 10, 20, 30. — Dammarie-lez-Lys, par G. LEROY, dans
Almanach... Seine-et-Marne (1892), 155-166 ; (1893), 125-136 ; (1894), 129-
145. — Recueil des actes du clergé, tables, II, 111. — Les monuments de
Seine-et-Marne, par AUFAUVRE et FICHOT, 30. — MARTÈNE et DURAND, 71-
80. — ALLOU, 248. — MICHELIN, 464-466. — Gallia christiana, XII, 247-
250 ; instrum. 72. — DELAFORGE, 29-31.

1. Inv. arch. départ. Seine-et-Marne, sér. II, 155. — Bib. nat. coll.
Champagne, XXV, 158. — Histoire de la ville de Provins, par RIVOT. *Bib.
Provins*, ms. 100. — YTHIER, ms. 120. — Oraison funèbre de J. Gabrielle
Dauvet des Marais, abbesse de la maison royale de Mont-Notre-Dame,
de l'ordre de Saint-Bernard, près de Provins, par le R. P. VINCENT RAL-
TIER, prieur des Jacobins. *Provins*, 1690, *in-4*. — Gallia christiana, XII,
129-131 ; instrum. 70. — DELAFORGE, 57. — Pouillé, 235.

dant la guerre de Cent ans, supprimée et unie au monastère de
Preuilly, restaurée en 1648 par les soins de Dom Nicolas des Lyons.

VILLIERS-AUX-NONNAINS, *Villarium* [1], fondée sous le vocable de
Notre-Dame vers 1220 par Amicie, veuve de Jean Briard, seigneur
de Breteuil, sur l'emplacement d'un couvent de Dominicains aban-
donné. Agnès de Russie, femme de Henri I, y reçut la sépulture.
L'abbaye de La Joye fut unie à cette abbaye (1764).

Maisons conventuelles

Monastères d'hommes

SAINT-AYOUL DE PROVINS [2], *Sanctus Aygulfus*, fondé en 1048 par

1. Com. Cerny, cant. La Ferté-Alais, arr. Etampes, Seine-et-Oise. —
Arch. départ. Seine-et-Oise, sér. II. — Cartulaire de l'abbaye de Villiers-
en-Joye. ibid. — Si l'abbaye de Villiers est de fondation royale, *Bib. nat.
Rec. Thoisy*, II, 158. — Factum pour les dames abbesse, religieuses et
convent de l'abbaye royale de Notre-Dame de Villiers, dames de Mepuys,
appelantes d'une sentence rendue aux requestes de l'Hotel, le 30 août
1680, contre Alexandre Petau, conseiller en la Cour, et dame Marie
Bréan, son épouse. *S. l. n. d., in-fol.* — Factum pour Monsieur Petau,
seigneur de Mespuys, et dame Marie de Bréan, intimés, contre les
dames abbesse et religieuses de Villiers. *Paris, s. d., in-fol.* — Factum
pour les religieuses, abbaye et convent de l'abbaye royale de Notre-
Dame de Villiers, contre J. B. de Selve, seigneur de Villiers, procureur
général en la cour des monnayes, demandeur et défendeur. *S. l. n. d.,
in-fol.* — Fidèle récit de la mission d'un confesseur en l'abbaye de
Villiers (1671). *S. l. n. d., in-fol.* — Acte de prise de possession d'une
abbaye de filles par le mandataire laïque de l'abbesse, dans *L'Abeille
d'Etampes, 22 mars 1873*. — Sceau de l'abbesse Agnès (1287), dans
DOUET D'ARCQ, 9269. — Histoire de l'abbaye royale de Notre-Dame de
Villiers, de l'ordre de Cîteaux, au diocèse de Sens (1220-1669), par
BASILE FLEUREAU, publiée pour la première fois, par PAUL PINSON. *Fontainebleau, 1893, in-8* ; ext. *Ann... Gâtinais*, IX, 1 et s. — Eloge funèbre de
Marguerite Le Cordier du Trône, abbesse de Villiers, ordre de Cîteaux,
décédée le 6 décembre 1719, prononcé dans l'église dudit monastère, le
12 dudit mois, par D. MOREAU, prieur de Cîteaux, syndic et vicaire
général dudit ordre. *Paris, 1720, in-4.* — *Gallia christiana*, XII, 212-215 ;
instrum. 65.

2. Inv. som. arch. départ. Seine-et-Marne, sér. II, 99-101. — Histoire

Thibault I, comte de Champagne, sous la dépendance de Moutier-la-Celle. Saint Robert, qui devint plus tard abbé de Molesmes et fondateur de Cîteaux, en fut le premier prieur. Les religieux entrèrent, en 1660, dans la congrégation de Saint-Vanne. L'église est devenue paroissiale.

CÉLESTINS de Sens [1], fondé sous le vocable de Notre-Dame par Isabelle Biloard, femme de Jean de Maizières (1366).

CHATILLON-SUR-LOING [2]. Monastère de Bénédictines du Saint-

ecclésiastique de Provins, par YTHIER, V et X, Bib. Provins ms. 112, 117. — Recueil de pièces, ms. 137. — Ms. 208, 257, 258, 259, 260, 261, 262. — Bib. Reims ms. 132. — POTHAST, Anastase IV (1153), 9776 ; Adrien IV (1155, 1179), 10098, 13279. — Louis VI, par LUCHAIRE, 313. — Actes du Parlement de Paris, 7083, 7534. — ALLOU, 244. — MICHELIN, 191. — Dignitaires des abbayes..., par DELAFORGE, 59. — Le portail de Saint-Ayoul de Provins et l'iconographie du portail du XIIᵉ siècle, par FLEURY, dans Congrès archéologique France, LXIX, 458-488 ; 74-76.

1. Inv. som. arch. départ. Yonne, sér. II, III, 105-124. — Cartulaire, Bib. Sens, ms. 53. — Mémoire pour les religieux, prieur et convent des Célestins de Sens, défendeurs et intimés, contre Dom Anselme Bérault, prieur du Charnier-lez-Sens, demandeur au principal et appelant d'un règlement donné par Messieurs des Requêtes. S. l., 1624, in-4. — Factum pour les religieux Célestins de Sens, intimés contre M. Charles Hurault, comte du Marais, appelant d'une sentence des Requêtes du Palais, du 14 mars 1684. S. l. n. d., in-fol. — Lettres confirmatives du déguerpissement fait par Ch. Hurault, de plusieurs dîmes et champarts sujets à redevance envers les Célestins de Sens. 1684, in-4. — Obituaire des Célestins de Sens. Notice d'un manuscrit du Musée britannique, par MAUR. PROU, dans Annales... Gâtinais, VI (1888), 195-205. — Obituaires de la province de Sens, par MOLINIER, II, 889-922. — Gallicæ Cælestinorum Congregationis monasteriorum fundationes, 22-23. — La vie admirable de saint Pierre Célestin, par Dom AURÉLIEN, 287-288. — Dom MORIN, 652 et s. — Gallia christiana, XII, instrum. 92.

2. Chef-l. cant., arr. Montargis, Loiret. — Lettres de Talfoureau à Marie-Madeleine Talfoureau, sa nièce, religieuse à Châtillon et à d'autres religieuses de cette maison. Bib. Sens ms. 141, 142. — Bib. Orléans, ms. 1343. — Arch. nat. S 7546. — Notes historiques. Châtillon-sur-Loing, sa seigneurie et ses anciennes institutions religieuses, par EUG. TONNELLIER. Paris, 1908, in-8. — Pouillé, 168. — Annales religieuses du diocèse d'Orléans, XXXI (1891), 131-133.

Sacrement, fondé en 1677 par Isabelle-Angélique de Montmorency-Boutteville.

Montargis [1]. Monastère de Bénédictines, sous le vocable de Notre-Dame des Anges, fondé en 1630.

Villeneuve-le-Roi [2]. Monastère des Bénédictines de Saint-Joseph, fondé par Octave de Bellegarde, uni à Notre-Dame de Sens, en 1759.

Bray-sur-Seine [3]. Monastère de Bernardines, fondé en 1653 sous le vocable de l'école de Jésus et uni à celui de Nemours en 1760. Ses biens furent attribués à l'Hôtel-Dieu de Bray.

Prieurés simples

Sens. *Notre-Dame-du-Charnier* ou *de la Porte-Saint-Léon* [4], fondé

---

1. Chef-l. arr. Loiret. — Arch. départ. Loiret, sér. H. — Inv. som. arch. départ. Seine-et-Marne, sér. H. 113. — Extraits ou copie par Fenel de 145 lettres écrites par Taffoureau (1699-1708) à diverses religieuses Bénédictines de Montargis et de Sens. *Bib. Sens ms.* 148. — Mémoire pour les dames prieure et religieuses du monastère de Notre-Dame des Anges, établie en la paroisse d'Amilly, près Montargis. *Paris*, 1784, in-4. — Constitutions des Bénédictines de Montargis. *Paris*, 1663, in-24. — Cérémonial avec rituel pour les religieuses bénédictines de Notre-Dame des Anges de Montargis. *Paris*, 1650. — Abrégé de la vie et des vertus de feue très digne et très révérende Mère Marie-Antoinette de Beauvillers, dite de Saint-Benoît, quatrième prieure perpétuelle du monastère des Bénédictines de Notre-Dame des Anges de Montargis, par Jacquet, confesseur du monastère. *Paris*, 1751, in-12. — Éloge de Mère Marie Granger de l'Assomption, fondatrice et première supérieure des Bénédictines de Montargis, dans Mère de Blémur, I, 184-240. — Éloge de la Mère Geneviève Granger de Saint-Benoît, supérieure du monastère des Bénédictines de Montargis, Imp., II, 417-455. — Sur les demoiselles de Beauvillers, religieuses de ce monastère. Tronson, *Correspondance*, III, 294. — Retraite de Mlle de Vertus chez les Bénédictines de Montargis, Port-Royal, par Sainte-Beuve, V, 103. — Pouillé, 167.

2. Chef-l. cant., arr. Joigny, Yonne. — Inv. som. arch. départ. sér. H, III, 220. — Pouillé, 49.

3. Chef-l. cant., arr. Provins, Seine-et-Marne. — Pouillé, 33. — Allou, 249. — Michelin, 1434.

4. Inv. som. arch. départ. Yonne, sér. H, III, 211. — Bib. Reims ms.

vers 1088 sous la dépendance de la Charité-sur-Loire. *Saint-Antoine* [1], monastère de femmes, fondé au commencement du XIIIe siècle, transformé en prieuré d'hommes (1484) et uni à l'Hôtel-Dieu de Sens (1544). *Saint-Bond, Sanctus Baldus* [2], donné à Saint-Remy de Reims par l'archevêque Richer (1096), et uni au Grand Séminaire de Sens (1735). *Saint-Sauveur-des-Vignes, Sanctus Salvator in Vineis* [3], fondé au IXe siècle par l'archevêque Magnus et uni à l'abbaye de Saint-Jean (1127).

AMILLY, *Amilliacum* [4]. Notre-Dame, dépendant du prieuré de Flotin. — AMPONVILLE, *Amponis villa* [5]. Notre-Dame, donné à Saint-Victor de Paris par le roi Louis VI.(1113). — ARBONNE [6]. Commanderie de *Baudelu*, unie à celle du Saussay. — AUGERVILLE, *Augervilla* [7], donné à l'abbaye de Tiron au commencement du XIIe siècle. — AUXON [8]. Saint-Loup de *Preudhon*, dépendant de Saint-Pierre-le-Vif. — AVON [9]. Saint-Nicolas des *Basses-Loges*,

---

1380, f. 167. — Recueil de pièces du XIIIe siècle, par QUANTIN, 189. — Pouillé, 13. — Recueil des chartes de Cluny, VI, 795-804.

1. Ibid., sér. II, III, 211. — Pouillé, 13.

2. Notice sur l'union du prieuré de Saint-Bond au Grand-Séminaire de Sens, par GOUGER, dans Bul. soc. Sens, XI, (1877), 50 et s. — Gallia christiana, XII; instrum., 14.

3. Inv. som. arch. départ. Yonne, sér. II, III, 94. — Bib. Sainte-Geneviève ms. 608 f. 466.

4. Cant. et arr. Montargis, Loiret. — Pouillé, 155.

5. Cant. La Chapelle-la-Reine, arr. Fontainebleau, Seine-et-Marne. — Arch. nat. S. 2102-2104 ; 2185, L. 896. — Bib. Le Mans, ms. 163 f. 290. — Histoire de l'abbaye... de Saint-Victor de Paris, par BONNARD, II, 275. — Pouillé, 96.

6. Cant. et arr. Melun. — Pouillé, 232. — Les commanderies du Grand Prieuré de France, par MANNIER, 83-85.

7. Cant. Puiseaux, arr. Montargis, Loiret. — Ibid., 270.

8. Cant. Ervy, arr. Troyes, Aube. — Ibid., 39.

9. Cant. et arr. Fontainebleau, Seine-et-Marne. — Ibid., 101. — Inv. som. arch. départ. sér. II, 5-6. — L'ancien prieuré des Basses-Loges, près Fontainebleau, dans Revue Champagne et Brie (1889), 796-797. — Le prieuré des Basses-Loges et le fief de Changy, par ESTOURNET. Fontainebleau, 1900, in-8. — Maisons religieuses d'Avon. Le prieuré des Bas-

fondé sous la règle de saint Augustin par Henri de Haulthey (1310),
et donné aux Carmes en 1632. — Bagneaux, *Balneolum*[1]. Saint-
Germain et Saint-Vincent, dont la possession est confirmée à Saint-
Germain-des-Prés par une bulle d'Alexandre III (1177). — Balloy,
Balatorium[2]. Saint-Eracle, donné à Saint-Paul de Sens par l'arche-
vêque Pierre de Corbeil (1205). Notre-Dame de *l'Ile*, dépendant de
la même abbaye. — Bellegarde[3]. Notre-Dame de *Choisy-aux-
Loges, de Choisiaco,* donné à Saint-Jean de Sens par Louis VI et
Guillaume de Soisy (1124), en même temps que Saint-Pierre de
Quiers. — Bernay[4]. Sainte-Madeleine de *Segrès, de Segreyio,*
dépendant de l'abbaye d'Hermières. — Beugnon[5]. Notre-Dame de
Franchevaux, de libera Valle, donné à l'abbaye de Molesme par
l'archevêque Hugues de Toury et Pétronille, comtesse de Bar (1159).
— Boiscommun, *Boscus communis*[6]. Notre-Dame, donné à Saint-
Jean de Sens par l'archevêque Guillaume de Champagne (1172). —

---

ses-Loges et le fief de Changy ; le séminaire d'Avon ; Saint-Aubin ; le
Pré-Larcher, par le même. *Fontainebleau,* 1903, *in-8.* — Michelin, 1772-
1773. — Allou, 293.
  1. Cant. Villeneuve-l'Archevêque, arr. Sens, Yonne. — *Pouillé,* 21.
— Les dépendances de Saint-Germain-des-Prés, par Dom Anger, III,
305.
  2. Cant. Bray-sur-Seine, arr. Provins, Seine-et-Marne. — *Ibid.,* 28,
301. — Inv. som. arch. départ. Yonne, sér. II, III, 101. — Allou, 294.
— Michelin, 1437.
  3. Chef-l. cant., arr. Montargis, Loiret. — *Ibid.,* 132. — Cartulaire de
l'Yonne, par Quantin, I, 254, 291, 503. — Etude sur Bellegarde-en-Gati-
nais, augmentée d'un essai biographique sur les anciens seigneurs de
Bellegarde, par Tantarin. *Orléans,* 1888, *in-18.*
  4. Cant. Rozoy, arr. Coulommiers, Seine-et-Marne. — *Ibid.,* 205. — Bib.
Fontainebleau ms. 10, n° 13. — Allou, 256. — Michelin, 1367.
  5. Cant. Flogny, arr. Tonnerre, Yonne. — *Ibid.,* 39. — Le prieuré de
Franchevaux depuis sa fondation jusqu'à sa destruction, par Jobin, dans
Bul. soc. Yonne (1896). — Cartulaire de l'abbaye de Molesme, par Laurent, 264.
  6. Cant. Beaune-la-Rolande, arr. Pithiviers, Loiret. — *Ibid.,* 132. —
Inv. som. arch. départ. Yonne, sér. II, III, 92.

Bois-le-Roi, *Boscus Regis* [1]. Saint-Louis de *Beaulieu*, fondé par saint Louis (1264) et uni aux Trinitaires de Fontainebleau. — Bois-sise-le-Roi, *Boissessia Regis* [2]. Sainte-Madeleine de *Faronville*, donné à Saint-Victor de Paris (1134). — Bombon [3]. Notre-Dame des *Tréhans*, fondé par Gauthier de Nemours (1198) et uni par Pierre de Corbeil à l'abbaye du Jard (1207). — Bonnard, *Bonortum* [4]. Saint-Martin, dépendant de Saint-Marien d'Auxerre. — Branches, *Brenchæ* [5]. Saint-Martin, fondé par Guillaume de Seignelay vers 1220, dépendant de Saint-Jean d'Auxerre. — Brannay, *Brannaicum* [6]. Notre-Dame, dépendant de Saint-Jean de Sens. — Bransles, *Branlæ* [7]. Saint-Loup, donné à Ferrières par l'archevêque Henri Sanglier (1135). — Bréau, *Brolium* [8]. Notre-Dame, donné à Tiron par Dodouin de Bombon (1140). — Briquemault, *Pratum Grimaudi* [9]. Saint-Jean, dépendant de Saint-Jean de Sens. — Bussy-en-Othe, *Bussiacum* [10]. Saint-Médard, donné à l'abbbaye de Dilo par l'archevêque Guillaume de Champagne (1176).

---

1. Cant. et arr. Fontainebleau, Seine-et-Marne. — *Pouillé*, 201. — Allou, 297. — Michelin, 1774.

2. Cant. et arr. Melun. — *Ibid.*, 202.

3. Cant. Mormant, ibid. — *Ibid.*, 201. — Allou, 299. — Dignitaires des abbayes..., par Delaforge, 26.

4. Cant. et arr. Joigny, Yonne. — *Ibid.*, 38. — Inv. som. arch. départ. sér. H, III, 291.

5. Cant. Aillant, ibid. — *Ibid.*, 58. — Archives anciennes du prieuré de Branches, par Moland, dans *Correspondance historique*, II (1895), 8-11.

6. Cant. Chéroy, arr. Sens. — *Ibid.*, 76. — Cart. gén. de l'Yonne, II, 271. — Recueil..., par Quantin, 600. — Inv. som. arch. départ. sér. H, III, 85, 92. — Notice sur Brannay, par Bardot, dans *Annuaire... Yonne*, VII, 100-104.

7. Cant. Château-Landon, arr. Fontainebleau, Seine-et-Marne. — *Pouillé*, 156. — Allou, 300. — Michelin, 1705.

8. Cant. Mormant, arr. Melun. — Cartulaire de Tiron, par Merlet, cxxxvii, c. 283.

9. Cant. Châtillon-sur-Loing, arr. Montargis, Loiret. — *Pouillé*, 154.

10. Cant. Brienon, arr. Joigny, Yonne. — *Ibid.*, 38. — Inv. som. arch. départ. sér. H, III, 138.

CANNES, *Cannæ*[1]. Saint-Pierre, que le monastère cluniste de Saint-Martin-des-Champs possédait en 1172. — CEPOY, *Cepeyium*[2]. Saint-Loup, dépendant de la Chaise-Dieu. — CERISIERS, *Cerise-rium*[3]. Commanderie de Chevaliers de Malte, unie à celle de Launay. — CESSON, *Cessonum*[4]. *Saint-Leu-le-Petit, Sanctus Lupus,* donné à Saint-Père de Melun par l'archevêque Guillaume de Champagne (1176). — CÉZY, *Cesiacum*[5]. Saint-Loup, dépendant de Saint-Père d'Auxerre. — CHALAUTRE-LA-PETITE, *Calestria parva*[6]. Saint-Martin, qui appartenait à Saint-Florentin de Bonneval avant 1233. Saint-Jacques de *Bois-Arlault* et Notre-Dame du *Jariel,* dépendant de Saint-Jacques de Provins. — CHALETTE, *Chaaleta*[7], fondé par Gausbert I de Montbard. — CHALMAISON, *Caroli domus*[8]. Saint-Étienne, dépendant de Saint-Jacques de Provins. — CHAMBEUGLE[9], ancienne commanderie de Templiers. — CHAMBON[10].

1. Cant. Montereau, arr. Fontainebleau, Seine-et-Marne. — *Pouillé,* 78. — Cannes, par QUESVERS, dans *Almanach... Seine-et-Marne* (1875). 90-103. — ALLOU, 304. — MICHELIN, 1852.
2. Cant. et arr. Montargis, Loiret. — *Ibid.,* 133-314.
3. Chef-l. cant., arr. Joigny, Yonne. — *Ibid.,* 24. — Les Commanderies du Grand-Prieuré de France, par MANNIER, 341.
4. Cant. et arr. Melun, Seine-et-Marne. — *Ibid.,* 201. — Inv. som. arch. départ. sér. H, 81. — Cesson, par G. LEROY, dans *Almanach... Seine-et-Marne* (1870), 90-92. — ALLOU, 304. — MICHELIN, 444.
5. Cant. et ar. Joigny, Yonne. — *Ibid.,* 59. — Inv. som. arch. départ. sér. H, III, 305. — Recueil..., par QUANTIN, 1028.
6. Cant. et art. Provins, Seine-et-Marne. — *Ibid.,* 244, 245. — Inv. som. arch. dép. Eure-et-Loir, par MERLET, sér. H, VIII, 116-117. — Histoire abrégée de l'abbaye de Bonneval, par BIGOT, 103-105. — Chalautre-la-Petite, par LHUILLIER, dans *Almanach... Seine-et-Marne* (1877). 107-113. — ALLOU, 305. — MICHELIN, 1604.
7. Cant. et arr. Montargis, Loiret. — *Ibid.,* 155.
8. Cant. Bray, arr. Provins, Seine-et-Marne. — *Ibid.,* 242. — Chalmaison, par LHUILLIER, dans *Almanach... Seine-et-Marne* (1878), 89-99. — ALLOU, 303. — MICHELIN, 1459.
9. Cant. Charny, arr. Joigny, Yonne. — *Ibid.,* 72. — MANNIER, 172.
10. Cant. Beaune-la-Rolande, arr. Pithiviers, Loiret. — *Ibid.,* 134. — Destruction de l'ordre de Grandmont, par GUIBERT, 845.

Sainte-Radegonde de *la Coudre, de Cosdra,* de l'ordre de Grandmont, fondé par le roi Louis VII (1160). — CHAMPCENEST, *Campus
senectutis*[1]. Saint-Martin, dépendant de Saint-Jacques de Provins.
— CHAMPIGNY, *Champignacum*[2]. Notre-Dame *du Pré,* donné à
l'abbaye du Jard par l'archevêque Pierre de Corbeil entre 1207 et
1213. — CHAMPIGNY-SUR-YONNE[3]. Saint-Loup de *la Chapelle-Feu-
Payen,* dépendant de Cormery. — CHATEAULANDON[4]. Notre-Dame,
dépendant de l'abbaye de Saint-Séverin, ainsi que *Sainte-Croix* et
Saint-Tugal. Saint-André, dépendant de l'abbaye de Ferrières, ainsi
que Saint-Loup de *Bézard.* Saint-Pierre de *Néronville,* que l'ab-
baye de la Sauve-Majeure possédait en 1082. — CHATEAU-RENARD[5].
Saint-Etienne, donné à Saint-Jean de Sens par l'archevêque Henri
Sanglier (1133). *Saint-Nicolas,* dépendant du prieuré clunisté de
La Charité-sur-Loire. Notre-Dame de *Chevannes,* dépendant de Saint-
Jean de Sens. Saint-Sébastien de *Montigny,* uni au prieuré de Dou-
chy. Notre-Dame de *Gy-les-Nonnains, de Giaco monialium,* donné

---

1. Cant. Villiers-Saint-Georges, arr. Provins, Seine-et-Marne. — *Pouillé,*
242. — Champcenest, par LENOIR, dans *Almanach... Seine-et-Marne*
(1879), 131 et s. — ALLOU, 306. — MICHELIN, 1647.
2. Cant. et arr. Etampes, Seine-et-Oise. — *Ibid.,* 271, 321.
3. Cant. Pont-sur-Yonne, arr. Sens, Yonne. — *Ibid.,* 79.
4. Chef-l. cant., arr. Fontainebleau, Seine-et-Marne. — *Ibid.,* 132, 133,
134. — Mémoire instructif où l'on voit l'origine et l'antiquité de l'abbaye
de Saint-Séverin ; item, l'histoire de la ville de Châteaulandon, *Bib. nat.
nouv. acq. fr.* 6877. — Sceau du prieur (XIVᵉ s.), dans DOUET D'ARCQ,
9501. — Châteaulandon et l'abbaye de Saint-Séverin, par DORVET. *Fontainebleau,* 1878, in-8. — DOM MORIN, 371-372. — Monuments du Gatinais, par MICHEL, 237. — ALLOU, 309. — MICHELIN, 1691. — Actes de
Louis VII, par LUCHAIRE, nᵒˢ 85, 430. — DOM MORIN, 385 et s. — Monuments... du Gatinais, par MICHEL, 238. — Recherches généalogiques sur
la famille des seigneurs de Nemours, I, VIII, x. — Recueil des chartes du
prieuré de Néronville (1080-1225), par STEIN, dans *Annales... Gatinais,*
XIII (1895), 298-373.
5. Chef-l. cant., arr. Montargis, Loiret. — *Pouillé,* 154, 156, 157. —
Inv. som. arch. dép. Yonne, sér. H, III, 98-99. — Cartulaire de La Charité-sur-Loire, par DE LESPINASSE, 391, 421. — Bib. Nat. ms. lat. 12672
f. 1. — Histoire de l'église de Meaux, par Dom DUPLESSIS, I, 77 ; II, 4.

par Louis le Débonnaire à l'abbaye de Faremoutier vers 840, uni à l'abbaye en 1752. — CHATENAY-SUR-SEINE [1]. Notre-Dame, dépendant de Sainte-Colombe de Sens. — CHATILLON-SUR-BRÉTIGNON, *Castellio in Bria* [2]. Saint-Thibault, dépendant de l'abbaye d'Hermières. — CHATILLON-SUR-LOING [3]. *Sainte-Geneviève-aux-Bois*, dépendant de Saint-Jean de Sens. — CHAUMONT, *Calvus mons* [4]. Notre-Dame, dépendant de Saint-Jean de Sens, fondé en 1132 par Salon, vicomte de Sens. — CHENOISE, *Canesia* [5]. Saint-Loup, dépendant de Saint-Jacques de Provins. Notre-Dame de *Limoreau*, de *Limorello*, fondé par Renaud, abbé de Saint-Jacques, avant 1186. — CHÉROY, *Cheroyium* [6]. Notre-Dame, dépendant de Saint-Jean de Sens. — CHEVRY-SOUS-LE-BIGNON, *Chevriacum* [7]. Saint-Martin, donné à Saint-Jean de Sens par l'archevêque Daimbert. — CHEVRU [8]. Commanderie de Templiers. — COULOURS [9]. Commanderie de Chevaliers de Malte. — COURCELLES-EN-BRIE [10]. Sainte-Catherine, dépendant de

---

1. Cant. Donnemarie, arr. Provins, Seine-et-Marne. — Chatenay-sur-Seine, par LHUILLIER, dans *Almanach... Seine-et-Marne* (1882), 90-99.

2. Cant. Le Chatelet, arr. Melun, Seine-et-Marne. — *Pouillé*, 200. — Chatillon-la-Borde, par LHUILLIER, dans *Almanach... Seine-et-Marne* (1882), 104 et s. — ALLOU, 310. — MICHELIN, 424.

3. Chef-l. cant., arr. Montargis, Loiret. — *Pouillé*, 155. — Essai historique sur Sainte-Geneviève-des-Bois, par ALF. CHARRON, dans *Annales... Gatinais* (1898), 141-176. — Notes complémentaires sur Sainte-Geneviève-des-Bois, par LE MÊME, 260-263.

4. Cant. Pont-sur-Yonne, arr. Sens, Yonne. — *Ibid.*, 76.

5. Cant. et arr. Provins, Seine-et-Marne. — *Ibid.*, 242, 245. — Les prieurs-curés de Saint-Loup de Chenoise, d'après un obituaire du couvent de Saint-Jacques de Provins, par DEBEUGNE, dans *Bul. soc. hist. Provins* (1896), 96-98. — Chenoise, par LHUILLIER, dans *Almanach... Seine-et-Marne* (1864), 131 et s. — ALLOU, 312. — MICHELIN, 1606.

6. Chef-l. cant., arr. Sens, Yonne. — *Ibid.*, 77. — Histoire de Chéroy, par BERLIN, Paris, 1891, in-16.

7. Cant. Ferrières, arr. Montargis, Loiret. — *Ibid.*, 154.

8. Cant. La Ferté-Gaucher, arr. Coulommiers, Seine-et-Marne. — *Ibid.*, 262. — MANNIER, 207 et s.

9. Cant. Cerisiers, arr. Joigny, Yonne. — *Ibid.*, 24. — MANNIER, 323.

10. Cant. Montereau, arr. Fontainebleau, Seine-et-Marne. — *Ibid.*, 178. — Notice historique sur Courcelles-en-Brie, par QUESVERS.

l'abbaye du Jard. — COURCHAMP [1]. Notre-Dame d'*Aulnoy*, *de Alneto*, fondé par Henri I, comte de Champagne (1168), cédé à l'ordre de Grandmont quelques années plus tard et enfin attribué aux Minimes de Vincennes (1599), qui y entretinrent jusqu'à la révolution une petite communauté. — COURTENAY, *Curtiniacum* [2]. Saint-Pierre, dépendant de la Charité-sur-Loire. Saint-Jean de *Montezard*, commanderie fondée par les comtes de Nevers. — COURTOIN, *Curtuinum* [3]. Notre-Dame et Saint-Firmin, cédé à Saint-Séverin de Châteaulandon par l'archevêque Guillaume de Champagne. — COURTRY, *Cortiriacum* [4]. Saint-Laurent, dépendant d'Hermières. — CUDOT, *Cudolum* [5]. Notre-Dame, donné à Saint-Jean de Sens par Pierre de Corbeil (1210) et uni à la mense abbatiale en 1347.

DIANT [6]. Sainte-Geneviève, dépendant de Saint-Jean de Sens. — DILO [7]. Saint-Cartault, dépendant de l'abbaye du lieu. — DIXMONT [8]. Notre-Dame de l'*Enfourchure*, *de Infulcatura*, donné par

---

1. Cant. Villiers-Saint-Georges, arr. Provins. — *Pouillé*, 243. — Inv. som. arch. départ. sér. II, 112. — Courchamp, par LHUILLIER, dans *Almanach... Seine-et-Marne* (1888), 114-122. — Notes et documents sur les prieurés Grandmontains de l'ancien archidiaconé de Provins, Aulnoy et Tourvoie, par MAURICE LECOMTE. *Lagny*, 1899, in-8 ; ext. *Bul. conf. hist. dioc. Meaux.* — GUIBERT, 826. — MICHELIN, 1652.

2. Chef-l. cant., arr. Montargis, Loiret. — *Pouillé*, 59, 72. — MANNIER, 350. — Recueil des chartes de Cluny, par BRUEL, V, 546, 708, 722, 723. — Courtenay et ses anciens seigneurs, par BERTON, *Montargis*, 1877, in-8.

3. Cant. Chéroy, arr. Sens, Yonne. — *Ibid.*, 77.

4. Cant. Le Chatelet, arr. Melun, Seine-et-Marne. — *Ibid.*, 200. — ALLOU, 317.

5. Cant. Saint-Julien-du-Sault, arr. Joigny, Yonne. — *Ibid.*, 59. — Inv. som. Arch. départ. sér. II, III, 93.

6. Cant. Lorrès-le-Boccage, arr. Fontainebleau, Seine-et-Marne. — *Ibid.*, 77. — Diant, par LHUILLIER, dans *Almanach... Seine-et-Marne* (1892), 134-141.

7. Cant. Cerisiers, arr. Joigny, Yonne. — *Ibid.*, 39.

8. Cant. Villeneuve-sur-Yonne, ibid. — *Ibid.*, 39. — Recueil, par QUANTIN, 908. — Essai historique sur le prieuré de l'Enfourchure, de l'ordre de Grandmont, d'après des documents inédits, par PISSIER. *Sens*, 1881, in-8 ; ext. *Bul. soc. Sens*, XII, 280-343. — GUIBERT, 806-808. —

Guillaume I, comte de Joigny (1209), à l'ordre de Grandmont, qui y conserva une communauté jusqu'à sa suppression en 1769. — Dollot, *Doelotum* [1]. Saint-Germain, donné à Saint-Jean de Sens par l'archevêque Guy de Noyers (1186). — Domats [2]. *Saint-Thibault-des-Brûlés*, donné à l'abbaye du Jard par Yolande de Flandre (1211). — Dontilly [3]. Saint-Thomas de *Laval-aux-Nonnains*, dépendant de l'abbaye du Paraclet et uni au prieuré de Lagny (1647). — Dormelles [4]. Commanderie de Chevaliers de Malte. — Douchy, *Duchiacum* [5]. Saint-Jean, que l'abbaye de Molesmes possédait en 1135. On lui unit Saint-Sébastien de *Montigny*. — Egry, *Egriacum* [6]. Notre-Dame, dépendant de Saint-Germain d'Auxerre. — Episy, *Episiacum* [7], dépendant de Saint-Père de Melun. — Envy-le-Chatel [8]. Saint-Gervais de *Montierhérault, de Monasterio Heraudi*, donné à Saint-Germain d'Auxerre par l'archevêque Henri Sanglier (1140). — Esmans, *Acmantium* [9]. Saint-Germain, dépendant de Saint-Germain-des-Prés. — Etampes [10]. Saint-Martin,

---

Etudes historiques sur Dixmont, par Pissier, dans *Bul. soc. Yonne*, LXI (1907), 5-121 et s.

1. Cant. Chéroy, arr. Sens. — *Pouillé*, 77. — Notice sur la commune de Dolot, par Bardot, dans *Almanach... Yonne*, VI, 12 et s.

2. Ibid. — *Ibid.*, 60.

3. Cant. Donnemarie, arr. Provins, Seine-et-Marne. — *Ibid.*, 178. — Histoire du Montois, par Delettre, I, 351. — Récit des tribulations d'un religieux du diocèse de Sens pendant l'invasion anglaise de 1358, dans *Bib. éc. chartes*, XVIII (1857), 357-360.

4. Cant. Moret, arr. Fontainebleau. — *Ibid.*, 126. — Mannier, 99-101.

5. Cant. Chateaurenard, arr. Montargis, Loiret. — Chartes de Molesmes relatives au prieuré de Douchy (1168-1235), par H. Stein, dans *Annales... Gatinais* (1905), 211-228. — Cartulaire de Molesmes, par Laurent, 241, 220.

6. Cant. Beaune-la-Rolande, ibid. — *Ibid.*, 134.

7. Cant. Moret, arr. Fontainebleau, Seine-et-Marne. — *Ibid.*, 98.

8. Chef-l. cant., arr. Troyes, Aube. — *Ibid.*, 39.

9. Cant. Montereau, arr. Fontainebleau, Seine-et-Marne. — *Ibid.*, 79. — Les dépendances de Saint-Germain-des-Prés, par Dom Anger, I, 217-237.

10. Chef-l. arr. Seine-et-Oise. — *Ibid.*, 270, 274. — Inv. som. arch.

dépendant de l'abbaye de Morigny. *Saint-Pierre*, dépendant de Saint-Benoît-sur-Loire, uni à la Chartreuse d'Orléans (1626). Commanderie de Saint-Jacques de l'Épée. — ETRÉCHY, *Estrichiacum* [1]. Saint-Etienne, dépendant de l'abbaye de Morigny. Saint-Georges d'*Auvers*.

FAY, *Fayacum* [2], dépendant de Ferrières. Saint-Eustache de *Lavau*, de *Valle*, dépendant de Saint-Ambroise de Bourges. — FLACY, *Flasceium* [3]. Saint-Loup, donné à Molesmes en 1078 et uni à Nogent-sur-Othe. — FLEURY-EN-BIÈRE, *Floriacum in Bueria* [4]. Notre-Dame, donné à Saint-Victor de Paris par l'archevêque Henri Sanglier (1129). — FONTAINEBLEAU [5]. Notre-Dame de *Franchard*, donné par Philippe-Auguste à l'abbaye de Saint-Euverte d'Orléans

---

départ. sér. G, 331-332. — Le prieuré de Saint-Martin d'Etampes, pa CH. FONTEAU, dans *Bul. soc. hist. Corbeil, Etampes* (1904). — Le déambulatoire champenois de Saint-Martin d'Etampes, par LEFÈVRE-PONTALIS, dans *Bul. Monum.* LXIX (1905), 239-252. — Le tympan sculpté de l'église Saint-Pierre d'Etampes (XIIᵉ s.), par LEFÈVRE, dans *Bul. soc. Corbeil*, XII (1906), 136-145. — Sceau de Geoffroy, prieur de Saint-Pierre (1222), dans DOUET D'ARCQ, 9517. — *Gallia christiana*, XII, instrum., 16, 20.

1. Cant. et arr. Etampes. — *Pouillé*, 270. — Arch. départ. sér. D. — Aperçu historique et archéologique sur le prieuré et l'église de Saint-Etienne d'Etréchy depuis le XIIᵉ jusqu'au XIIIᵉ siècle, par DUHAMEL, dans l'*Abeille d'Etampes*, 14 oct. 1876. — Etréchy et les fiefs environnants, par L. MARQUIS. *Paris*, 1896, in-8; ext. *Bul. soc. hist. Corbeil* (1895), 51-61; (1896), 16-32.

2. Cant. Nemours, arr. Fontainebleau, Seine-et-Marne. — *Ibid.*, 98, 101. — Fay-lès-Nemours, par LHUILLIER, dans *Almanach... Seine-et-Marne* (1896), 131-144.

3. Cant. Villeneuve-l'Archevêque, arr. Sens, Yonne. — *Ibid.*, 21. — Cartulaire de Molesmes, par LAURENT, 208.

4. Cant. et arr. Melun, Seine-et-Marne. — *Ibid.*, 200. — Arch. nat. L. 901. — Inv. arch. départ. Seine-et-Marne, sér. H, 86. — Fleury-en-Bière, par LHUILLIER, dans *Almanach... Seine-et-Marne* (1899), 151-169. — Monuments... du Gatinais, par MICHEL, 195. — ALLOU, 328. — MICHELIN, 466. — Histoire de... Saint-Victor, par BONNARD, II, 280. — DELAFORGE, 31.

5. Chef-l. arr. Seine-et-Marne. — *Ibid.*, 99. — L'ermitage de Franchard, par DE BOISLISLE, dans *Bul. soc. hist. Paris*, III (1876), 23-26. —

(1197). — GRANDPUITS, *Grandis Puteus*[1]. Saint-Blaise, que l'abbaye de Saint-Denis possédait en 1188. — GREZ, *Gressium*[2]. Notre-Dame, donné à Saint-Jean de Sens (1148) par l'archevêque Hugues de Toucy, auquel était uni le prieuré d'*Ulay, de Oleribus*. Commanderie de *Beauvais-en-Gatinais*. — GRISELLES[3]. Sainte-Véronique de *La Grande-Ronce*, dépendant du prieuré de Flotin. — HÉRICY[4], Notre-Dame de *Fontaineroux*, de *Fonte Radulphi*, dépendant de Saint-Père de Melun. — HERMÉ[5]. Notre-Dame *des Chaises*, dépendant de Sainte-Colombe de Sens. — ITTEVILLE[6]. *Auverneaux*, Commanderie de Templiers, unie à celle du Saussay (1356). — JAULNES[7]. *Neuvy*. — JOIGNY, *Joigniacum*[8]. Notre-Dame, dépendant de la Charité-sur-Loire, qui le reçut en 1080 de Geoffroy, comte de Joigny. *Saint-Thomas*, commanderie d'Hospitaliers, fondée par le

---

Description historique de Fontainebleau, par GUILBERT, II, 165-170, 216 et s.

1. Cant. Mormant, arr. Melun. — *Pouillé*, 202. — ALLOU, 334. — MICHELIN, 498.

2. Cant. Nemours, arr. Fontainebleau. — *Ibid.*, 96, 97, 126. — Inv. som. arch. départ. sér. H, 189-194. — Cartulaire général de l'Yonne, par QUANTIN, I, 503-504. — MANNIER, 91 et s. — ALLOU, 335. — Grez-sur-Loing, Notice historique, par FERNANDE SADLER. *Fontainebleau*, 1906, in-8.

3. Cant. Ferrières, arr. Montargis, Loiret. — *Ibid.*, 157. — Inv. som. arch. départ. Yonne, sér. II, III, 96.

4. Cant. Le Châtelet, arr. Melun, Seine-et-Marne. — *Ibid.*, 177. — Inv. som. arch. départ. sér. II, 81-83. — ALLOU, 337. — MICHELIN, 432.

5. Cant. Bray, arr. Provins. — *Ibid.*, 245. — Inv. som. arch. départ. sér. II, 36.

6. Cant. La Ferté-Alais, arr. Étampes, Seine-et-Oise. — *Ibid.*, 232. — MANNIER, 81-83.

7. Cant. Bray, arr. Provins, Seine-et-Marne. — *Ibid.*, 301.

8. Chef-l. arr. Yonne. — *Ibid.*, 39, 54, 72. — Inv. som. arch. départ. sér. II, suppl. 8. — MANNIER, 346-347. — Histoire du prieuré de Notre-Dame de Joigny, *Bib. Joigny ms.* 68; ms. 31. — Inventaire du mobilier du prieuré de Joigny (mai 1418), par VIGNOT, *Paris*, 1904; in-8; ext. *Bul. soc. Sens*, XXI, 54-65. — Histoire de la ville et du comté de Joigny, par CHALLE. *Auxerre*, 1883, in-8; ext. *Bul. soc. Yonne*. — Cartulaire général de l'Yonne, par QUANTIN, II, 54, 35. — Recueil...; par LE MÊME, 305.

comte Guillaume (1188). *La Madeleine*-lez-Joigny, commanderie de Templiers.

LA BROSSE-SUR-BRIARRES [1]. *Saint-Fiacre*, dépendant de Flotin, fondé par Geoffroy de la Chapelle (1245). — LA BUSSIÈRE [2]. Saint-Fiacre de la *Fontaine-Allain*, dépendant de Flotin, fondé par Pierre de Feins. — LA CELLE-SUR-LE-BIED [3]. La Sainte-Trinité, dépendant de Ferrières. — LA CELLE-SOUS-MORET [4]. Sainte-Barbe de *Tournen-fuye*, donné à l'abbaye du Jard par Adam de Villebéon (1230). — LA CHAPELLE-LA-REINE, *Capella Reginæ* [5]. Sainte-Geneviève, dépendant de Saint-Maur-des-Fossés, fondé vers 1150. *Bréon*, dépendant du prieuré de Flotin. — LA CROIX-EN-BRIE [6], dépendant de La Charité-sur-Loire, qui le céda aux Chevaliers de Saint-Jean (1208). — LADY [7], dépendant de La Charité-sur-Loire. — LA FERTÉ-ALAIS, *Firmitas Adelaidis* [8]. Notre-Dame, dépendant de Morigny ; ainsi que Saint-Étienne de *Baulne, de Belna*. — LA FERTÉ-LOUPIÈRE, *Firmitas Lupatoria* [9]. Saint-Germain, dépendant de Saint-Thomas de Mont-aux-Malades de Rouen. — LA GRAND-PAROISSE [10]. Saint-Germain *de Celles, de Cellis*, qui passa à l'archevêché de Paris, après avoir appartenu à Saint-Germain-des-Prés. — LARCHANT [11].

---

1. Cant. Malesherbes, arr. Étampes, Seine-et-Oise. — *Pouillé*, 271.
2. Cant. Briare, arr. Gien, Loiret. — *Ibid.*, 158. — Inv. som. arch. départ. Yonne, sér. H, III, 97.
3. Cant. Courtenay, arr. Montargis. — *Ibid.*, 157. — Le comté de La Celle-sur-le-Bied, par BERTON. Montargis, 1880, in-8.
4. Cant. Moret, arr. Fontainebleau, Seine-et-Marne. — *Ibid.*, 179. — ALLOU, 303. — DELAFORGE, 41.
5. Chef-l. cant., ibid. — *Ibid.*, 98-99. — Le prieuré de Bréon, par STEIN, dans *Annales... Gatinais*, VIII (1891), 355 et s.
6. Cant. Nangis, arr. Provins. — *Ibid.*, 177, 192. — MANNIER, 226-232. — ALLOU, 262, 310.
7. Cant. Mormant, arr. Melun. — *Ibid.*, 203. — Cartulaire de La Charité-sur-Loire, par DE LESPINASSE, 412, 425.
8. Chef-l. cant., arr. Étampes, Seine-et-Oise. — *Ibid.*, 203.
9. Cant. Charny, arr. Joigny, Yonne. — *Ibid.*, 59.
10. Cant. Montereau, arr. Fontainebleau, Seine-et-Marne. — *Ibid.*, 176.
11. Cant La Chapelle, ibid. — *Ibid.*, 98.

Blaumont. — LA TOMBE, *Tumba*[1]. Notre-Dame, dépendant de Faremoutier, supprimé en 1350. — LE PLESSIS-DU-MÉE, *Mesum*[2]. Notre-Dame, dépendant de Saint-Jean de Sens, ainsi que son annexe, Saint-Martin de *Vertilly*. — LE PLESSIS-SAINT-JEAN[3]. Commanderie d'Hospitaliers, fondée par l'archevêque Guy de Noyers (1181). — LES MARETS, *Mazeriæ*[4]. Saint-Hubert, dépendant de Saint-Jacques de Provins. — LES SIÈGES, *Eschegiæ*[5], dépendant de Saint-Remy de Sens. — LIXY, *Lixiacum*[6]. Sainte-Madeleine, donné à Saint-Jean de Sens par le vicomte Salon (1132). — LORREZ-LE-BOCCAGE, *Lorretum*[7]. Notre-Dame, dépendant de l'abbaye de Bonneval. — LORRIS, *Lorriacum*[8]. Saint-Sulpice, dépendant de Saint-Benoît-sur-Loire.

MAISSE, *Massia*[9]. Saint-Médard, dépendant de Saint-Lomer de Blois. — MALESHERBES[10]. Saint-Eloi, dépendant du prieuré de Flotin. — MARCHAIS-BETON[11]. Sainte-Catherine de *Cloix*, uni au monastère de Rozoy. — MAROLLES-SUR-SEINE[12]. Saint-Georges, donné à Saint-Jean de Sens par l'archevêque Daimbert. *Saint-Germain*, donné par Charlemagne à Saint-Germain-des-Prés (786). *Saint-*

1. Cant. Bray, arr. Provins. — *Pouillé*, 79. — La Tombe, par LHUILLIER, dans *Almanach... Seine-et-Marne* (1891), 121-128. — ALLOU, 382.
2. Cant. Sergines, arr. Sens, Yonne. — *Ibid.*, 29.
3. Ibid. — *Ibid.*, 303. — MANNIER, 338 et s.
4. Cant. Villiers, arr. Provins, Seine-et-Marne. — *Ibid.*, 245. — ALLOU, 347. — MICHELIN, 1662.
5. Cant. Villeneuve-l'Archevêque, arr. Sens, Yonne. — *Ibid.*, 21.
6. Cant. Chéroy, ibid. — *Ibid.*, 77.
7. Chef-l. cant., arr. Fontainebleau, Seine-et-Marne. — *Ibid.*, 101. — Inv. som. arch. Eure-et-Loir, sér. H, 12-15, 126-127. — Lorrez-le-Boccage, par CUISSARD, dans *Bul. soc. Dunoise*, IV, 267-279. — ALLOU, 344.
8. Chef-l. cant., arr. Montargis, Loiret. — *Ibid.*, 134.
9. Cant. Milly, arr. Etampes, Seine-et-Oise. — *ibid.*, 270.
10. Chef-l. cant., arr. Pithiviers, Loiret. — *Ibid.*, 271.
11. Cant. Charny, arr. Joigny, Yonne. — *Ibid.*, 59.
12. Cant. Montereau, arr. Fontainebleau, Seine-et-Marne. — *Ibid.*, 77, 79, 80. — Inv. som. arch. Yonne, sér. H, III, 86. — DOM ANGER, I, 252-264. — BONNARD, II, 282. — ALLOU, 348. — MICHELIN, 1867.

Donin, dépendant de Saint-Victor de Paris. — Marsangy[1]. Commanderie de *Roussemeau*, fondée par Pierre I de Courtenay (1150).— Melleroy[2]. Saint-Savinien de *Dorlot*, dépendant de Flotin. — Melun[3]. *Saint-Ambroise*, dépendant de l'abbaye du Jard. *Saint-Liesne*, dépendant de l'abbaye de Saint-Père, après avoir appartenu à Argenteuil. *Saint-Sauveur*, donné par Louis VII à l'abbaye de Châteaulandon (1170). *Saint-Jean*, commanderie d'Hospitaliers fondée grâce aux libéralités de Philippe-Auguste. — Melz-sur-Seine[4]. Saint-Phal, dépendant de l'abbaye d'Essomes, au diocèse de Soissons, ainsi que Sainte-Madeleine de la *Fontaine-au-Bois*. — Méréville, *Merevilla*[5]. Saint-Pierre, qui appartenait à l'abbaye de Bonneval en 1236. — Méniot[6]. Saint-Martin de *Beaulieu*, dépendant de Rebais. — Michery, *Misceriacum*[7]. Saint-Laurent, dépendant de Saint-Paul de Sens. La *Cour Notre-Dame*, dépendant de l'abbaye de Cîteaux. Notre-Dame de *Sixte*, donné à l'abbaye de Pothières, diocèse de Langres, par Girard de Roussillon (863), uni au Grand Séminaire de Sens (1742). — Milly, *Miliacum*[8]. *Forêt*, dépendant de Saint-Paul de Sens; *Saint-Laurent*, dépendant du

---

1. Cant. et arr. Sens, Yonne. — *Pouillé*, 72. — Cartulaire général, par Quantin, 472 et s.

2. Cant. Château-Renard, arr. Montargis, Loiret. — *Ibid.*, 157. — Inv. som. arch. Yonne, sér. II, III, 96.

3. *Pouillé*, 200, 201, 203, 232. — Notice historique sur le prieuré de Saint-Sauveur de Melun, par G. Leroy, dans *Bul. soc. archéol. Seine-et-Marne*, VII (1873), 1-84. — Allou, 253, 352. — Michelin, 120, 121, 123. — Mannier, 61-64. — Delaforge, 24-26.

4. Cant. Villiers, arr. Provins, Seine-et-Marne. — *Ibid.*, 242, 244. — Allou, 353. — Michelin, 1668.

5. Cant. Courtenay, arr. Etampes, Loiret. — *Ibid.*, 271. — Inv. som. arch. Eure-et-Loir, VIII, sér. II, 129-130.

6. Cant. Nogent-sur-Seine, Aube. — *Ibid.*, 244.

7. Cant. Pont-sur-Yonne, arr. Sens, Yonne. — *Ibid.*, 77, 79, 80. — Inv. som. arch. départ. sér. II, III, 102, 184-190, 211. — Cartulaire général, par Quantin, I, 78.

8. Cant. Chablis, arr. Auxerre. — *Ibid.*, 98, 103, 202. — Bib. nat. ms. fr. 12028-12029.

prieuré cluniste de Longpont. Saint-Etienne de *Courances*, dépendant de l'abbaye de Rozoy. — Molinons, *Molinundæ* [1]. Saint-Pierre, donné à Saint-Jean de Sens par l'archevêque Guillaume de Champagne (1172). — Montargis [2]. Sainte-Madeleine, dont la possession est confirmée à Saint-Jean de Sens par une bulle d'Eugène III (1152). Saint-Antonin, dépendant de Tiron. — Montbarrois [3]. Saint-Martin, donné à Saint-Jean de Sens par l'archevêque Guillaume de Champagne (1172). — Montbouy [4], Commanderie de Templiers. — Montceaux [5]. Saint-Germain, dépendant de Moutier-la-Celle. — Montchesson [6]. Saint-Genoul de *Breuzy*, dépendant de Ferrières. — Montereau [7]. Saint-Martin du *Tertre*, *de Colle*, donné à Saint-Lomer de Blois vers 908. — Montereau-sur-le-Jard [8]. Sainte-Geneviève de *Courceaux*, dépendant de Saint-Maur-des-Fossés. — Montigny [9]. Notre-Dame de *Bruyère*, à Orvillers, dépendant de l'abbaye du Jard. — Moret [10]. *Notre-Dame des Anges*, fondé en 1638 pour des moniales par Jacqueline de Beuil, comtesse de Moret, uni

1. Cant. Villeneuve-l'Archev., arr. Sens. — *Pouillé*, 21.

2. Chef-l. arr. Loiret. — *Ibid.*, 154. — Bib. Carpentras ms. 1909, f. 421. — Inv. som. Arch. Eure-et-Loir, sér. II, VIII, 210-212.

3. Cant. Beaune-la-Rolande, arr. Pithiviers. — *Ibid.*, 133.

4. Cant. Châtillon, arr. Montargis. — *Ibid.*, 171. — Mannier, 173.

5. Cant. et arr. Provins, Seine-et-Marne. — *Ibid.*, 246.

6. Cant. Châtillon, arr. Montargis, Loiret. — *Ibid.*, 156.

7. Chef-l. cant., arr. Fontainebleau, Seine-et-Marne. — *Ibid.*, 178. — Histoire du monastère de Saint-Lomer, par Dom Noël Mars, 344. — Allou, 356.

8. Cant. et arr. Melun. — *Ibid.*, 202.

9. Cant. Donnemarie, arr. Provins. — *Ibid.*, 176. — Allou, 358. — Michelin, 1513.

10. Chef-l. cant., arr. Fontainebleau. — *Ibid.*, 102, 103, 126. — Notice historique sur l'ancien couvent de Moret, par Sollier, dans *Mémoires lus à la Sorbonne* (1856), 275. — L'ancien prieuré de Pontloup-lèz-Moret, par Catel, dans *Ann. Gatinais*, 1911, 324-383. — L'antique et royale cité de Moret, par Pougeois, *Paris*, 1875, in-8 et Abbeville, 1890, in-8. — La Mauresse de Moret, par Ch. Rabourdin, dans *Almanach... Seine-et-Marne* (1889), 164-166. — Dom Morin, 551. — Monuments... du Gatinais, par Michel, 204. — Michelin, 1875. — Allou, 359. — Delaforge, 42-44.

à l'abbaye de Villechasson qui y fut transférée. Saint-Pierre de
Pontloup, dépendant de Vézelay, uni au Grand Séminaire de Sens
(1747), Commanderie de Templiers. — MORMANT [1], *Notre-Dame
du Pré*, dépendant de l'abbaye du Jard.

NAILLY [2]. *La Grange, Granchia*, de l'Ordre du Val-des-Écoliers.
— NANTEAU-SUR-LANAIN [3]. Saint-Liesne, dépendant de l'abbaye de
Rozoy. — NARGIS, *Nergi* [4]. Saint-Germain, dépendant de Ferrières.
— NEMOURS, *Nemosium* [5]. Saint-Jean-Baptiste, fondé par Louis VII
(1170), uni à l'Hôtel-Dieu de Nemours (1391). Notre-Dame des *Cor-
miers*, dépendant du prieuré de Flotin. — NEUVY-SAUTOUR, *Noviacum* [6]. Saint-Symphorien, dépendant de Saint-Martin-les-Aire, diocèse de Troyes. — NIBELLES, *Nibella* [7]. Saint-Sulpice, que Saint-
Jean de Sens possédait au temps de l'archevêque Henri Sanglier
(1132). Notre-Dame de *Flotin*, de *Flotano*, donné à la même abbaye
vers 1180. — NOGENT-EN-OTHE, *Nogentum* [8], dépendant de Molesmes, uni au prieuré de Flacy. — NOGENT-SUR-VERNISSON [9]. Saint-

---

1. Chef-l. cant., arr. Melun. — *Pouillé*, 204.
2. Cant. et arr. Sens, Yonne. — *Ibid.*, 295.
3. Cant. Nemours, arr. Fontainebleau, Seine-et-Marne. — *Ibid.*, 103.
ALLOU, 362. — MICHELIN 1942.
4. Cant. Ferrières, arr. Montargis, Loiret. — *Ibid.*, 133.
5. Chef-l. cant., arr. Fontainebleau, Seine-et-Marne. — *Ibid.*, 97, 102.
— Recherches généalogiques sur la famille des seigneurs de Nemours,
par RICHEMONT, I, III, v. — Sceau du prieuré (1342), dans DOUET D'ARCQ,
9418. — ALLOU, 252, 363, 369. — MICHELIN, 1908-1920. — Actes de Louis
VII, par LUCHAIRE, n° 587. — DOM MORIN, 306 et s. — DELAFORGE,
44.
6. Cant. Flogny, arr. Tonnerre, Yonne. — *Ibid.*, 38. — Notice sur
Neuvy-Sautour, par QUANTIN, dans *Almanach... Yonne*, IX, 174-178.
7. Cant. Beaune-la-Rolande, arr. Pithiviers, Loiret. — *Ibid.*, 133, 134.
— Inv. som. arch. départ. Yonne, sér. II, III, 94-96. — Bibl. Sainte-
Geneviève, ms. 608 f. 464. — Bib. Orléans ms. 486. — Notes historiques
sur l'ancien prieuré de Flotin, par R. DE MAULDE, dans *Mém. soc. Orléans*, XLIII (1869), 79-175. — DOM MORIN, 287-298.
8. Cant. Aix-en-Othe, arr. Troyes, Aube. — *Ibid.*, 39. — Cartulaire de
Molesmes, par LAURENT, 242.
9. Cant. Châtillon, arr. Montargis, Loiret. — *Ibid.*, 155.

Martin, donné à Saint-Jean de Sens par l'archevêque Hugues de
Toucy (1145). — NOISY-SUR-ECOLE[1]. *La Madeleine-aux-Choux*,
dépendant de Saint-Pierre-le-Vif. — NONVILLE[2]. Notre-Dame de
la Nozaie, fondé par Henri, fils de Louis le Gros (1145) et uni au
prieuré de Saint-Sauveur de Melun (1509). — NOYEN-SUR-SEINE,
Noemium[3]. Notre-Dame, dépendant de Saint-Jean de Sens.

ONCY, *Unciacum*[4]. Saint-Martin, dépendant de Saint-Victor de
Paris. — PANNES[5]. Sainte-Catherine de *Merci*, dépendant de Flotin,
uni aux Barnabites de Montargis. — PAROY-SUR-OTHE[6]. Notre-
Dame, dépendant de Dilo. — PASSY-LE-FEUILLAGE, *Passiacum*[7].
Saint-Antoine, dépendant de Cormery. — PERS, *Persum*[8]. Saint-
Loup, dépendant de Ferrières. — POIGNY[9]. Notre-Dame de *Champbenoit*, ancienne abbaye, devenue simple prieuré, transféré à Provins en 1625. — POILLY-SUR-THOLON[10]. Saint-Maurice de *Vieupou*,
de *Veteri pediculo*, de l'Ordre de Grandmont, fondé vers 1170 par
Dreux de Mello et sa femme Ermengarde, uni au Grand Séminaire
de Sens (1780). — PONT-SUR-YONNE[11]. Saint-Gilles-au-Bois, dépen-

---

1. Cant. La Chapelle, arr. Fontainebleau, Seine-et-Marne. — *Pouillé*,
100, 312. — MICHELIN, 1795.
2. Cant. Nemours, arr. Fontainebleau. — *Ibid.*, 100. — MICHELIN,
1943.
3. Cant. Bray, arr. Provins. — *Ibid.*, 28. — ALLOU, 365. — MICHELIN,
1475.
4. Cant. Milly, arr. Etampes, Seine-et-Oise. — *Ibid.*, 97. — BONNARD,
II, 280.
5. Cant. et arr. Montargis, Loiret. — *Ibid.*, 135.
6. Cant. Brienon, arr. Joigny, Yonne. — *Ibid.*, 38.
7. Cant. Bray, arr. Provins, Seine-et-Marne. — *Ibid.*, 29. — ALLOU,
367. — MICHELIN, 1476.
8. Cant. Courtenay, arr. Montargis, Loiret. — *Ibid.*, 158.
9. Cant. et arr. Provins, Seine-et-Marne. — *Ibid.*, 244. — MICHELIN,
1625.
10. Cant. Aillant, arr. Joigny, Yonne. — *Ibid.*, 60. — Inv. som. arch.
départ. sér. II, III, 191-203. — GUIBERT, 793-796. — Cartulaire général
de l'Yonne, par QUANTIN, II, 229, 242. — Recueil..., par LE MÊME, 171,
336, 420.
11. Chef-l. cant., arr. Sens. — *Ibid.*, 80, 310.

dant de Saint-Jean de Sens. — PRINGY, *Pringiacum* [1]. Notre-Dame,
dépendant de Saint-Martin-des-Champs. — PROVINS [2]. *Sainte-Croix*,
dépendant de Moutier-la-Celle, auquel Thibaut IV, comte de Champagne, donna une relique de la Vraie Croix. *Saint-Laurent*, donné
à Saint-Quiriace par Henri Ier le Libéral (1157). *Le Val de Provins*,
commanderie de Chevaliers de Saint-Jean unie à celle de La Croix-
en-Brie après la guerre de Cent ans. — PUISEAUX, *Puteoli* [3]. Notre-
Dame, dépendant de Saint-Victor de Paris. — RÉAU [4]. Saint-Hilaire.
Saint-Thomas-des-Prés, dépendant de Saint-Père de Melun. —
ROZOY-LE-VIEIL [5]. Notre-Dame.

SAINT-AGNAN, *Sanctus Anianus* [6], dépendant de l'abbaye de Che-
zal-Benoît. Notre-Dame de *Montbéon*, *de Monte Beone*, donné à Saint-
Victor de Paris par l'archevêque Michel de Corbeil. — SAINT-CY-
DROINE, *Sanctus Sidronius* [7], dépendant de La Charité-sur-Loire. —
SAINTE-COLOMBE [8]. *Le Mez-de-la-Madeleine*, *de Mezo*, dépendant du

---

1. Cant. et arr. Melun, Seine-et-Marne. — *Pouillé*, 204. — Notre-Dame
de Pringy, par G. LEROY, Paris, 1862, *in-8*. — ALLOU, 371. — MICHE-
LIN, 470.

2. *Pouillé*, 246, 247, 262.

3. Chef.-l. cant., arr. Pithiviers, Loiret. — *Ibid.*, 133. — Cartulaire
(XVe s.). Arch. nat. S 2150, n° 14. — Actes relatifs au prieuré de Puiseaux (1547). Bib. nat. ms. lat. 10093. — Note historique sur la ville et
l'église de Puiseaux, par DUMESNILS, Orléans, 1850, *in-8* ; ext. *Mém. soc.
archéol. Orléanais*, I, 75-144. — Une visite dans l'église et la ville de
Puiseaux, par CARTAUD. *Fontainebleau*, 1897, *in-8*. — Sceaux du prieuré
(1402), dans DOUET D'ARCQ, 9435 ; du prieur (1296), 9652. — BONNARD,
ouv. cit., II, 281.

4. Cant. Brie-Comte-Robert, arr. Melun, Seine-et-Marne. — *Pouillé*,
402, 404. — ALLOU, 373. — MICHELIN, 404. — Anciennes chapelles,
Melun et ses environs, par DELAFORGE, 14.

5. Cant. Rozoy, arr. Coulommiers. — *Ibid.*, 158.

6. Cant. Pont-sur-Yonne, arr. Sens, Yonne. — *Ibid.*, 79, 80. — Arch.
départ. Cher, sér. II. — BONNARD, II, 280-281. — Inv. som. arch. départ.
Yonne, sér. II, III, 210.

7. Cant. et arr. Joigny. — *Ibid.*, 40. — Inv. som. arch. départ. sér. II,
III, 210.

8. Cant. et arr. Provins, Seine-et-Marne. — *Ibid.*, 245. — ALLOU, 314.
— MICHELIN, 1629.

même monastère. — Saint-Fargeau[1]. *Joinville*, dépendant de la
Charité-sur-Loire. *Bouligneau*, dépendant de Tiron. — Saint-Flo-
rentin[2], ancienne abbaye, soumise comme prieuré à Saint-Germain
d'Auxerrre par Thibaut I, comte de Champagne. *Saint-Florentin-
du-Château*, donné à la même abbaye par Eudes, vicomte de Saint-
Florentin, entre 1140 et 1145. Saint-Denis de *Montleu, de monaste-
rio Luperii*, dépendant de Moutier-la-Celle. — Saint-Germain-
Laval[3], donné à Saint-Germain-des-Prés par l'archevêque Henri
Sanglier (1126). — Saint-Hilaire-lèz-Andrezy, *de Andrisiaco*[4].
Notre-Dame, dépendant de Saint-Pierre-le-Vif de Sens. — Saint-
Loup-de-Naud, *de Naudo*[5], dépendant de la même abbaye. —

1. Cant. et arr. Melun. — *Pouillé*, 203. — Michelin, 470. — Cartulaire
de Tiron, cxxxv.
2. Chef.-l. cant., arr. Auxerre, Yonne. — *Ibid.*, 39, 40. — Inv. som.
arch. départ. sér. II, III, 248. — Cartulaire général de l'Yonne, par
Quantin, I, 567 ; II, 101. — Bib. Auxerre, coll. Bastard n° 24. — Saint-
Florentin et Pontigny, par Hermelin, dans *Bul. soc. hist. Yonne*, LXVI,
(909), 251-258. — Le prieuré de Saint-Florentin, par Moiset, dans *Bul. soc.
Yonne*, XII (1888), 327-334. — Histoire de la ville de Saint-Florentin, par
Pigeory. Paris, 1859, in-12. — Une église souterraine à Saint-Florentin,
par Hermelin, dans *Bul. soc. Yonne* (1873), 351-376. — Les églises de la
ville de Saint-Florentin, par Salomon. *Ibid.* (1859), 326-360. — Saint-
Florentin, son aspect, ses rues, son église, par Hermelin. Auxerre, 1906,
in-12. — Histoire de la ville de Saint-Florentin, par Diggon, dans
Annuaire... Yonne, XIV, 275-331. — *Ibid.*, XX, 204. — Notice sur Saint-
Florentin, ville seigneuriale et communale, par le même. *Ibid.*, XXIV,
69-75.
3. Cant. Montereau, arr. Fontainebleau, Seine-et-Marne. — *Pouillé*,
178. — Dom Anger, 264-287. — Michelin, 1870.
4. Cant. Courtenay, arr. Montargis, Loiret. — *Ibid.*, 155. — Inv. som.
arch. départ. Yonne, sér. II, III, 53-54.
5. Cant. et arr. Provins, Seine-et-Marne. — *Ibid.*, 247. — Inv. som.
arch. départ. Yonne, sér. II, III, 55-56. — Recueils de pièces sur l'histoire ecclésiastique de Provins. Bib. Provins ms. 140. Ms. 85, n° 32. —
Histoire ecclésiastique de Provins, par Ythier, XII, ms. 119. Bib. Fontainebleau, ms. 10, n° 13. — Pothast. Innocent III (1212), 4404. — Cartulaire général de l'Yonne, par Quantin, I, 149, 184 ; II, 128, 194, 303. —
Notice historique et archéologique sur le prieuré Saint-Loup de Naud,

SAINT-MAMMÈS, *Sanctus Mamertus*[1], dépendant de la Charité-sur-
Loire. — SAINT-MARTIN-SUR-OCRE[2]. Notre-Dame de *Jeuilly*, *de Jul-
liaco*, dépendant de la Charité-sur-Loire. — SAINT-MARTIN-SUR-
OREUSE[3]. *Launay*, commanderie de Chevaliers de Malte. — SAINT-
MÉRY[4]. Notre-Dame de *Roiblay*, dépendant de l'abbaye du Jard.
— SAINT-SAUVEUR-LÈS-BRAY[5], fondé par Bouchard I de Montmo-
rency et donné quelques années plus tard (967) à l'abbaye de Bon-
neval par Eudes I, comte de Blois, uni à l'abbaye en 1756. —
SAMOIS[6]. Saint-Hilaire, donné à l'abbaye du Jard par l'archevêque
Pierre de Corbeil (1204). — SEINE-PONT[7]. *Sainte-Assise, Sanctus
Acerius*, dépendant de Barbeau. — SENAN, *Senonum*[8]. Notre-
Dame, dépendant de Molesmes. —SERBONNES, *Serbona*[9]. Saint-Vic-
tor, donné à Saint-Jean de Sens par l'archevêque Guillaume de
Champagne (1172). Saint-Pierre de *Bachy, de Basseyo*. — SERGI-

---

par BOURQUELOT, dans *Bib. éc. charles*, II, 244-271. — ALLOU, 344. —
MICHELIN, 1634. — DELAFORGE, 62.

1. Cant. Moret, arr. Fontainebleau. — *Pouillé*, 103. — Le village et
l'ancien prieuré de Saint-Mammès, par CLÉMENT. *Moret*, 1900, *in-12*. —
DOM MORIN, 549. — MICHEL, 215. — MICHELIN, 1897.

2. Cant. Aillant, arr. Joigny, Yonne. — *Ibid.*, 59.

3. Cant. Sergines, arr. Sens. — *Ibid.*, 303. — Les commanderies du
Grand Prieuré de France, par MANNIER, 335-338. — Inv. som. arch.
départ. Yonne sér. II, suppl. xx-xxii, 8.

4. Cant. Mormant, arr. Melun, Seine-et-Marne. — *Ibid.*, 204. — Notre
Dame de Roiblay, par DELAFORGE. *Melun*. 1863, *in-12*. — MICHELIN, 509.

5. Cant. Bray-sur-Seine, ibid. — *Ibid.*, 179. — Inv. som. arch. départ.
Seine-et-Marne, sér. II, 109-110. — Eure-et-Loir, sér. II, 132-138. —
Saint-Paterne, martyr, patron de Saint-Sauveur-lez-Bray, par MANGOU.
Bray, 1885, *in-8*. — ALLOU, 377. — MICHELIN, 1476.

6. Cant. et arr. Fontainebleau. — *Ibid.*, 201. — ALLOU, 377. — MICHE-
LIN, 1775. —Monuments du Gatinais, par MICHEL, 263.

7. Cant. et arr. Melun. — *Ibid.*, 204.

8. Cant. Aillant, arr. Sens, Yonne. — *Ibid.*, 60. — Cartulaire de
Molesmes, par LAURENT, 208.

9. Cant. Sergines, ibid. — *Ibid.*, 78, 86. — Cartulaire général de
l'Yonne, par QUANTIN, II, 238.

nes, *Serginiæ*[1]. Saint-Paterne, dépendant de l'abbaye de Bonneval.
— Sermaises[2]. Saint-Loup, dépendant de Sainte-Colombe de Sens.
— Soisy-en-Brie, *Sosiacum*[3]. Notre-Dame, dépendant de Saint-
Jacques de Provins. C'est là que mourut saint Edme de Cantorbéry.
— Sommecaise, *Suncasium*[4], dépendant de Saint-Germain d'Au-
xerre. — Sormery, *Sormeriacum*[5]. Saint-Pierre, dépendant de
Saint-Martin des Aires, au diocèse de Troyes. — Soumaintrain[7].
Notre-Dame de *Beaupré*, dépendant du Val-des-Choux. — Soup-
pes[6]. Saint-Léger, dépendant de l'abbaye de Bonneval. Saint-Fiacre
du *Boulay*, de *Boleyo*, donné à l'abbaye du Jard par l'archevêque
Pierre de Corbeil (1221). — Sourdun, *Sordolium*[8]. Saint-Martin,
dépendant de Saint-Jacques de Provins.

Theil, *Thilia*[9]. Saint-Martin, dépendant de Saint-Jean de Sens.
Saint-Philibert, donné à cette même abbaye par l'archevêque Guillaume de Champagne (1172). Sainte-Madeleine de *Fossemore*,
dépendant de Dilo. — Trainel[10]. Saint-Gervais *des Tables*, dépendant de Cormery. — Vallery, *Valeriacum*[11]. Saint-Thomas, donné
à Saint-Jean de Sens par l'archevêque Jean des Noyers (1186). —
Vareilles, *Varellæ*[12]. Saint-Léger, donné à Saint-Remy de Sens en

---

1. Chef-l. cant., arr. Sens, Yonne. — *Pouillé*, 29. — Inv. som. arch.
départ. Eure-et-Loir, sér. II, 139.
2. Cant. Malesherbes, arr. Pithiviers, Loiret. — *Ibid.*, 272.
3. Cant. Bray, arr. Provins, Seine-et-Marne. — *Ibid.*, 242. — Bib. Provins ms. 85, 140. — Allou, 380. — Michelin, 1477.
4. Cant. Aillant, arr. Sens, Yonne. — *Ibid.*, 60.
5. Cant. Flogny, arr. Tonnerre. — *Ibid.*, 38.
6. Ibid. — *Ibid.*, 39.
7. Cant. Château-Landon, arr. Fontainebleau, Seine-et-Marne. —
Ibid., 96, 104. — Inv. som. arch. sér. II, 111. — Allou, 380, 299. —
Michelin, 1716. — Monuments... du Gatinais, par Michel, 177-184. —
177-184. — Dom Morin, 389.
8. Cant. Villiers-Saint-Georges, arr. Provins. — *Ibid.*, 243.
9. Cant. Villeneuve-l'Archevêque, arr. Sens, Yonne. — *Ibid.*, 21, 24.
10. Cant. Nogent, arr. Troyes, Aube. — *Ibid.*, 29.
11. Cant. Chéroy, arr. Sens, Yonne. — *Ibid.*, 78.
12. Cant. Villeneuve-l'Archevêque, ibid. — *Ibid.*, 22.

1188. — Vaumont, *Vallis Maurus* [1]. Saint-Jean-Baptiste, donné à Saint-Jean de Sens par Guillaume de Champagne (1172). — Vénizy, *Venesiacum* [2]. Saint-Pierre, dépendant de la Charité-sur-Loire. — Villebéon [3]. Saint-Pierre, donné à l'abbaye du Jard par Pierre de Corbeil (1213). Notre-Dame de *Passy*, dépendant de la même abbaye. — Villebougis [4]. Saint-Nicolas, uni au prieuré Saint-Georges de *Granges*, qui fut lui-même donné au Val-des-Ecoliers par l'archevêque Etienne Bécard (1305). Saint-Léger de *Villechavan*, dépendant du Jard et fondé par Erard de Vallery et sa femme Marguerite (1270). — Villeceuf [5]. Saint-Etienne de *Trains*, de l'ordre de Grandmont, fondé par Etienne de Liciac, prieur général de Grandmont (1163), uni au monastère de l'Enfourchure (1317). — Villemaréchal [6]. Sainte-Madeleine de *Bertranvilliers*, dépendant de Châteaulandon. — Villemoutiers, *Villare monasterium* [7]. Notre-Dame, que l'abbaye de Vézelai possédait en 833. — Villeneuve-la-Dongagre [8]. Saint-Loup, donné par l'archevêque Guillaume de

---

1. Cant. et arr. Sens. — *Pouillé*, 21.

2. Cant. Brienon, arr. Joigny. — *Ibid.*, 40.

3. Cant. Lorrez-le-Bocage, arr. Fontainebleau, Seine-et-Marne. — *Ibid.*, 97, 102. — Bib. Sainte-Geneviève ms. 608, f. 97. — Allou, 388. — Michelin, 1832.

4. Cant. Chéroy, arr. Sens, Yonne. — *Ibid.*, 78, 81. — Inv. som. arch. départ. sér. II, III, 211.

5. Cant. Moret, arr. Fontainebleau, Seine-et-Marne. — *Ibid.*, 104. — Le prieuré de Trains, au diocèse de Sens, par Léon Le Grand, dans *Annales... Gatinais* (1907), 48-64. — Destruction de l'Ordre de Grandmont, par Guibert, 876. — Michelin, 1904.

6. Cant. Lorrez, ibid. — *Ibid.*, 97.

7. Cant. Bellegarde, arr. Montargis, Loiret. — *Ibid.*, 104. — Cartulaire général de l'Yonne, par Quantin, II, 40. — Villemoutiers, par Champion. Orléans, 1885, in-8. — Notes sur quelques objets découverts dans l'ancien monastère de Villemoutiers, par Cosson, dans *Bul. soc. archéol. Orléanais*, IV, 316-326. — Documents inédits sur le prieuré de Villemoutiers et la vicomté de Fessard, par Stein, dans *Ann. Gatinais*, 1910, 334-358. — Dom Morin, 160.

8. Cant. Chéroy, arr. Sens, Yonne. — *Ibid.*, 78. — Notice historique sur Villeneuve-la-Dondagre, par Bardot, dans *Annuaire... Yonne*, XII, 29-36.

Champagne à Châteaulandon. — VILLENEUVE-L'ARCHEVÊQUE [1].
Notre-Dame, donné par le même à Saint-Jean de Sens (1172). —
VILLENEUVE-LE-COMTE [2]. Saint-Loup, fondé par l'abbaye de Sainte-
Colombe de Sens (1196). — VILLIERS-SAINT-BENOIT [3], dépendant de
Saint-Benoît-sur-Loire. — VILLIERS-SAINT-GEORGES [4]. Saint-Antoine
de *Champcouelle, de Campo crudeli*, dépendant de Rebais. — VIL-
LIERS-SOUS-GREZ [5]. Saint-Etienne, dépendant de Molesmes. — VIN-
NEUF, *Vicus novus* [6]. Saint-Georges, dépendant de Saint-Jean de
Sens. — VOISINES, *Vicinae* [7], dépendant de Saint-Jean de Sens. —
VOSNON [8]. Sainte-Blaise, dépendant de Sainte-Bénigne de Dijon. —
VOULTON [9]. Notre-Dame, fondé par Raynaud de Voulton (1047) et sa
femme Edeline et soumis à l'abbaye d'Essomes. Saint-Barthélemy
du Buison, dépendant de Saint-Pierre-le-Vif de Sens. — VOULX [10].
Notre-Dame, dépendant de Saint-Jean de Sens. — VULAINES [11]. Saint-
Léger, dépendant de Saint-Jacques de Provins.

---

1. Chef-l. cant., arr. Sens, Yonne.—*Pouillé*, 21.—Notice historique sur
Villeneuve-l'Archevêque, par PETIT, dans *Annuaire... Yonne*, XVII, 218-235.
2. Cant. Rozoy, arr. Coulommiers, Seine-et-Marne. — *Ibid.*, 179. —
MICHELIN, 1428.
3. Cant. Aillant, arr. Joigny, Yonne. — *Ibid.*, 80.
4. Chef-l. cant., arr. Provins, Seine-et-Marne. — *Ibid.*, 244. — Censier
du prieuré de Champcouelle fait du temps du prieur Jean Floquet
(1483-1487), *Bib. Provins ms.* 57. — ALLOU, 306. — MICHELIN, 1637.
5. Cant. La Chapelle, arr. Fontainebleau. — *Ibid.*, 105. — Cartulaire
de Molesmes, par LAURENT, 245. — ALLOU, 391. — MICHELIN, 1797.
6. Cant. Sergines, arr. Sens, Yonne. — *Ibid.*, 78.
7. Cant. Villeneuve-l'Archevêque, ibid. — *Ibid.*, 18.
8. Cant. Ervy, arr. Troyes, Aube. — *Ibid.*, 40.
9. Cant. Villiers-Saint-Georges, arr. Provins, Seine-et-Marne. — *Ibid.*,
243, 246. — Histoire ecclésiastique de Provins, par YTHIER, *Bib. Provins
ms.* 119. — Recueil de pièces, ms. 140. — Inv. arch. départ. Seine-et-
Marne, sér. II, 111. — Notice historique et archéologique sur le prieuré
de Voulton, par BOURQUELOT, dans *Bib. éc. chartes*, VI (1845), 331-343.
— ALLOU, 393. — MICHELIN, 1683. — Obituaires de la province de Paris,
par MOLINIER, 77. — DELAFORGE, 64-65.
10. Cant. Lorrez, arr. Fontainebleau. — *Ibid.*, 78. — ALLOU, 393. —
MICHELIN, 1835.
11. Cant. et arr. Provins. — *Ibid.*, 243. — ALLOU, 393. — MICHELIN, 1636.

DIOCÈSE D'AUXERRE[1]

[AUXERRE, en latin, *Autissiodorensis seu Allissiodorensis*, ville de la quatrième Lyonnaise et de l'Exarchat de Gaules, sur l'Yonne en Bourgogne, et épiscopale avant l'an 304, sous la métropole de Sens

1. Chef-l. départ., Yonne. — Mémoires concernant l'histoire civile et ecclésiastique d'Auxerre et de son ancien diocèse, par LEBEUF, continués jusqu'à nos jours avec addition de nouvelles preuves et annotations par CHALLE et QUANTIN. *Auxerre*, 1848-1855, *4 vol. in-8* : Mémoires historiques sur les évêques d'Auxerre, t. I et II. Mémoires sur l'histoire civile d'Auxerre et de son comté, t. III. Recueil de monuments, chartes, titres et autres pièces inédites pour servir de preuves, t. IV, 1-378; catalogue des écrivains auxerrois, 379-446; catalogue des personnes originaires du diocèse d'Auxerre, 447-458. — Cartulaire général de l'Yonne, par QUANTIN. *Auxerre*, 1854, 1873, *3 vol. in-8*. — Voir la Bibliographie du diocèse de Sens.

Historia episcoporum Autissiodorensium ab anonymis scriptoribus diversis scripta, temporibus a sancto Peregrino episcopo — 1593, dans *Bibliotheca nova manuscript.* de LABBE, I, 411-526, *Pat. lat.* CXXXVIII, 219-394. *Bibliothèque historique de l'Yonne*, I, 309-520. — Obituaires de la province de Sens, III, par VIDIER et MIROT, VI-XL. — Mémoires sur l'histoire du diocèse d'Auxerre, par Dom VIOLE, *Bib. Auxerre*, ms. 152-155, 156-158, 151. — Discours sur la procession qui s'est faite en la ville d'Auxerre, le dimanche des octaves de Pasques prochaines, 1er avril 1668, par Dom VIOLE, ms. 174 et 175. — Traité chronologique de la ville d'Auxerre et relation de la prise de cette ville en 1567 par les Calvinistes et de sa reprise par les bourgeois. A la suite, détails sur les désordres commis dans le diocèse par les protestants, ms. 173. — Bib. nat. coll. Bourgogne, III; Inventaire, par LAUER, 2. — Les archives de la Chambre des comptes du duché de Bourgogne, leurs révélations sur l'histoire de l'Auxerrois, par CHALLE, dans *Bul. soc. Yonne* (1867), 467-479.

Recherches sur la géographie et la topographie de la cité d'Auxerre

qu'elle a toujours reconnue[1]. De beaucoup de Prélats que la ville
d'Auxerre honore d'un culte public, comme ses Evêques... L'évêque
est chanoine honoraire de l'église de Saint-Martin de Tours. Le
diocèse d'Auxerre, dans lequel il y a six abbayes, renferme 238 paroisses, qui dépendent des archidiaconés d'Auxerre, de Puisaie, de
Saint-Prix et de Varzy[2].

---

et du pagus de Sens, par QUANTIN, dans *Cartulaire général de l'Yonne*,
t. II. — Histoire de l'Auxerrois, son territoire, son diocèse, son comté,
ses baronnies, son baillage et ses institutions coutumières et municipales, par CHALLE. *Auxerre*, 1878, *in-8*. — Histoire de la ville d'Auxerre,
par CHARDON. *Auxerre*, 1834, 2 vol. *in-8*. — Recherches historiques sur
Auxerre, par LEBLANC-DAVAU. *Auxerre*, 1830, 2 vol. *in-12*. — Vie des
Saints du diocèse d'Auxerre et de Sens, par BLONDEL. *Auxerre*, 1888, *in-
18*. — Histoire de l'instruction publique dans le diocèse d'Auxerre, par
CARRÉ, dans *Bul. soc. Yonne* (1850). 421-431. — Notice archéologique sur
les monuments d'Auxerre, par PETIT, dans *Congrès archéol. France*
(1858), 213. — Guide pittoresque dans la ville d'Auxerre, par LE MÊME.
Auxerre, 1858, *in-8*. — L'architecture religieuse du XIe au XIIe siècle
dans l'ancien diocèse d'Auxerre, par ANDRÉ PHILIPPE, dans *Bul. monum.*
LXVIII (1904), 43-92. — Les études archéologiques dans l'Yonne au
XIXe siècle, par CH. PORÉE, dans *Congrès archéol. France*, LXXIV, 307-
316. — Auxerre, par LE MÊME. *Ibid.*, 167-198. — Auxerre, sa cathédrale,
ses monuments, par CORBERON.

   Bibliothèque d'Auxerre. Catalogue des ouvrages de la section départementale, par QUANTIN, dans *Bul. soc. Yonne*, XXXI (1877), 147. —
Manuscrits de la Bibliothèque d'Auxerre, dans *Catalogue général des
manuscrits des Bibliothèques publiques, Départements*, VI, 1-100. — Bibliographie auxerroise à propos d'un catalogue, par CHÉREST, dans *Bul. soc.
Yonne*, IX (1855), 399. — Catalogue des ouvrages concernant le département de l'Yonne donnés par le comte LÉON DE BASTARD. *Ibid.*, XXXII
(1878), 5-75. — Catalogue du musée d'Auxerre, par CHÉREST. *Ibid.*,
XXIII (1868), 90 ; XXIV, 3 ; par QUANTIN et RICQUE, XXXVII (1883), 181.
— Société des sciences historiques et naturelles de l'Yonne, Bulletin.
Auxerre, 1847 et s., *in-8*. — Annuaire historique du département de
l'Yonne. Recueil de documents authentiques destinés à former la statistique départementale. *Auxerre*, 1837-1863, *in-8*. Tables analytiques
(1837-1860). *Auxerre*, 1862, *in-8*.

   Gallia christiana, XII, 260-356; instrum., 97-236.

   1. Les fastes épiscopaux de l'ancienne Gaule, par DUCHESNE, II, 427-
447.

   2. Pouillé du XVe s., rédigé par BRETHEL, dans *Mémoires concernant*

La Cathédrale, dédiée à saint Etienne, est assez belle, mais elle
n'a rien d'extraordinaire. Elle a une haute tour, diverses reliques et
un fort beau chœur[1]. Le palais épiscopal est l'un des plus beaux

l'histoire... d'Auxerre, par LEBEUF, 303-313. — Pouillé général, par
ALLIOT. *Paris*, 1648, *in-4*. — Pouillés de la province de Sens, par LON-
GNON. XXI-XXIX, 231-272. — Topographie ecclésiastique de la France, par
DESNOYERS, I, 126. Le pouillé de 1648 évalue à 204 le nombre des cures.
  1. La construction de la cathédrale actuelle fut commencée vers 1215.
On y travailla pendant le XIIIᵉ et le XIVᵉ s. — Restitution par les
textes des cathédrales élevées successivement à Auxerre avant le XIIIᵉ s.,
par QUANTIN, dans *Bul. soc. Yonne* (1850), 369-379. — Description de la
cathédrale d'Auxerre, par LE MÊME, dans *Annuaire de l'Yonne* (1846),
207-216; (1847), 141-145. — Histoire de la cathédrale d'Auxerre, par
CHALLE. *Ibid.*, 1838. — Tables analytiques de l'Annuaire de l'Yonne,
47-48. — La cathédrale d'Auxerre, par CHÉREST, dans *Conférences
d'Auxerre* (1868), 158-235. — Le chœur de la cathédrale d'Auxerre, par
CH. PORÉE, dans *Bul. monum.*, LXX (1906), 251-269. — Travaux de
décoration exécutés dans le chœur de la cathédrale d'Auxerre au XVIIᵉ
siècle, par DEMAY, dans *Bul. soc. Yonne* (1899), 13-61. — Les armes de
Castille figurées sur le grand portail de la cathédrale d'Auxerre, par LE
MÊME. *Ibid.* (1901), 249-254. — La cathédrale d'Auxerre : sculpture des
portails, par DAUDIN, dans *Annuaire de l'Yonne* (1872), 161-192; (1873),
3-39. — Sculpture de la cathédrale d'Auxerre, par LOUISE PILLION, dans
Rev. art chrét. (1905), 278-280. — Description des verrières peintes de
la cathédrale d'Auxerre, par DE LASTEYRIE, dans *An. Yonne* (1841), 38-
46. — Description des verrières de la cathédrale d'Auxerre, par BON-
NEAU, dans *Bul. soc. Yonne* (1885), 296-348. — Une fresque des sibylles
dans la cathédrale d'Auxerre, par DEMAY. *Ibid.* (1903), 5-9. — La sculpture des portails de la cathédrale d'Auxerre du XIIIᵉ s. à la fin du XIVᵉ
s., par ENLART, dans *Congrès archéol. France*, LXXIV, 599-627. — Même
recueil, 168-181. — Visite de la cathédrale d'Auxerre, par QUANTIN. *Ibid.*,
XVII (1850), 54-70. — Histoire du travail, arts libéraux, reproductions
caractéristiques d'art architectural des XIᵉ, XIIᵉ et XIIIᵉ siècles, des églises Saint-Etienne à Auxerre, de la Madeleine à Vézelay et autres du
département de l'Yonne, par VAUDIN-BATAILLE. *Tonnerre*, 1889, *in-4*.
  Histoire de l'ancien trésor de la cathédrale d'Auxerre, par MOLARD,
dans *Bul. soc. Yonne* (1892), 103-193. — Inventaire du trésor actuel de la
cathédrale d'Auxerre, par MONCEAUX, BONNEAU et MOLARD. *Ibid.*, 194-
285. — Inventaire du trésor de la cathédrale d'Auxerre, en 1531, par
QUANTIN. *Ibid.* (1887), 113-127. — Deux dessins du XIIᵉ s., au trésor de
l'église Saint-Etienne d'Auxerre, par M. PROU, dans *Gazette archéologi-*

qu'il y ait en France. La Chapitre avait autrefois le prévôt à sa tête ;
mais Guy de Noyers, ayant été fait archevêque de Sens en 1177,
fit annexer la prévôté à la mense capitulaire. Il y a présentement
un doyen, élu par le chapitre, qui porte la robe violette et le rochet ;
il a succédé au prévôt. Les autres dignités sont le grand archidiacre
et le petit archidiacre, un trésorier, un pénitencier et 5a chanoines
dont le revenu est, année commune, de 250 livres. Le doyen, le
chantre et le trésorier jouissent chacun du revenu de deux prébendes, et le grand archidiacre a 300 livres de revenu outre sa prébende.
Les dignités et les canonicals sont à la nomination de l'évêque '...

   Le Comte d'Auxerre, ou celui qui le représente, les barons de
Donzy, de Saint-Vrain et de Toucy relèvent de l'Evêché et doivent
hommage à l'évêque. Ils portent le dais le jour de son entrée solennelle et portaient même ce prélat dans un fauteuil depuis l'église
de Saint-Germain jusqu'à la cathédrale ; ce qui n'a pas été observé
aux entrées des quatre derniers évêques. Sous les Carlovingiens, le
comté d'Auxerre, qui avait alors autant d'étendue que le diocèse,
fut donné par les rois à l'évêque et à la cathédrale de Saint-Etienne.
Les évêques donnèrent en fief plusieurs grandes seigneuries,
comme Gien et Donzy, à divers laïcs, et Auxerre même, à la charge
que ses seigneurs seraient tenus de faire foi et hommage à ces prélats. C'est à ce titre que Landry, comte de Nevers, fut premier comte
propriétaire d'Auxerre, sous le règne de Robert et l'épiscopat de
Hugues de Chalon, au commencement du onzième siècle. Il serait
trop long de rapporter ici comment le comté d'Auxerre est

---

que (1887), 138-144. — Notes sur trois manuscrits du trésor de la cathédrale d'Auxerre, par MOLARD, dans *Bul. soc. Yonne* (1888), 187-190. —
Obituaires de la province de Sens, III, 223-272.

  1. 189 art. aux arch. départ. sér. G. Invent. som. t. II. — Mémoires sur l'histoire.. d'Auxerre, par LEBEUF, II, 412-509, tables, t. III,
592-593 ; preuves, IV, 462-466. — Cartulaire général, par QUANTIN, I,
555 ; II, 518. — Recueil de pièces, par LE MÊME, 435. — Papsturkunden
in Frankreich, prr WIEDERHOLD, V, 18. — La Révolution dans le département de l'Yonne, par MONCEAUX, 721.

venu à la Couronne ; mais on n'a point dédommagé l'évêque
d'Auxerre, seigneur direct et féodal de ce comté, à qui le Roi ne
pouvait rendre le devoir de vassal. Il ne reste plus à l'évêque
d'Auxerre qu'une seule marque de son ancienne supériorité sur le
comté d'Auxerre, qui est que, lorsqu'il fait son entrée solennelle, le
Procureur du Roi, comme premier vassal de l'évêché, aide à porter
l'évêque jusqu'à sa chaire pontificale[1].

Les comtes de Chatelus jouissent des fruits d'un canonicat de
cette Eglise, toutes les fois qu'ils assistent au service, soit en habit
et surplis, s'ils veulent, ou sans surplis, ainsi qu'il plait aux sei-

---

1. Le fonds de l'Évêché d'Auxerre aux Arch. départ. de l'Yonne, sér. G,
comprend 129 art. Celui de la Chambre du Clergé, 69. — MONCEAUX,
ouv. cit., 726. — Cartulaire de l'Yonne, par QUANTIN, I, 554 ; II, 518. —
Recueil des pièces, par LE MÊME, 435. — Requête de l'évêque et du chapitre d'Auxerre au sujet d'un arrêt du Parlement de Paris qui leur retire
l'exemption du droit de régale pendant la vacance du siège. Paris, 1762,
in-4. — 2 autres pièces sur ce sujet. CONDA, I, 82. — Factum pour les
doyen, chanoines et chapitre d'Auxerre contre Jean Crethé et consors.
S. l., 1677, in-4. — Factum pour l'évêque d'Auxerre contre le duc de
Nevers, au sujet de la mouvance de la baronnie de Donzy. S. l., 1698,
in-fol. — Mémoire pour l'évêque d'Auxerre sur la demande portée par
la requête présentée aux prévôts des marchands et échevins de Paris.
Paris, 1733, in-fol. — Mémoire servant de réponse pour M. de Carital,
évêque d'Auxerre, contre le duc de Caylus et la dame du Chayla. Paris,
1736, in-fol. — Arrêt de la cour du Parlement (6 mars 1756) qui reçoit
l'appel comme d'abus interjeté par le procureur général contre un mandement de l'évêque d'Auxerre du 14 février. Paris, 1756, in-fol. — Arrêt
du 15 mars 1757... contre un mandement du 26 janvier. Paris, s. d.,
in-fol. — Consultation au sujet du droit de juridiction de l'évêque d'Auxerre. Paris, 1764, in-4. — Recueil des actes du clergé, III, 1489 et s. ;
1546 et s. ; VI, 1117 ; VII, 185 ; XI, 1271, 1272. — Des relations féodales
entre les évêques et les comtes d'Auxerre, par QUANTIN, dans Bul. soc.
Yonne (1847). 123-144. — Les baronnies du comté d'Auxerre au XIe s.,
par CHALLE, dans Congrès scientif. France. Autun (1876-1878), II, 12. —
Le comté d'Auxerre au XVe s., par QUANTIN, dans Bul. soc. Yonne (1881).
208-246. — Annuaire historique de l'Yonne. table analytique, 23, 96. —
Mémoires, par LEBEUF, III, 598 ; IV, 459-462. — WIEDERHOLD, 17. —
MONCEAUX, 123, 196, 726.

gneurs de Chatelus. Cette concession fut faite à Claude de Beauvoir, seigneur de Chatelus, le 16 d'août 1423, en reconnaissance de ce qu'il avait remis au chapitre de Saint-Etienne d'Auxerre la ville de Crevant, qu'il avait défendue contre certains voleurs et robeurs, l'an 1423 [1].

L'évêque d'Auxerre a droit d'assister en camail et rochet aux Etats de Bourgogne, qui se tiennent ordinairement tous les trois ans, et il siège après celui de Chalon, sans pouvoir le précéder, ainsi qu'il est porté par l'arrêt d'union du comté d'Auxerre aux Etats Généraux du duché de Bourgogne. L'évêque de Mâcon a formé quelques contestations contre celui d'Auxerre pour la préséance, et l'affaire n'est pas encore réglée. L'évêque d'Auxerre est, comme les autres prélats, dans un fauteuil.]

Il y avait dans la ville d'Auxerre le chapitre collégial de *Notre-Dame de la Cité*, fondé au XIe siècle auprès d'une église remontant au IXe, composé de 20 chanoines [2]; et, dans le diocèse, ceux d'*Appoigny*, fondé sous le vocable de Saint-Pierre au commencement du XIIIe siècle par l'évêque Guillaume de Seignelay [3]; de Saint-Martin de *Clamecy*, fondé en 1075 sous l'épiscopat de Geoffroy de Champ-Aleman [4]; de Saint-Laurent *de Cosne*, fondé en 1212 par

---

1. Histoire généalogique de la maison de Chastellux, avec pièces justificatives, par DE CHASTELLUX. *Auxerre*, 1873, in-4. — LEBEUF, II, 498-505.

2. Arch. départ. sér. G. — LEBEUF, II, 509-515; IV, 73. — Annuaire de l'Yonne, XII, 52. — Obituaires de la province de Sens, III, 459. — MONCEAUX, 722.

3. Cant. et arr. Auxerre. — *Epponiacum*. — Arch. départ. sér. G. — LEBEUF, I, 383; II, 68; IV, 265. — Notice sur Appoigny-Régennes, par SAVATIER-LAROCHE, dans *Annuaire... Yonne*, IV, 143 et s.; XII, 53. — Répertoire archéologique, par QUANTIN, 17.

4. Chef-l., arr. Nièvre. — *Clameciacum*. — Arch. départ. sér. G. — LEBEUF, I, 267; II, 54, 303; IV, 26, 37. — Obituaires de la province de Sens, III, 331-415. — L'Obituaire de l'église de Saint-Martin de Clamecy, par L. MIROT, dans *Moyen-Age*, XII (1898), 110. — Fragments de l'Obituaire de Saint-Martin de Clamecy, par LE MÊME. *Nevers*, 1901, in-8; ext. *Bul. soc. Nivern.* — Mémoire pour les chantre, chanoines et chapitre de Clamecy contre les marguilliers de la paroisse. *Paris*. 1743, in-fol. — Les

l'évêque Guillaume de Seignelay [1]; de Saint-Caradeuc de *Donzy*, fondé avec un trésorier et six chanoines (XIII° s.) [2]; de *Saint-Etienne de Gien*, dont les chanoines reçurent des statuts de Guillaume de Seignelay (1216) [3]; de *Saint-Fargeau*, fondé (1472) par Antoine de Chabanne, seigneur du lieu [4]; de Notre-Dame de *Toucy*, fondé par l'évêque Hugues de Noyers (XII° s.) [5]; de Sainte-Eugénie de *Varzy*, fondé par l'évêque Hugues de Chalon (1020) [6]. La ville d'Auxerre

---

congrégations religieuses dans le diocèse de Nevers. I, Congrégations d'hommes, par CROSNIER, 205-207. — Notice archéologique et iconographique sur l'église de Clamecy, par LE MÊME, dans *Bul. soc. Nivern.* (1863), 381 et s. — Notice historique sur la collégiale de Saint-Martin de Clamecy, par CHARRIER. *Nevers*, 1887, in-8. — Notice historique sur l'église de Saint-Martin de Clamecy, par COUROT, dans *Bul. soc. Clamecy* (1879), 99. — Répertoire archéologique, par DE SOULTRAIT, 41.

1. Chef-l. arr. Nièvre. — *Conada*. — Arch. départ. Nièvre, sér. G. — LEBEUF, I, 383-433; IV, 73, 101, 211. — CROSNIER, I, 202-205. — Notice historique sur la ville de Cosne-sur-Loire, par LE MÊME, dans *Bul. monum.* (1850), 481-498. — Cosne à travers les âges. Essai historique et archéologique, par FAIVRE. *Cosne*, 1895, in-8. — Répertoire archéologique, par DE SOULTRAIT, 87. — Gallia christiana, XII, 151. — Obituaire..., III, 461. — POTHAST. Alexandre III (1172), 12168. — DOUET D'ARCQ, 9046.

2. Chef-l. cant., arr. Cosne, Nièvre. — *Donziacum*. — Arch. départ. Nièvre, sér. G. — LEBEUF, II, 98, 303. — CROSNIER, I, 207-210. — DE SOULTRAIT, 100.

3. Chef-l. arr. Loiret. — 38 lias. aux Arch. départ. sér. G. — Amplissima collectio, de MARTÈNE, VIII, 1563. — LEBEUF, I, 383, 400; II, 55; IV, 298. — Histoire de la ville, des seigneurs et des comtes de Gien, par MARCHAND. *Orléans*, 1885, in-8. — Gallia christiana, XII, instrum. 159, 211.

4. Chef-l. cant., arr. Joigny, Yonne. — *Sanctus Ferreolus*. — Arch. départ. sér. G. — LEBEUF, II, 68; IV, 276. — MONCEAUX, 155-157. — Gallia christ., XII, instrum., 202-210. — Histoire de la ville et du comté de Saint-Fargeau, par DEY, dans *Bul. soc. Yonne*, IX (1855), 353-379; X, 189-288, 367-386; XI, 155-188, 355-386; XII, 39-101, 164-226, 297-348, 530-622. — Saint-Fargeau, par CHAILLOU-DES-BARRES, dans *Annuaire...*, III; XII, 54.

5. Chef-l. cant., arr. Auxerre, Yonne. — *Tociacum*. — Arch. départ., sér. G. — LEBEUF, I, 358, 383; IV, 71, 74, 250. — Annuaire de l'Yonne, XII, 56.

6. Chef-l. cant., arr. Clamecy, Nièvre. — *Varziacum*. — Arch. départ.

possédait des couvents de *Dominicains* [1], fondé par la comtesse de
Joigny Amicie, veuve de Gaucher, sous l'épiscopat de Bernard de
Sully (1240); de *Cordeliers* [2], fondé par l'évêque Henri de Ville-
neuve (1225); de *Capucins* [3], fondé par l'évêque François de Donadieu (1606); d'*Augustins déchaussés* [4], sous l'épiscopat de Pierre
de Broc (1602); des maisons d'*Ursulines* [5], établies en 1617; de
Visitandines [6], en 1659; d'*Augustines* hospitalières [7], en 1657, les
unes et les autres grâce à Pierre de Broc. Les *Jésuites* [8] s'installèrent à Auxerre en 1622 et ils prirent la direction du collège, qui
avait été fondé par Jacques Amyot. Les *Lazaristes* dirigeaient le

---

sér. G. — LEBEUF, I, 257, 323, 467; II, 98; IV, 62, 125, 135, 373. —
Obituaires de la province de Sens, III, 416-419. — CROSNIER, I, 199-202.
— Mémoire signifié pour les chantre, chanoines et chapitre de l'église
collégiale de Sainte-Eugénie de Varzy, appelant, contre J.-P. Rumillon,
lieutenant au bailliage de Varzy. *Paris*, 1743, *in-fol.* — De l'église collégiale de Sainte-Eugénie de Varzy, par JOUERT, dans *Bul. soc. Nivern.*
(1867), 129 et s. — Varzy, son histoire, ses monuments, ses célébrités,
par BOISSEAU. *Paris*, 1905, *in-18.*
    1. Inv. arch. départ. Yonne, sér. H, III, 318-320. — Recueil de pièces...
du XIIIe s., par QUANTIN, n° 759, p. 392. — LEBEUF, I, 412; II, 78-80;
III, 174; IV, 101, 102, 178, 267, 272. — Etudes historiques sur la province dominicaine de France. Les Dominicains d'Auxerre, par le P. CHA-
POTIN. *Paris*, 1892, *in-8.* — Gallia christiana, XII, 160.
    2. Inv. arch. départ. sér. H; III, 316-318. — QUANTIN, ouv. cit., 227,
392, 420. — LEBEUF, I, 401; III, 179, 334; IV, 105, 147. — Nécrologe
des Frères Mineurs d'Auxerre, par le P. ANTOINE BÉQUET, dans *Archivum
franciscanum historicum*, III (1910), 115-138 et s. — Annuaire historique
de l'Yonne, XIII, 165. — Gallia christiana, XII, 158. — Obituaires de la
province de Sens, III, 288-331.
    3. Ibid., 316. — LEBEUF, II, 208; III, 485. — Notice sur le couvent des
Capucins d'Auxerre, par LECHAT, dans *Annuaire...*, VI, 17.
    4. Arch. départ. sér. H. — LEBEUF, II, 250; III, 518. — MONCEAUX, 720.
— Annuaire, XIII, 161.
    5. Inv. som. arch. départ. sér. H, par MOLARD, III, 538-539. — ID., II,
209, 330; III, 237. — Annuaire, XVI, 196; XXIII, 58. — MONCEAUX, 734.
    6. Ibid., 539-543. — ID., II, 250, 335; III, 517. — Annuaire, XVI, 197.
    7. LEBEUF, II, 250. — Il y avait, en outre, à Auxerre des religieuses
de Sainte-Catherine. Inv. som. arch. départ., sér. H, par MOLARD, III, 538.
    8. Arch. départ. sér. D, où *Un mémoire historique sur le collège fondé à*

séminaire diocésain[1], à partir de 1682. Les *Providenciennes* ou *Filles de la Providence*[2] d'Auxerre furent fondées en 1655.

La ville de Gien avait des couvents de *Minimes*[3] et de *Clarisses*[4], fondés par Anne de France, sœur de Charles VIII (1494), d'*Ursulines*[5] établies en 1629, et des *Religieuses hospitalières* (1656) pour le service de l'hôpital[6]. Les *Augustins déchaussés* fondèrent une maison à Saint-Fargeau[7], sous l'épiscopat de Pierre de Broc (1648), et une autre à Cosne[8], avec l'approbation de François de Donadieu (1616). Les *Brigittins* s'installèrent au Plessis (1654)[9]. Les *Récollets* eurent un couvent à Clamecy (1620)[10], à la Charité[11]. Il y eut des *Clarisses Urbanistes*, à Entrains[12]; des *Ursulines*, à Cravant[13]; des religieuses *Augustines*, à la Charité[14].

Auxerre par J. Amyol. — Arch. nat. M. 245. — Lebeuf, III, 594, 603. — Monceaux, 722. — Notice sur le collège d'Auxerre, par Challe, dans *Annuaire... de l'Yonne*, IX, 201-230; V, 50; XXIII, 39. — Histoire de l'instruction publique dans le diocèse d'Auxerre, par Carré, dans *Bul. soc. Yonne*, IV (1850), 421-431.

1. 2 art. aux arch. départ. sér. G. — Lebeuf, II, 220, 265, 307. — Annuaire... Yonne, X, 159.

2. Inv. som. arch. départ. sér. II, par Molard, III, 529-538. — Lebeuf, II, 307.

3. Chef-l. arr., Loiret. — Quelques pièces aux Arch. départ. sér. II. — Lebeuf, II, 96; IV, 299. — Gallia christiana, XII, 212-215.

4. Arch. départ. Loiret, sér. II. — Lebeuf, II, 97, 276. — Gallia christiana, XII, 215-221.

5. Lebeuf, II, 335.

6. Id., II, 339.

7. Arch. départ. Yonne, sér. II. — Lebeuf, II, 249.

8. Arch. départ. Nièvre, sér. II. — Lebeuf, II, 209. — Crosnier, ouv. cil., I, 524.

9. Com. Ciez, cant. Donzy, arr. Cosne, Nièvre. — Crosnier, I, 525.

10. Arch. départ. Nièvre. — Lebeuf, II, 209. — Crosnier, I, 498.

11. Ibid. — Crosnier, I, 498.

12. Inv. arch. départ. Yonne, sér. II, par Molard, III, 527-529. — Lebeuf, II, 243. — Annuaire, XVI, 195. — Histoire d'Entrain, par Baudiau, 113, 257, 269.

13. Cant. Vermanton, arr. Auxerre, Yonne. — Inv. som. arch. départ. sér. II, par Molard, III, 556-557. — Lebeuf, II, 249. — Annuaire, XVI, 196.

14. Lebeuf, II, 242.

Les *Chartreux* avaient dans ce diocèse le monastère de BELLARY[1], fondé par Hervé, comte de Nevers (1214), et celui de BASSEVILLE[2], dû à la générosité de Jean le Grand, chapelain de Louis I, comte de Nevers (1328).

Abbayes d'hommes

Ordre de Saint-Benoît

[SAINT-GERMAIN D'AUXERRE, en latin *Sanctus Germanus Autissiodorensis*[3], située dans la ville d'Auxerre et fondée par saint Germain

---

1. Com. Châteauneuf, cant. Donzy, arr. Cosne, Nièvre. — Inv. som. arch. départ. Yonne, sér. H, par MOLARD, III, 481. — Arch. départ. Nièvre, sér. H. — Obituaires de la province de Sens, III, 456. — LEBEUF, I, 385 ; III, 159, 175. — CROSNIER, I, 437-443. — Annales Ordinis Carthusiensis, par DOM LE COUTEULX, III, 340-348 ; IV, 127, 233, 236-244. — La Chartreuse de Bellary (1209-1793), par CHARRAULT, dans *Bul. soc. Nivernais*, XXII, 1908, 541-632.

2. Com. Pousseaux, cant. et arr. Clamecy. — Inv. som. arch. Yonne, sér. H, III, 481. — Arch. départ. Nièvre. — Obituaires de la province de Sens, III, 453. — LEBEUF, I, 507 ; IV, 172. — CROSNIER, I, 446-452. — D. LE COUTEULX, V, 224, 275, 358. — MONCEAUX, 157, 722. — Gallia christiana, XII, 183-184.

3. 212 art. aux Arch. départ. Yonne : Inventaires du XVIIIe s., Terriers, délibérations capitulaires (1682-1789), offices claustraux, Reliques (1359-1789), constructions (1369-XVIIIe s.), procès-verbaux de visites des prieurés, etc. *Inv. som.* sér. II, III, 228-273. — Annuaire historique... Yonne, XII, 56-80. — Grand cartulaire de l'abbaye de Saint-Germain d'Auxerre (1266), avec addition de trois autres petits cartulaires du XIVe et du XVe s. *Bib. Auxerre ms.* 161. — Abrégé du Grand Cartulaire, par DOM GÉRARD TERNAT (1678). *Ibid., ms.* 163. — Table du cartulaire, *Ibid., coll. de Baslard ms.* 22. — Carta Pitenciarum conventus Sancti Germani Autissiodorensis, *Ibid., ms.* 162. — Abrégé du précédent par DOM G. TERNAT, *Ibid., ms.* 163 f. 73-93 ; 164. Bibliographie générale des

en 425 dans sa maison paternelle. Il dédia cette église sous le nom
de saint Maurice et y mit pour la desservir le saint prêtre Saturne et
des religieux. C'est là qu'il fut enterré en 448. L'église, ayant été
rebâtie, plus magnifiquement qu'elle n'était, par sainte Clotilde,
elle prit le nom de Saint-Germain, son fondateur, qu'elle conserve
aujourd'hui. On y compte jusqu'à soixante corps saints et une pro-
digieuse quantité de saintes Reliques. Ce sont les papes Nicolas I,
Jean VIII et Jean IX qui ont enrichi cette église de ces précieux restes, qui sont dans des grottes que Conrad, frère de l'impératrice
Judith et abbé commendataire de Saint-Germain, fit bâtir (IX⁰ s.).
M. Séguier, évêque d'Auxerre, fit ouvrir tous les tombeaux en
1636 et fit un procès-verbal de l'état où il avait trouvé les corps
saints.

On conduit d'abord les curieux au tombeau de saint Héribald,

cartulaires, par STEIN, nᵒˢ 286-288, p. 41. — Analyse et copies de pièces
(748-1436), Bib. Auxerre, coll. Bastard, 10, 21, 22. — Compte rendu par
Nicolas de Marconville, chantre de Molesmes, à Louis de Lorraine, abbé
commendataire de Saint-Germain d'Auxerre, de la visite des prieurés et
bénéfices dépendant de la dite abbaye; ordonnances de réformation
(1542-1543). Bib. Auxerre ms. 165. — Registre original des actes de visite
de l'abbaye (25 janvier 1646-14 juillet 1789), Ibid., ms. 278. — Documents
sur la transformation des bâtiments en Hôtel-Dieu (1810-1836), Ibid.,
ms. 279, 280. — Bib. nat. ms. lat. 12673 f. 134; 12674 f. 1; 18693, f. 453-
458; col. Bourgogne, III, 18-43. — Procuration au nom de François de
Beaucaire, abbé commendataire (1599), Bib. Reims, Tarbé, Carton XII,
n° 94.
Liber chronologicus rerum mirabilium, quæ anno Domini 1630 in
hoc monasterio Sancti Germani... acciderunt (1630-1691), Bib. Auxerre
ms. 166. — Chronicon augustissimi et perillustris cœnobii Sancti Germani, auctore DOMNO VICTORE COTRONIO, Congregationis Sancti Mauri
monacho (1652), Ibid., ms. 167. — Extraits d'une histoire de l'abbaye
par DOM COTRON, Ibid., coll. Bastard, 21. — Mémoires sur l'histoire du
diocèse d'Auxerre, t. III. Histoire de l'abbaye de Saint-Germain
d'Auxerre, par DOM VIOLE, Ibid. ms. 154, 157. — Abrégé de l'histoire du
monastère de Saint-Germain d'Auxerre, dressé sur les mémoires de
DOM VIOLE et de DOM COTRON (1682). Bib. nat. ms. fr. 18693. — Catalogus
duplex historicus et alphabeticus librorum monasterii Sancti Germani
Autissiodorensis (1683), Bib. Auxerre ms. 177. — Catalogue en 1791, ms.

prince de la maison de Bavière, qui, sous Charlemagne, Louis le
Débonnaire et Charles le Chauve, eut beaucoup de part au gouvernement de l'État. Il fut moine, puis abbé de ce monastère et enfin
évêque d'Auxerre, et archichapelain. Le tombeau de saint Fraterne,
évêque d'Auxerre, vient ensuite. Il fut martyrisé l'an 481, le 29 septembre. Saint Abbon, frère de saint Héribald, religieux dans ce
monastère et successeur de son frère dans l'évêché de cette ville.
M. Séguier rapporte qu'il trouva son corps revêtu d'un cilice, d'un
habit religieux et de ses ornements pontificaux ; il ajoute que son
habit est fait de la même manière que celui des Bénédictins d'aujourd'hui, mais que la couleur est d'un noir naturel, non pas de
teinture. Saint Censure, évêque ; on trouva avec son corps une
châsse remplie de reliques.

Le pilier qui est attenant à l'autel de saint Benoît porte cette ins-

260. — Usages liturgiques particuliers à Saint-Germain d'Auxerre, ms.
168. — Ms. 34, 272. — Bib. Ecole médecine de Montpellier ms. 74, 90,
130, 331, 365, 370.
Catalogue général des documents relatifs à l'histoire de France, dans
Cabinet historique II, 11, 24-25. — Cartulaire général de l'Yonne, par
QUANTIN, I, 555-557; II, 519. — Recueil de pièces, par LE MÊME, 435. —
Mémoires..., par LEBEUF, IV, 466-468. — Die Urkunden der Karolinger,
von SICKEL, 108, 189, 369. — POTHAST, Urbain II (1097-1099), 5776; Paschal II (1107, 1099-1108), 6155, 6181; Innocent II (1136), 7958; Lucius II
(1144), 8541; Eugène III (1147, 1148, 1152), 9156, 9259, 9548; Anastase IV
(1154), 9838, 9875; Adrien IV (1155, 1156, 1156-1158), 10045, 10166,
10347, 10348; Alexandre III (1171-1181), 14305; Urbain III (1186-1187),
15852, 15859, 15882; Clément III (1183), 16159, 16231; Célestin III
(1194), 17133, 17140; Innocent III (1198, 1203, 1209, 1215, 1216), 191,
194, 313, 1862, 3733, 4983, 5045, 5046; Grégoire IX (1239), 10704; Innocent IV (1253), 14893; Alexandre IV (1255), 15944. — Papsturkunden
in Frankreich, von W. WIEDERHOLD, V, 18-19, 27, 32, 61, 71, 121, 128,
129, 132, 141, 154-163. — Bullarium Cluniacense, 60, 113. — Louis VI,
par LUCHAIRE, 217. — DENIFLE, I, 39. — Recueil des chartes de l'abbaye
de Cluny, par BRUEL, n°° 3717, t. V, p. 63; 3728, p. 77; 3859, 209; 4129,
471; 4135, 483; 4173, 526; 4310, 669. — Layettes du trésor des chartes,
III, 296. — Actes du Parlement de Paris, par BOUTARIC, n°° 1157, 1365,
2951, 3048, 3049, 4430, 6375, 7293. — MONCEAUX, 717. — Charte de

cription : *Polyandrion*, c'est-à-dire cimetière des Saints. Ce pilier est profond de dix pieds et est fait comme celui qui est près de Saint-Pierre de Rome. M. Séguier y trouva trente corps saints et les instruments de leur pénitence ou de leur martyre. Saint Romain y est peint, non seulement parce qu'il a été le père nourricier de saint Benoît, mais aussi parce qu'on y conserve plusieurs de ses reliques. Près du tombeau de saint Héribald, on voit aussi la figure de saint Grégoire, parce que son corps y a reposé jusque en 1370, qu'il fut transporté dans la nef, où il est à présent. A la fenêtre de saint Benoît sont les reliques trouvées avec le corps de saint Censure. Dans la chapelle de sainte Maxime sont les corps de sainte Maxime, dame italienne venue en France à la suite du corps de saint Germain, lorsqu'on le transporta ici de Ravenne, où ce saint mourut ; de saint Optat, évêque d'Auxerre, de saint Santin et de saint Mémo-

Louis le Pieux pour l'abbaye de Saint-Germain d'Auxerre, par QUANTIN, dans *Bul. soc. Yonne*, XXVII (1873), XLI. — Pistensis conventus in quo bona abbatiæ Sancti Germani Autissiodorensis confirmantur, dans *Spicilegium* de D'ACHERY, III, 588, ou I, 600. — Une sentence de Guillaume I, comte de Nevers, par QUANTIN, dans *Bul. soc. Yonne*, XI (1886). — Mémoire pour les religieux de Saint-Germain d'Auxerre contre Philippe Poussard et Ph. Meignan, appelant de trois sentences rendues tant aux Requêtes du palais qu'au bailliage d'Auxerre, les 21 mars 1690, 14 avril et 13 sept. 1693. S. l. n. d. in-fol. — Factum pour (les mêmes) appelant d'une sentence rendue aux Requêtes du Palais, le 9 août 1708, contre J.-B. Disson. S. l., 1689, in-4.—Mémoire pour les mêmes contre les prêtres de la congrégation de Saint-Lazare.*Paris*, 1769, in-4. — Observations sur des sceaux du XIIIᵉ siècle, par LEBER, dans *Mém. soc. archéol. Orléanais*, I (1851), 145-151. — Sceau du chapitre de Saint-Germain d'Auxerre, par EYSSETTE, dans *Mém. acad. Gard.* (1867-1868), 115-117. — Sceau de l'abbaye, dans DOUET D'ARC, 8139 ; de l'abbé Etienne (1366), 8508 ; de François de Beaujeu (1507-1539), 8509. — La Révolution dans le département de l'Yonne, par MONCEAUX, 717-718.

Vitæ Sancti Germani Autissiodorensis, dans *Acta Sanctorum*, *Julii* t. VII, 200-315 ; *Bibliothèque historique de l'Yonne*, par DURU, 1, 46 et s. ; II, 2 et s. — Etude critique sur la vie de saint Germain d'Auxerre, par MARBEY. *Paris*, 1881, in-8. — Germanus von Auxerre und die Quellen zu seiner Geschichte, von W. LEVISON, dans *Neues Archiv*, XXIX (1903), 95-175. — De gestis abbatum Sancti Germani Autissiodorensium.

rien; prêtres; saint Géran, religieux de l'abbaye de Soissons, ensuite
évêque d'Auxerre; saint Marien, prêtre et religieux de l'abbaye de
son nom; saint Aunaire, prince de la première race de nos rois, religieux et abbé de ce monastère, puis évêque d'Auxerre; saint
Désiré, parent de la reine Brunehaut, ont aussi leur sépulture dans
cette église, qui est dédiée à ce saint. Les corps de saint Batton, de
saint Allode, de saint Urse, évêque d'Auxerre, reposent ici. Cette
chapelle est d'ailleurs remplie de reliques.

Le corps de saint Germain fut porté ici de Ravenne. Il avait été
mis dans une châsse d'or enrichie de pierreries d'un prix inestimable; mais elle a été enlevée par les Calvinistes et ses reliques dissi-
pées, en sorte qu'il ne reste plus dans ce tombeau que de la cendre
du corps de ce saint et quelques petits ossements. Cette chapelle de
saint Germain est comme le centre de la sainteté de l'église de cette

auct. GUIDONE, abbate (1272), dans *Bibliotheca nova*, de LABBE, I, 570-
586. — De ecclesia Sancti Germani Antissiodorensis, *Ibid.*, I, 531. —
Lettre du professeur SICKEL, sur un manuscrit de Melk venu de Saint-
Germain d'Auxerre, dans *Bib. éc. chartes*, XXIII (1862), 28-38. — Obituaires de la province de Sens, par MINOT et VIDIER, III, 271-280. — Un
manuscrit de Saint-Germain d'Auxerre conservé à Leyde, par L. DELISLE,
dans *Bul. hist. comité* (1886), 58-60. — Le cabinet des manuscrits, par LE
MÊME, II, 405. — Chronique secrète de Saint-Germain d'Auxerre, par
CHALLE, dans *Bul. soc. Yonne*, XXXV (1881), 5-21. — Elogia Sancti Germani, Antissiodorensis episcopi, et aliorum Sanctorum quorum corpora
in sacro ejus cœnobio condita sunt. *Auxerre*, 1687, in-4. — Description
des saintes Grottes de l'église de l'abbaye royale de Saint-Germain
d'Auxerre, contenant l'abrégé de la vie des Saints dont les corps y reposent, par DOM FOURNIER. *Auxerre, s. d., in-8.* — Acta Sanctorum, Septembris VII, 91-95. — Rapport sur la question des reliques de Saint-
Germain, par CHALLE, dans *Bul. soc. Yonne*, XVII (1863), 476. — Une
légende de Saint-Germain, par LE MÊME, *Ibid.* XXV (1871), 42. —
Joyaux de l'abbaye de Saint-Germain d'Auxerre soustraits par deux
gentilshommes de Franche-Comté (1359-1362), par SIMONNET, dans *Rev.
soc. sav.* (1860), II, 63-68.
Histoire de l'abbaye de Saint-Germain d'Auxerre, par HENRY, *Auxerre*,
1855, in-8. — Notice sur l'abbaye de Saint-Germain d'Auxerre, par
LECLERC, dans *Annuaire... Yonne*, V, 5-35. — Sur les écoles de l'abbaye
de Saint-Germain d'Auxerre au IXe s., par CARRÉ, dans *Congrès scienlif.*

abbaye. Il n'y a point de lieu plus rempli de corps saints et de
saintes reliques. Du côté de l'épître sont deux corps saints et, de
l'autre côté, il y en a trois. On y remarque principalement les tombeaux de saint Théodore et de saint Romain, évêques, celui de saint
Loup, évêque. Enfin ce lieu est peut-être le plus vénérable du
Royaume et, après les Catacombes de Rome, je ne sais si on peut
en trouver un plus saint. Le jour de l'Octave de la Toussaint, on fait
une fête solennelle pour les honorer et une procession fort dévote et
fort longue à leurs tombeaux.

Le pape Urbain II, qui a été abbé de Saint-Germain d'Auxerre,
y fit bâtir trois églises, l'une sur l'autre. Le tombeau de saint
Germain est dans celle du milieu et tout autour ceux de la plupart
des saints évêques, ses successeurs, dont on conserve encore les
corps entiers dans des tombeaux de pierre.

France, XXXIX, Auxerre, (1858), 102 et s. — Le collège royal militaire
d'Auxerre, par Moiset. *Auxerre*, 1893, in-8. — Le plan d'étude de Dom
Rosman, principal du collège d'Auxerre, par Cestre, dans *Bul. soc.
Yonne*, LXIII, 1909, 225-249. — De l'abbaye de Saint-Germain d'Auxerre
et des services rendus aux Auxerrois par le pape Urbain V, par Roussel,
dans *Bul. soc. Lozère*, IX (1858), 32. — Urbain V et Auxerre, par LE MÊME.
Ibid., 156, 469. — Description de l'église de Saint-Germain d'Auxerre,
dans *Annuaire... Yonne*, XXIII, 27. — L'abbaye de Saint-Germain
d'Auxerre, par Tillet, dans *Congrès archéologique*, LXXIV (1907), 627-
653. — Description, dans *même recueil*, 182-188. — Parallèle entre le
martyrium de Saint-Savinien de Sens et la confession de Saint-Germain
d'Auxerre, par L. Maître, dans *Rev. art chrétien*, LI (1908), 316-327. —
Visite à l'abbaye de Saint-Germain d'Auxerre, par Quantin, dans
Congrès archéol. XVII (1850), 31 et s. — Cryptes de Saint-Germain
d'Auxerre, par V. Petit, dans *Bul. monum.* XXXVIII (1872), 494. — Congrès scientifique XXXIX, 383. — Inscriptions carolingiennes des cryptes
de Saint-Germain d'Auxerre, par Phou, dans *Gazette archéologique*, XIII
(1888), 299-303. — La Tour de Saint-Germain d'Auxerre, par Vachey,
dans *Annuaire... Yonne*, XIV, 191, et dans *Bul. soc. Yonne*, II (1848), 275-
309. — La tour, dite des prisons, de l'ancienne abbaye de Saint-Germain
d'Auxerre, par Demay, *Auxerre*, 1907, in-8; ext. *Bul. soc. Yonne*, LX,
23-28. — Répertoire archéologique, par Quantin, 8-11.

Gallia christiana, XII, 361-403; instrum., 97-101, 108, 143, 153, 169,
222, 225-236. — Monasticon gallicanum, pl. 133. — Voyage littéraire,
par Martène et Durand, 56-61.

La bibliothèque de l'abbaye de Saint-Germain d'Auxerre répondait autrefois à la grandeur du monastère. Mais les hérétiques et la négligence des anciens moines ont dissipé un si grand nombre de manuscrits qu'il n'en reste aujourd'hui que fort peu, mais qui ne laissent pas que d'avoir leur mérite. Il y a entre autres un ancien recueil d'Homélies des Saints Pères, compilées par ordre de l'Empereur Charlemagne, pour être lues aux offices divins durant le cours de l'année, et écrit de son temps. Le R. P. Dom Georges Viole, qui a été prieur de cette abbaye, a fait l'histoire des évêques d'Auxerre et de tous les monastères du diocèse.

La réforme de Saint-Maur entra dans l'abbaye de Saint-Germain d'Auxerre en 1629, et c'est la trente-troisième maison qui lui a été unie. L'abbé de Saint-Germain d'Auxerre a droit d'assister aux Etats de Bourgogne, qui se tiennent ordinairement tous les trois ans, et il est assis, comme les autres abbés qui ont pareil droit, sur une chaise à dos. Les religieux ont 9000 livres de rente et l'abbé 8000[1].]

L'église actuelle a été commencée au XIIIe siècle et continuée pendant les deux siècles suivants. Les bâtiments claustraux sont affectés à l'Hôtel-Dieu.

Ordre de Cîteaux.

BOURRAS, *Bonum Radium*[2], sous le vocable de Notre-Dame, fondée avec des moines venus de Pontigny (1119) sous l'épiscopat de

---

1. Nous avons conservé tout le texte de Dom Beaunier, à cause de l'intérêt qu'il présente.
2. Com. Saint-Malo, canton Donzy, arr. Cosne, Nièvre. — Un art. aux arch. départ. de l'Yonne, sér. H, où l'on conserve un cartulaire (XVIIe s.) — Inv. som. t. III, 481. — Bib. Gray, ms. 4 f. 285, où fragment d'une charte du XVe siècle. — POTHAST, *Lucius III* (1184), 15031. — WIEDERHOLD, V, 14. — Recueil de pièces, par QUANTIN, 95. — Sceau de l'abbé (1212), dans DOUET D'ARCQ, 8568. — Mémoires, par LEBEUF, I, 289, 321; IV, 30, 37, 46. — CROSNIER, I, 427-429. — Répertoire archéol., par DE

saint Hugues de Montaigu grâce à la générosité de Hugues de Tilio et de Alix de Montenoison, sa femme. Le monastère, ruiné et incendié par les Huguenots, ne fit que végéter jusqu'à la révolution. Il reste la maison de l'abbé commendataire et les bâtiments claustraux, transformés en ferme.

LES ROCHES, *Rupes*[1], sous le vocable de Notre-Dame, fondée en 1134 avec des religieux de Pontigny avec le concours des barons de Donzy et des seigneurs du voisinage. Cette maison, pillée par les Huguenots, fut restaurée au siècle suivant. On voit encore une partie des bâtiments claustraux et un moulin.

PONTIGNY, *Pontiniacum*[2], l'une des quatre filles de Cîteaux, fon-

---

SOULTRAIT, 102. — JANAUSCHEK, I, 7. — Gallia christiana, XII, 455-459 ; instrum. 110, 138.

1. Com. Myennes, cant. et arr. Cosne. — 38 art. aux arch. départ. Nièvre, sér. II, où un inventaire. — Registre de revenus (XIIIe, XIVe s.). Bib. nat. nouv. acq. lat. 881. — Papsturkunden in Frankreich, par WIEDERHOLD, V, 14. — POTHAST, Innocent II (1142), 8258. — Actes du Parlement de Paris, 663. — Sceau d'un abbé (1248), dans DOUET D'ARCQ, 8997. — LEBEUF, I, 289 ; III, 445 ; IV, 38. — CHOSNIER, I, 429-431. — DE SOULTRAIT, 89. — JANAUSCHEK, 45. — Gallia christiana, XII, 465-470 ; instrum. 113, 119, 121, 123, 132, 140, 186.

2. Cant. Ligny, arr. Auxerre, Yonne. — Inventaire sommaire des archives départementales sér. II, t. III, par MOLARD, VIII-X, 321-430. — Cartulaire de l'abbaye de Pontigny (1119-1270). Bib. nat. ms. lat. 8987. Autre cartulaire du XIVe s., 5465. — Recueil de titres formé par GAIGNÈRES, ibid., 17049, f. 317-369. Coll. BALUZE, LXXV, 17-33. Coll. DUCHESNE, LXXIV, 88-95 ; LXXVI, 107-117. ms. lat. 12691, f. 281. — Bibliographie générale des Cartulaires, par STEIN, n°s 3061-3063, p. 418; — Arch. nat. S. 3304. — Bib. Auxerre, coll. de Bastard, 28, 31. — Manuscrits provenant de l'abbaye, Bib. Auxerre. *Catalogue général des manuscrits*, t. VI, 5. Bibliothèque de l'école de médecine de Montpellier, ms. 12, 13, 21, 26, 50, 60, 91, 145, 369. Bibliothèque de Cheltenham, *Bib. éc. chartes*, L (1889), 207. — Codices manuscripti bibliothecæ Pontiniaci, dans *Bibliotheca... de* MONTFAUCON, II, 1334, et *Catalogue général des manuscrits des Bibliothèques des départements*, I, 697-717. — Ueber mittelalterliche Bibliotheken, von TH. GOTTLIEB, 136. — Catalogue général des documents et manuscrits, dans *Cabinet historique*, II, II (1856), 28-29. — Catalogus librorum bibliothecæ Pontiniacensis, diges-

dée en 1114, eut pour premier abbé Hugues de Mâcon, plus tard évêque d'Auxerre. Thibault le Grand, comte de Champagne, son principal bienfaiteur, fit construire la belle église, qui existe encore. Entre autres personnages illustres, saint Edme, la reine Adèle de Champagne, Hervé, comte d'Auxerre, y choisirent leur sépulture. Les rois de France ont entouré l'abbaye d'une protection spéciale.

---

tus a DOMNO DEFAQUY (1778), *Bib. Auxerre, ms.* 226; 262. — Abrégé chronologique de l'histoire de l'abbaye et des abbés de Pontigny, par DOM ROBINET, religieux de l'abbaye de Chaalis et procureur de Pontigny, jusqu'à l'abbé Jean Dupaty, *Ibid., ms.* 222-224. — Abrégé historique de l'abbaye et des abbés de Pontigny, *ms.* 225.

POTHAST. Innocent II (1139, 1142), 7959, 8259; Adrien IV (1157), 10275, 10374; Alexandre III (1160, 1165-1167, 1170), 10624, 11193, 11290, 11295, 11358, 11435, 11894; Célestin III (1193), 16993; Honorius III (1217-1220, 1222), 5511, 5535, 5949, 6157, 6191, 6889'; Innocent IV (1244, 1245, 1247, 1250, 1255), 11347, 11645, 11833, 13990, 14139, 15774, 15808, 15818; Alexandre IV (1260), 17894. — Cartulaire général de l'Yonne, par QUANTIN, I, 563-565; II, 526-528. — Recueil de pièces du XIIIe s., par LE MÊME, 436-437. — LEBEUF, IV, 55, 62, 65, 68, 87, 93, 106, 114, 149, 174, 215, 333. — Louis VI, par LUCHAIRE, nos 439, 554, 563, 606. — Catalogue des actes de Philippe-Auguste, par L. DELISLE, nos 29, 36, 1314, 2099. — Layettes du trésor des chartes, I, 272. — Actes du Parlement de Paris, nos 702*, 4002. — Arrêts du Conseil d'État sous Henri IV, par VALOIS, 13334. — Obituaires de la province de Sens, III, 453.

Factum pour Dom Mathieu de Mesgrigny, abbé de Pontigny, demandeur et complaignant pour raison du possessoire de la dite abbaye, contre Dom Placide Petit, soi-disant procureur général des monastères prétendus de l'étroite observance dudit ordre de Citeaux. S. l., 1644, in-4. — Réponse de Dom Placide Petit... S. l. n. d., in-4. — Pour Dom Placide Petit, appelant comme d'abus et défendeur, contre Dom de Mesgrigny, prétendu élu de Pontigny, intimé et demandeur. S. l. n. d. in-4. — Traduction d'une excellente lettre d'Etienne, évêque de Tournai, écrite à Robert, prieur de Pontigny, pour justifier et encourager quelques religieux de l'ordre de Grandmont, qui étaient entrés dans l'ordre de Citeaux, avec une édition de la lettre latine plus correcte. *Paris*, 1652, in-4. — Factum pour l'abbé de Pontigny contre les proviseur, procureur, et écoliers du collège des Bernardins. S. l. n. d., in-4. — Récit sommaire de l'élection abusive de Dom Jacques Bourgeois, soi-disant abbé de Pontigny, contenant pareillement les abus et faussetés des bulles par lui surprises à Rome. S. l. n. d., in-4. — Réponse au factum de

Plusieurs, Louis VIII, Philippe-Auguste, Louis XI, la visitèrent. Les Huguenots la pillèrent en 1568. L'église est devenue paroissiale. Des missionnaires diocésains ont occupé au XIXe siècle ce qui reste des édifices claustraux.

REIGNY, *Reyniacum*[1], sous le vocable de Notre-Dame, fondée avec

Guion Paties, curé d'Evrolles, pour les religieux, abbé et convent de Pontigny, demandeurs. *S. l. n. d., in-fol.*

MONCEAUX, 120-123, 316, 717. — Sceaux, dans DOUET D'ARCQ, 8336 ; abbé (1187, 1218, 1325), 8952-8954 ; Jean (1366), 8955 ; Pierre (1379), 8956 ; Jean (1404), 8957.

Historia Pontiniacensis monasterii, per chartas et instrumenta ejusdem monasterii, dans *Novus Thesaurus* de MARTÈNE, III, 1221-1266. — Sancti Edmundi, Cantuariensis episcopi, vita et miracula † 1242, dans *Thesaurus Anecdot.* de MARTÈNE, III, 1775-1898. — Life of St Edmund of Canterbury, par WALLACE. *Londres*, 1893, *in-8.* — Pierre, abbé de Pontigny, dans *Hist. littér. France*, XVI, 431. Jean, abbé (1244), Ibid. XXI, 796. — Hugues de Mâcon, abbé de Pontigny et évêque d'Auxerre, par RAMEAU, dans *Rev. soc. littér. Ain* (1881), 60-70. — Rapport sur les documents concernant l'abbaye de Pontigny et la ville de Saint-Florentin. Notice sur Jean Depaquy, dernier abbé de Pontigny, par CORNAT, dans *Bul. soc. Yonne* XII, (1858), 240. — Histoire de l'abbaye de Pontigny, par HENRY. *Auxerre*, 1839, *in-8.* — L'abbaye de Pontigny, par CHAILLOU DES BARRES. *Auxerre*, 1844, *in-8*, et dans *Annuaire historique de... Yonne*, VIII, 105-210. — Notice sur l'abbaye et sur l'église de Pontigny, par A. C. D., dans *Univers. cathol.*, XII (1841), 381-394. — Notice sur des tombeaux qui existent dans l'église de Pontigny, par QUANTIN, dans *Bul. soc. Yonne*, I (1847), 273. — Tombeau d'Alix, troisième femme de Louis le Jeune, dans l'église de Pontigny, par GROUET. *Beaune*, 1847, *in-4.* — La citerne de Villiers-la-Grange, par ERNEST BLIN, dans *Bul. soc. Yonne* (1908), 213-216. — Répertoire archéologique, par QUANTIN, 47-49. — Congrès archéologique de France, LXXIV, 199-204.

Gallia christiana, XII, 439-453 ; instrum. 110, 111, 185, 186. — JANAUSCHEK, 4. — La Révolution dans le département de l'Yonne, par MONCEAUX, 160.

1. Com. et cant. Vermanton, arr. Auxerre. — *Inv. som. arch. départ. Yonne*, sér. II, t. III, par MOLARD, VIII, 430-476. — Cartulaire de l'abbaye de Reigny (1100-1492). *Bib. nat. ms. lat. 17725.* — Recueil de pièces, 17049, 389-400, *Nouv. acq. lat.* 2316, n° 1. — *Arch. nat.* LL 988 *bis.* — Bib. Reims, rec. Tarbé, cart. XII, 94. — POTHAST, Eugène III (1147), 9121 ; Adrien IV (1156-1158), 10352, 10353 ; Alexandre III (1165),

des moines de Clairvaux sous l'épiscopat de Hugues de Montaigu
(1128). De l'église et du monastère, qui étaient d'une architecture
remarquable, il ne reste que le réfectoire (XIIIe s.), transformé en
grange.

Chanoines réguliers

SAINT-PIERRE D'AUXERRE, *Sanctus Petrus Autissiodorensis* [1], fondée par l'évêque Humbaud (XIIe s.) auprès d'une église remontant
au VIIe siècle. Les religieux entrèrent dans la Congrégation de
France (1635). L'église est devenue paroissiale.

SAINT-LAURENT, *Sanctus Laurentius de Abbatia* [2], dont l'origine

---

1187 ; Innocent III (1199), 688. — WIEDERHOLD, V, 20. — Cartulaire
général de l'Yonne, par QUANTIN, I, 566 ; II, 528-529. — Recueil de
pièces, par LE MÊME, 437. — LEBEUF, IV, 42, 45, 81. — Actes du Parle-
ment de Paris, 1883. — La Révolution..., par MONCEAUX, 717. —
Sceau d'un abbé (1257), dans DOUËT D'ARCQ, 8988 ; Jacques de la
Clayette (1538), 8989. — Annuaire historique... Yonne, XIV, 145-154. —
Gallia christiana, XII, 459-465 ; instrum. 107, 119, 120, 129, 141. —
JANAUSCHEK, 15.

1. Inv. som. arch. départ. sér. II, t. III, 1, par QUANTIN, 302-306, où
l'on conserve un Cartulaire du XVIIe siècle. — Bib. Auxerre, ms. 272,
169. Bib. Troyes ms. 2764. — Notes de DOM VIOLE, *Bib. Auxerre*, ms. 155.
— L'histoire de l'abbaye de Saint-Père d'Auxerre depuis la réformation
(1635-1656), *Ibid.*, ms. 170. — Bib. Sainte-Geneviève ms. 608 f. 469 ;
1919, f. 51 ; 2546. — Arch. nat. S. 3304. — Obituaires de la province de
Sens, III, 275-278. — Cartulaire général de l'Yonne, par QUANTIN, I, 557 ;
II, 520. — Recueil..., par LE MÊME, 435. — LEBEUF, IV, 31, 33, 36, 40,
51, 85. — MONCEAUX, 135, 193, 718. — DOUËT D'ARCQ, 8143 ; sceau de
l'abbé Arnoul (1209), 8512. — Notice sur l'abbaye de Saint-Pierre d'Auxerre, par DE FOUROLLES, dans Annuaire... Yonne, VI, 186-199. Ibid. XIII,
163. — État de la paroisse de Saint-Père en Vallée à Auxerre en 1679,
par QUANTIN, dans *Bul. soc. Yonne*, VIII (1854), 361. — Notice sur la
découverte d'un chapiteau roman dans l'enclos de l'abbaye de Saint-
Pierre d'Auxerre, *Ibid.*, I (1847), 207. — Répert. archéol., par QUANTIN,
13. — Congrès archéol., LXXIV, 193. — Gallia christiana, XII, 434-439 ;
instrum. 134. — LEBEUF, III, 529-534.

2. Cant. Pouilly, arr. Cosne, Nièvre. — 6 art. aux arch. départ.
sér. II. — Bib. Sainte-Geneviève ms. 608, 985. — LEBEUF, IV, 163, 326.

est fixée au VIᵉ siècle. On la connut sous le nom de *Longorotense monasterium Albatorum*. L'évêque Robert y introduisit les Chanoines Réguliers (1070-1084). Ils reçurent de nombreuses églises dans les diocèses de Nevers et d'Auxerre. Au XVIIᵉ siècle, ils entrèrent dans la Congrégation de France. Leur église (XIIᵉ s.) est devenue paroissiale.

Ordre de Prémontré

SAINT-MARIEN D'AUXERRE, *Sanctus Marianus Autissiodorensis* [1], fondée par saint Germain sous le vocable de saint Côme, abandon-

---

— Actes du Parlement de Paris, 711*, 3039. — DENIFLE, I, 42. — CROSNIER, I, 171-181. — Abbaye de Saint-Laurent de Cosne, épisode de la vie conventuelle dans le diocèse d'Auxerre à la fin du XVIIᵉ s., dans *Almanach... Yonne* (1882). — Répert. archéolog., par DE SOULTRAIT, 106. — Gallia christiana, XII, 430-434. — Arrêt contradictoire du Parlement, qui, ayant égard à une inscription en faux formée par Louis-Thomas d'Aquin, abbé de Saint-Laurent, contre un article faussement ajouté, par Ch. Carroué et G. Dappoigny, sa femme, fermiers de la dite abbaye, dans un état fait en double (20 avril 1706). *Paris, s. d., in-4.*

1. Inv. som. arch. départ. sér. II, III, 273-302. — Recueil de titres ou Cartulaires, *Ibid.*, STEIN, nᵒˢ 290-292, p. 41. — Bib. nat. ms. lat. 17724. — Bib. Auxerre ms. 145, 205, 260. — POTHAST, Alexandre III (1162, 1159), 10723, 13144, 13731, 13732 ; Alexandre IV (1257), 17715. — WIEDERHOLD, V, 19, 25, 33, 73. — Cartulaire général, par QUANTIN, I, 557; II, 520-521. — Recueil..., par LE MÊME, 435. — Actes de Louis VII, par LUCHAIRE, 254, 488, 490, 507. — LEBEUF, IV, 469. — MONCEAUX, 118, 122, 152, 718. — Actes du Parlement de Paris, 1748. — Sceaux, dans DOUET D'ARCQ, 8142; de l'abbé Guerri (1260), 8510; de Jean IV (1469), 8511. — Mémoire pour les chanoines réguliers de Saint-Marien d'Auxerre contre le nommé Bourdillat. *Paris*, 1730, *in-fol.* — Mémoire pour Bourdillat, marchand tanneur à Auxerre, contre les religieux de Saint-Marien. *S. l., n. d., in-fol.* — Recueil des actes du clergé, IV, 1258. — Annuaire historique... Yonne, XIII, 153-160. — Notice sur l'auteur de la Chronique de Saint-Marien de Robert d'Auxerre et sur une nouvelle édition de cet ouvrage, par QUANTIN, dans *Bul. soc. Yonne*, XXXVII (1883), 159. — Histoire littéraire de la France, XVII, 110; XXXII, 503-535; 618. — Mémoire pour la vérification des reliques prétendues de saint Germain, évêque

née à la suite des invasions normandes, donnée par Guillaume,
comte d'Auxerre, aux religieux Prémontrés (1138). Ils transportè-
rent leur abbaye dans l'intérieur de la ville au prieuré de Notre-
Dame la d'Hors, pendant les guerres de religion (1590), qui prit le
titre de Saint-Marien. La bibliothèque possédait une riche collection
de manuscrits.

Abbayes de femmes

Ordre de Saint-Benoît

SAINT-JULIEN D'AUXERRE, *Sanctus Julianus*[1], fondée par saint Pallade, évêque d'Auxerre (634), prospère durant la période carolin-

---

d'Auxerre, trouvées en 1717 dans l'abbaye de Saint-Marien, par DETTEY.
Paris, 1754, *in-8.* — Mémoires de Trévoux, oct. 1754, p. 2680. — LEBEUF,
II, 516-527. — Gallia christiana, XII, 470-480 ; instrum. 118, 126, 168,
196.

   1. Inv. som. arch. départ. sér. II, III, ix, 482-511. — Fragment de cartulaire du XIII⁰ s. *Ibid.* — Bib. Semur ms. 116. — Cabinet historique
II, ii (1856), 25-26. — Die Urkunden des Karolinger, von SICKEL, 372. —
POTHAST, Lucius III (1182), 14572 ; Célestin III (1196), 17451. — WIEDER-
HOLD, V, 24. — Cartulaire général, par QUANTIN, II, 520. — Recueil...,
par LE MÊME, 435. — LEBEUF, IV, 469. — MONCEAUX, 121-124, 140, 152,
718. — DOUET D'ARCQ, 8141 ; sceau de l'abbesse Marguerite (1241), 9186 ;
de Marguerite de Saigny (1538), 9187. — Factum, pour les religieuses de
Saint-Julien d'Auxerre contre plusieurs habitants de Coulanges. *S. l.,*
1668, *in-4.* — Les Constitutions pour les religieuses bénédictines de la
réforme de l'abbaye de Notre-Dame de Saint-Julien-lès-Auxerre. *S. l.
n. d., in-8.* — Histoire de l'abbaye de Saint-Julien d'Auxerre, par FRAP-
PIER. *Auxerre,* 1777, *in-12.* — Notice sur l'ancienne abbaye de Saint-
Julien d'Auxerre, par SALOMON, dans *Bul. soc. Yonne,* III (1848), 489-525,
et *Annuaire hist. Yonne,* XIII, 219-246. — Même recueil, XIV, 158 ; XVI,
185-190. — Oraison funèbre d'Anne d'Autriche prononcée dans l'église
de l'abbaye royale de Saint-Julien d'Auxerre, par FERNIER. *Paris,* 1666,
in-4. — Gallia christiana, XII, 414-424 ; instrum. 101, 128, 137, 139, 142,
148, 182, 186.

gienne et le Moyen-Age, très éprouvée par la guerre de Cent ans et les guerres de religion. Les religieuses se réfugièrent à Charentenay (1590) pour revenir à Auxerre en 1649. Elles avaient adopté (1645) les observances suivies au monastère parisien du Val-de-Grâce.

CRISENON, *Crisenno*[1], prieuré de Molesmes sous le vocable de Notre-Dame, fondé auprès d'une chapelle bâtie (1030) par les soins d'Alix, fille du roi Robert. Les moines furent remplacés par des religieuses (1130). Les seigneurs du voisinage furent au nombre de ses bienfaiteurs. Il ne reste rien de l'église ni des édifices claustraux.

Ordre de Cîteaux

NOTRE-DAME-DES-ILES, *Insulæ Beatæ Mariæ*[2], fondée par l'évêque Guillaume de Seignelay à Celles, paroisse de Saint-Georges, trans-

1. Com. Prégilbert, cant. Vermanton, arr. Auxerre. — Inv. som. arch. départ. sér. II, III, xi, 543-556. — Cartulaire de l'abbaye de Crisenon (XIIIe s.), Bib. nat. ms. lat. 9885. — Ibid., 12666 f. 67. — Factum pour les dames abbesse et religieuses de Notre-Dame de Crisenon, appelantes d'une sentence rendue en la chambre du domaine, du 16 septembre 1701, contre Radegonde Gobin, se disant sœur et unique héritière de François Gobin, intimée. *Paris, s. d., in-fol.* — Cabinet historique, II, ii, (1856), 30-31. — POTHAST, Innocent II (1140), 8104; Eugène III (1145, 1146), 8811, 8846; Alexandre III (1179), 13470; Lucius III (1182), 14597, 14602; Célestin III (1197), 17368; Clément IV (1267), 20159. — WIEDERHOLD, V, 24, 86, 100, 101. — Cartulaire général de l'Yonne, par QUANTIN, I, 559; II, 522. — Recueil..., par LE MÊME, 436. — LEBEUF, 471. — MONCEAUX, 717. — DOUET D'ARCQ, 8451; sceau de Catherine de Montsaunin (1539), 9199. — Notice sur l'abbaye de Crisenon, par LECLERC, dans *Annuaire histor. Yonne*, VIII, 25 et s.; XVI, 198. — Gallia christiana, XII, 424-435; instrum. 104, 117, 133, 165. — Cartulaire de l'abbaye de Molesme, par LAURENT, Introduction, 226.

2. Inv. som. arch. départ. sér. II, III, x, 511-527. — POTHAST, Innocent IV (1267), 12656. — Recueil de pièces du XIIIe s. par QUANTIN, 436. — LEBEUF, IV, 458-459. — DENIFLE, I, 65. — MONCEAUX, 160, 191, 317. — Annuaire histor. Yonne, XVI, 191, 194. — Cabinet historique, XII, ii, 26. — DOUET D'ARCQ, 8442. — Gallia christiana, XII, 480-482, instrum. 153, 154, 162. — CROSNIER, II, 40-51.

férée à Anglaine, sur les bords de l'Yonne, par Gui de Forez, comte
d'Auxerre en 1229. Les religieuses s'installèrent dans la ville
d'Auxerre en 1636.

Maisons Conventuelles

Ordre de Saint-Benoît

LA CHARITÉ-SUR-LOIRE, *Charitas Sanctorum* [1], dont le berceau fut
une celle en l'honneur de Notre-Dame, remontant au commencement du VIII° siècle, d'après une chronique locale, donnée par
l'évêque d'Auxerre, Geoffroy de Champallement, à saint Hugues
de Cluny (1059), qui y envoya une colonie de moines sous la con-
duite du prieur saint Girard. Ce monastère porta dans l'ordre le

---

1. Chef-l. cant., arr. Cosne, Nièvre. — 32 art. aux arch. départ. sér. II,
où un inventaire. — Chartes originales de l'abbaye de Cluny relatives
au prieuré de la Charité-sur-Loire, *Bib. nat. nouv. acq. lat.* 2274, 2275.
Fonds de Cluny, par L. DELISLE, 293-298. — Transaction (1242); *Ibid.*,
nouv. acq. lat. 2298. Charte de Milon, prieur (1273), 2298 ; actes du chapitre général (1299), charte de Pierre, prieur, 1675, nᵒˢ 4 et 5. — Mémoires et extraits, *ms. lat.* 12665, 12666, 12668, 12690. — Pièces diverses,
ms. fr. 15720 f. 463 ; 16751 f. 64. — Bib. Nevers ms. 12. — Abrégé historique du prieuré et de la ville de la Charité, par POUPARD, curé de
Sancerre (XVIIIᵉ s.) *Bib. nat. nouv. acq. ms. fr.* 1224.
Cartulaire du prieuré de La Charité-sur-Loire, ordre de Cluny, par
R. DE LESPINASSE. *Nevers*, 1887, in-8. — POTHAST, Pascal II (1107), 6127;
Lucius II (1144), 8572 ; Adrien IV (1156), 10164; Alexandre III (1163-
1164), 10971 ; Lucius III (1183, 1185), 14852, 15390; Célestin III (1192),
16921; Innocent III (1202-1206, 1212, 1214, 1216), 1678, 1909, 2178,
2415, 2787, 4381, 4551, 4627, 4924, 5063 ; Honorius III (1216), 5382ᵈ,
25698; Grégoire IX (1228), 8215. — Papsturkunden in Frankreich, von
WIEDERHOLD, V, 14, 34. — Recueil des chartes de Cluny, par BRUEL, IV,
451 ; V, 204, 260, 432, 720, 764 ; VI, 5, 14, 31, 39, 49, 55, 56, 59, 95, 121,

nom de *Fille aînée de Cluny*. Ses moines se firent un grand renom
de charité. Il reçut des donations importantes, et de nombreux
prieurés étaient sous sa dépendance immédiate. La vie conventuelle
s'y conserva jusqu'au moment de la révolution. L'église, consacrée
en 1107, est paroissiale. On voit encore la plus grande partie des
édifices claustraux.

123, 129, 131, 132, 135, 149, 151, 154, 168, 387, 398, 446, 641, 893. —
Recueil des pièces (XIII⁰ s.), par QUANTIN, 418. — Louis VI, par LUCHAIRE,
nᵒˢ 46, 275, 276, 621. — Catalogue des actes de Philippe-Auguste, par
L. DELISLE, nᵒˢ 50, 110, 190, 191, 735, 2095. — DENIFLE, I, 40-41. —
Layettes du trésor des chartes, I, 148 ; II, 276. — Actes du Parlement
de Paris, nᵒˢ 98, 337, 647*, 681*, 689, 808*, 1136, 1250, 1251, 1252,
1318, 1544, 1760, 1838, 2128, 2834, 3007, 4230. — Ordonnances des Rois
de France (mars 1337 et juin 1387), VII, 167 ; (mai 1361), III, 500 ; (5 juin
1383), VII, 19. — Note relative à la collation du prieuré de la Charité-
sur-Loire, réclamé pour son fils par le duc de Nevers, contre son cou-
sin germain le cardinal de Guise (1614). *S. l. n. d. in-4.* — Mémoire
pour le cardinal de Bouillon, abbé de Cluny, le procureur général du
même ordre, les religieux, prieur claustral et convent de la Charité,
contre Pierre Salle, promoteur en l'officialité d'Auxerre et les prêtres de
la Mission, directeurs du séminaire de Poitiers. *S. l. n. d. in-4.* — Sceau,
dans DOUET D'ARCQ, 9390-9393 ; de prieurs 9495-9499.

Nécrologe de La Charité-sur-Loire, par DE L'ESPINASSE. *Paris*, 1887, in-8.
— Obituaires de la province de Sens, III, 281-288. — Notitia de funda-
tione (1056), dans DOM BOUQUET, XIV, 41-45 ; Récit de la dédicace par
Pascal II (1107), IBID., 120. — Chroniques, dans *Mélanges curieux*, par
LABBE, II, 529. — Prise de possession du prieuré de La Charité par
Guillaume de Poitiers, par E. DUMINY. *Nevers*, 1895, in-8 ; ext. *Bul. soc.
Nivern.* — Reconnaissance par les habitants de La Charité des droits du
prieur en 1667, par LE MÊME. *Nevers*, 1896, in-8 ; ext. *même recueil.* —
Sur le siège de La Charité en 1577, par DELAROCHE, dans *Bul. soc. Niver-
nais*, II (1855), 193. — Insurrection des serfs du prieuré de Sainte-Mil-
burge de Wenlock, dépendant de La Charité-sur-Loire, vers 1163, par
EYSENBACK, dans *Bib. éc. chartes*, III (1842), 559-567. — The chartulary
of S. John of Pintefract. *Yorkshire archæological Society*, XXV, XXX (1899-
1902), in-8. Rev. bénédictine, XX (1903), 413.

Abrégé historique du prieuré et de la ville de La Charité-sur-Loire,
par BERNOT DE CHARAU. *Bourges*, 1709, in-8. — Histoire de La Charité-
sur-Loire, par LEBEUF. *La Charité*, 1896, in-8. — Études sur la ville de
La Charité-sur-Loire, par FRESNE. *Paris, s. d., in-8.* — Excursion à La

Les Bénédictines eurent des maisons à La Charité-sur-Loire [1], fondée sous le titre du *Mont de Piété* en 1624 par Pierre de Broc et Edmée Thibault, sa femme, et mise sous la dépendance du Val-de-Grâce ; à Cosne [2], fondée en 1658 par l'évêque Pierre de Broc, où l'on suivait les mêmes observances ; et à Saint-Fargeau [3], fondée en 1649.

Chanoines réguliers et Grandmontains

Saint-Eusèbe d'Auxerre [4], ancien monastère, fondé par saint Pallade, évêque d'Auxerre (VIIe s.), ruiné pendant les invasions

Charité-sur-Loire, par Crosnier, dans *Congrès archéol.* XVIII (1851), 304-314. — Excursion à La Charité-sus-Loire, par de Flamare. *Nevers*, 1899, in-8 ; ext. *Bul. soc. Nivern.* — L'église de La Charité-sur-Loire, par André Philippe, dans *Bul. monum.* LXIX (1905), 468-500. — Voyage littéraire, par Martène et Durand, 36-38.

Gallia christiana, XII, 403-414 ; instrum, 102, 103, 114, 150, 157, 173. — Crosnier, I, 327-421. — Répertoire archéologique, par de Soultrait. 76-81.

1. Arch. départ. Nièvre, sér. H. — Crosnier, II, 35-40. — Monceaux, 152.

2. Ibid. — Crosnier, II, 40.

3. Chef-l. cant., arr. Joigny, Yonne. — Inv. som. arch. départ. sér. II, III, 557-558. — Registre des actes capitulaires (1747-1757), *Bib. Auxerre*, ms. 283. — Monceaux, 720.

4. Inv. som. arch. départ. Yonne, sér. II, t. III, 310-315. — Cartulaire général de l'Yonne, par Quantin, II, 142. — Recueil des pièces, par le même, 85, 680. — Lebeuf, IV, 43, 134. — Monceaux, 118 et s., 731. — Annuaire historique... Yonne, XIII, 167. — Notice sur Saint-Eusèbe d'Auxerre, par Lescuyer, dans *même recueil*, III, 518-525. — Notice sur Saint-Eusèbe d'Auxerre, par Quantin. *Ibid.*, 103-107. — Discussions archéologiques sur la tour de l'église primitive de Saint-Eusèbe, par Vachey. *Ibid.*, XIII, 22. — L'église Saint-Eusèbe d'Auxerre, par le même, dans *Bul. soc. Yonne* (1848), 131-186. — Considérations sur le style des nefs de l'église Saint-Eusèbe, par le même. *Ibid.* (1849), 83-91. — Essai sur l'histoire de l'église Saint-Eusèbe d'Auxerre, par Dufournet. *Auxerre*, 1902, in-16. — Congrès archéologique de France, LXXIV, 188-193. — Répertoire archéol., par Quantin, 9-10. — Lebeuf, II, 528-535. — Gallia christiana, XII, 136.

normandes, confié à des chanoines en 1051, pillé par les Huguenots (1567) et donné aux chanoines réguliers de la Congrégation de
France (1654). L'église est devenue paroissiale.

L'Epeau, *Spallum*[1], monastère de la Congrégation du Val-des-
Choux fondé par Hervé de Donzy, comte de Nevers (1214), sous
le vocable de Notre-Dame ; pillé par les Huguenots. Il reste le logis
du prieur et des débris de l'église.

Prieurés

Auxerre, *Saint-Amatre*, *Sanctus Amator*[2], fondé avec des chanoines réguliers par l'évêque Hugues de Montaigu (1151), autour
d'une église remontant au VIe siècle, soumis à l'abbaye de Saint-
Satur, au diocèse de Bourges (1164). *Saint-Gervais*[3], propriété des
moniales de Crisenon, donné à l'abbaye de Molesme (1137) par
l'évêque d'Auxerre. *Saint-Pèlerin*[4], donné par l'évêque Hugues de
Mâcon à l'abbaye de Saint-Père (1145). *Saint-Martin*, donné par le
même prélat aux Prémontrés de Saint-Marien, ainsi que *Notre-*

---

1. Com. et cant. Donzy, arr. Cosne, Nièvre. — Quelques pièces aux
Arch. départ. sér. H. — Crosnier, ouv. cit., I, 452-457. — Répert.
archéol., par de Soultrait, 99.

2. Inv. som. arch. départ. sér. II, t. III, 306-310. — Cartulaire général de l'Yonne, par Quantin, I, 284 ; II, 121. — Recueil des pièces, par
le même, 435. — Lebeuf, IV, 34. — Monceaux, 731. — Annuaire historique Yonne, XIII, 169. — Lebeuf, II, 534-538. — Gallia christiana, XII,
127. — Mémoire pour les officiers municipaux et le chapitre d'Auxerre
contre le fr. Pasquier, prieur-curé de Saint-Amatre-lès-Auxerre. *Paris*,
1786, *in-4*.

3. Inv. som. arch. départ. sér. II, III, 315 ; où l'on conserve le cartulaire. — Cartulaire génér., par Quantin, I, 415 ; II, 260. — Recueil...,
par le même, 435. — Lebeuf, IV, 256. — Monceaux, 121. — Annuaire
hist. Yonne, XIII, 170. — Cartulaire de l'abbaye de Molesme, par Laurent. Introduction, 243.

4. Cartulaire..., par Quantin, I, 365. — Lebeuf, I, 306.

Dame la Hors[1]. Commanderie des *Chevaliers de Saint-Jean*, fondée à la fin du douzième siècle[2].

ANDRYES, *Andria*[3]. Saint-Robert, donné à La Chaise-Dieu par Geoffroy de Champallemand, évêque d'Auxerre (XIe s.), uni à la chartreuse de Basseville (XVIIIe s.). — BESSY, *Basseium*[4]. Saint-Jacques, dépendant de l'abbaye de Vézelay. — BLÉNEAU, *Blenellum*[5]. Saint-Cartaut, dépendant de l'évêché. — BOIS-D'ARCY, *Boscum Arciaci*[6]. Sainte-Radegonde, donné aux Chanoines réguliers de L'Artige, en Limousin, par Geoffroy d'Arcy. — BONNY, *Boniacum*[7]. Saint-Pierre, donné à l'abbaye de Fleury (XIe s.). — CESSY-LES-BOIS, *Sessiacum in nemoribus*[8]. Saint-Baudèle, dépendant de Saint-Germain d'Auxerre. — CHEVANNES[9]. Notre-Dame *de Beaulches, de Belchia*, dépendant de l'évêché. — CLAMECY[10]. *Beaulieu*,

---

1. LEBEUF, IV, 6. — MONCEAUX, 197, 397.
2. Inv. som. arch. départ. Yonne, sér. II, par MOLARD, IV, XVII-XX, 1-6. — Arch. nat. S. 5235, 5243, 5267; MM. 577. — Recueil de pièces du XIIIe siècle, par QUANTIN, 436. — Histoire des ordres religieux et militaires et de Saint-Jean de Jérusalem dans le département de l'Yonne, par LE MÊME, dans *Annuaire histor. Yonne*, 1882. — MONCEAUX, 319, 397, 723.
3. Cant. Coulanges-sur-Yonne, arr. Auxerre, Yonne. — Notice sur le prieuré de Saint-Robert d'Andryes, par BONNEAU, *Bul. soc. Yonne*, LX (1906), 211-229.
4. Cant. Vermanton, ibid. — Diction. topograph. du département de l'Yonne, 12. — Pouillé de la province de Sens, par LONGNON, 261.
5. Cant. et arr. Joigny. — Inv. som. arch. départ. sér. II, III, 478. — Etude historique sur Bléneau, par DEY, dans *Annuaire*, XII, 6-31.
6. Ibid. — Inv. som. arch. départ. Yonne, par MOLARD, III, 476-478. — Inv. som. arch. départ. Haute-Vienne, sér. D, par LEROUX, LV, 418. — Étude rurale. Bois d'Arcy et son prieuré, par PARAT, dans *Bul. soc. Yonne*, LV (1906), 29-78.
7. Cant. Briare, arr. Gien, Loiret. — Histoire de la ville, des seigneurs et du comté de Gien, par MARCHAND. Orléans, 1885, in-12, p. 87.
8. Cant. Donzy, arr. Cosne, Nièvre. — Inv. som. arch. départ. Yonne, sér. II, t. III, 244. — POTHAST, Innocent III (1212), 4535.
9. Cant. et arr. Auxerre, Yonne. — Ibid., 478.
10. Chef-l. arr. Nièvre. — CROSNIER, I, 456.

Bellus locus, dépendant de l'Epeau. — CONVOL-L'ORGUEILLEUX[1].
Saint-Marc de *Fontenay, de Fonteneio,* de l'ordre de Grandmont,
dont la fondation doit être placée entre 1140 et 1163. — COSNE[2].
Saint-Aignan, fondé au XI° siècle et donné à la Charité-sur-Loire.
L'église est devenue paroissiale. — DAMMARIE-EN-PUISAYE, *Dampna
Maria*[3]. — DIGES[4]. *Arquencuf, Riconorum, Ricognentum,* doyenné,
dépendant de Saint-Germain d'Auxerre. — DONZY[5]. Notre-Dame *du
Pré, de Prato,* donné en 1109 par Hervé, baron de Donzy, à l'abbaye
de Cluny ; on voit encore les ruines de l'ancienne église.

ENTRAIN[6]. Saint-Nicolas de *Réveillon,* dépendant du monastère
de L'Epeau, fondé avant 1250. — ESCOLIVES[7]. *La Saulce, Salix,*
commanderie de Chevaliers de Malte, membre de celle d'Auxerre.
— GARCHY, *Garchiacum*[8]. Saint-Martin. — GIEN[9]. Saint-Pierre de
Gien-le-Vieil, de Giemo vetere, dépendant de Fleury-sur-Loire. —
LAVAU[10]. *Plainmarchais, Planum marchesium,* fondé par Guy de
Mello, évêque d'Auxerre (1249), donné aux Chanoines du Val-des-
Choux, uni à l'hôpital de Saint-Fargeau (1770). — LUCY-SUR-CURE,

---

1. Cant. Varzy, arr. Clamecy, Nièvre. — CROSNIER, I, 461. — Destruction de l'Ordre de Grandmont, par L. GUIBERT, 854.
2. Chef-l. arr. Nièvre. — Arch. départ. sér. II. — Répertoire archéolog.,
par DE SOULTRAIT, 85-86.
3. Cant. Briare, arr. Gien, Loiret. — LONGNON, *ouv. cit.,* 248.
4. Cant. Toucy, arr. Auxerre, Yonne. — ID., 261. — Inv. som. arch.
départ. sér. II, III, 257-259.
5. Chef-l. cant., arr. Cosne, Nièvre. — Arch. départ. sér. H. — CROS-
NIER, I, 422-425. — POTHAST, Anastase IV (1154), 9869, 9890. — Répertoire archéol., par DE SOULTRAIT, 97. — Gallia christiana, XII, 128.
6. Cant. Varzy, arr. Clamecy, Nièvre. — Histoire d'Entrain, par BAU-
DIAU, 63.
7. Cant. Coulanges-les-Vineuses, arr. Auxerre, Yonne. — Inv. arch.
départ. sér. II, par MOLARD, IV, XVII-XX, 4. — Arch. nat. S. 6003-6006.
8. Cant. Pouilly, ibid.
9. Chef-l. arr. Loiret. — Bib. Nat. Recueil Thoisy, I, 313.
10. Cant. Saint-Fargeau, arr. Joigny. — CROSNIER, I, 456.

Luciacum [1]. Saint-Amatre, donné à l'abbaye de Molesme par Pierre de Chatel-Censoir (1091-1106). — MARCY, *Marciacum* [2]. Sainte-Geneviève.— MIGÉ, *Migetum* [3]. Saint-Romain, dépendant de l'évêché. — MOUTIERS, *Monasteria* [4]. Saint-Pierre, ancien monastère remontant au VIIIe siècle, donné à Saint-Germain d'Auxerre par l'évêque Héribert (Xe s.), uni à la fabrique de l'église en 1413. — NITRY. *Neutriacum* [5]. Saint-Christophe, donné à l'abbaye de Molesme par Guibert de Chatel-Censoir et Reine, son épouse, de 1085 à 1095. — OUANNE, *Oanna* [6]. Notre-Dame, dépendant de l'évêché.

SACY, *Sassiacum* [7]. Saint-Jean, commanderie de Chevaliers de Malte, membre de celle d'Auxerre. — SAINT-ANDELAIN, *Sanctus Andelanus* [8]. — SAINT-BRIS, *Sanctus Britius* [9], commanderie de Chevaliers de Malte, qui avait d'abord appartenu aux Templiers. — SAINT-MARTIN-DE-TRONSEC, *de Tronciaco* [10], dépendant de Saint-Laurent de Cosne. — SAINT-PÈRE [11]. Commanderie de *Villemoison*. — SAINT-QUENTIN, *Sanctus Quintinus* [12], dépendant de Saint-Laurent

---

1. Cant. Vermanton, arr. Auxerre. — Cartulaire de l'abbaye de Molesme. Introd., 235.

2. Cant. Varzy, arr. Clamecy, Nièvre. — LONGNON, 240.

3. Cant. Coulanges-les-Vineuses, arr. Auxerre, Yonne. — LONGNON, 236.

4. Cant. Saint-Sauveur, arr. Auxerre. — Inv. som. arch. départ. sér. II, III, 246-247.

5. Cant. Noyers, arr. Tonnerre. — LONGNON, 236. — Cartulaire de l'abbaye de Molesme, par LAURENT. Introduction, 218.

6. Cant. Courson, arr. Auxerre. — Inv. som. arch. départ. sér. II, III, 479-480.

7. Cant. Vermanton, ibid. — Arch. nat. S. 5998-6000, 6002.

8. Cant. Pouilly, arr. Cosne, Nièvre. — LONGNON, 240.

9. Cant. et arr. Auxerre, Yonne. — Inv. som. arch. départ. sér. II, IV, x. — Arch. nat. S. 5992-5993. — Notice historique sur Saint-Bris, par QUANTIN, dans *Annuaire histor. Yonne*, II, 281-290 ; XVII, 344. — LEBEUF, IV, 54.

10. Cant. Pouilly, arr. Cosne. — LONGNON, 240.

11. Cant. et arr. Cosne. — CROSNIER, I, 470.

12. Cant. Pouilly. — LONGNON, 240.

de Cosne. — SAINT-SAUVEUR-EN-PUISAYE[1], dépendant de l'abbaye de
Saint-Germain d'Auxerre. — SAINT-VERAIN, *Sanctus Veranus*[2],
dépendant de la même abbaye. — TRACY, *Drassiacum*[3]. Saint-
Symphorien, dépendant de Saint-Laurent. — TREIGNY[4]. *Boutissaint,
Butissanum*, dépendant de Saint-Satur de Sancerre.

1. Chef-l. cant., arr. Auxerre, Yonne. — Inv. som. arch. départ. sér. II,
III, 248-250.
2. Cant. Saint-Amand, arr. Cosne, Yonne. — Ibid., 250.
3. Cant. Pouilly, ibid. — LONGNON, 240.
4. Cant. Saint-Sauveur, arr. Auxerre, Yonne. — ID., 256. — *Annuaire
histor. Yonne*, XXI, 260.

DIOCESE DE NEVERS[1]

[Nevers, en latin *Nivernensis*, capitale du Nivernais, située au bord de la Loire, qui passe sous un pont de pierre, composé de

---

1. Chef-l. départ. Nièvre. — Histoire du pays et duché de Nivernais, par Guy Coquille, sieur de Romenay. *Paris*, 1612, in-4; 1622, in-4. — Essais historiques sur le Nivernais, par Frasnay, 1738-1739. — Mémoires pour servir à l'histoire du Nivernais et Donziois, avec des dissertations, par Née de la Rochelle. *Paris*, 1747, in-12. — Histoire abrégée de la province de Nivernais, par Parmentier. *Nevers*, 1765, in-4. — Le Nivernais, album historique et pittoresque, par Morellet, Barat et Bussière. *Nevers*, 1838-1840, 2 vol. in-fol. — Album nivernais. *Prémery*, 1896-1898, in-8. — Tableau chronologique synoptique de l'histoire du Nivernais et du Donziois, en rapport avec l'histoire ecclésiastique et l'histoire de France, par Crosnier. *Nevers*, 1840, in-fol. — Recherches historiques sur la ville de Nevers, par Louis de Sainte-Marie. *Nevers*, 1810, in-8. — La commune de Nevers, origine de ses franchises, suivie d'un guide archéologique, par Rouvet. *Nevers*, 1881, in-12.

Origo et historia brevis Nivernensium comitum, dans *Nova bibliotheca manuscript.* de Labbe, I, 399-400. — Chronique des anciens comtes de Nevers, dans *Alliance chronologique* de Labbe, II, 538-561. — Nouvelles études sur les comtes et ducs de Nevers, par Crosnier, dans *Bul. soc. Nivernais* (1863), 477. — Sur la généalogie des comtes et ducs de Nivernais, par Rouvet. *Ibid.* (1867), 161. — Chroniques du Nivernais : les comtes et les ducs de Nevers, par Gillois. *Paris*, 1867, in-8. — Le Nivernais et les comtes de Nevers, par R. de Lespinasse. *Paris*, 1909, 1911, 2 vol. in-8. — Hervé de Donzy, comte de Nevers, par le même. *Nevers*, 1868, in-8. — Le Nivernais au XVIIe s. L'intendant Le Vayer, par le même. *Nevers*, 1900, in-8.

Chronique ou histoire abrégée des évêques et des comtes de Nevers,

vingt arches, au bout duquel il y a une levée fort large et fort longue, qui rend l'abord de cette ville, du côté de Moulins, magnifi-

---

écrite en latin au XVI° siècle et publiée par DE LESPINASSE. *Nevers*, 1873,
in-8; ext. *Bul. soc. Nivernais*. — Catalogue historial des évêques de
Nevers, par COTIGNON. *Paris*, 1616, *in-8*. — Hagiologie Nivernaise ou vies
des saints et autres pieux personnages qui ont édifié le diocèse de Nevers
par leurs vertus, par CROSNIER. *Nevers*, 1868, *in-8*. — Les congrégations
religieuses dans le diocèse de Nevers, par LE MÊME. *Nevers*, 1877-1881,
2 *vol. in-8*. — Mémoire sur les établissements religieux du Bourbonnais
dépendant du diocèse de Nevers, par MILLET, dans *Congrès archéol.
France*, XXI (1854), 148-161. — Étude sur la liturgie nivernaise, son origine et ses développements, par CROSNIER. *Nevers*, 1868, *in-8*. — Recherches sur les auteurs liturgiques du diocèse de Nevers, par LE MÊME, dans
Bul. soc. Nivernais (1863), 327.

Inventaire sommaire des archives départementales, Nièvre Sér. E, par
LEBLANC-BELLEVAUX ET HÉRON DE VILLEFOSSE. *Nevers*, 1869, *in-4*. — Sér.
B., par de FLAMARE. *Nevers*, 1897, *in-4*. — Les archives de l'histoire de
France, par STEIN et LANGLOIS, 198-201. — État général par fonds des
archives départementales, 513-518. — Archives de Nevers ou inventaire
historique des Titres de la ville, par PARMENTIER. *Paris*, 1842, 2 *vol.
in-8*. — Inventaire des archives communales, Nevers, par LEBLANC-BEL-
LEVAUX et BOUTILLIER. *Nevers*, 1876, *in-4*. — Privilèges, droits, libertés,
immunités et franchises des échevins, bourgeois, manans et habitants de
la ville de Nevers. *Nevers*, 1602, *in-8*. — Archives communales de
Nevers : Droits et privilèges de la commune, par CROUZET. *Nevers*, 1858,
in-8. — Sur des chartes relatives au Nivernais (XIII-XV° s.) ; inventaire
provenant de la bibliothèque de feu Ernest Clerc de Landresse, par DE
LAUGARDIÈRE, dans *Bul. soc. Nivernais*, IV (1867), 274. — Inventaire de
quelques chartes relatives au Nivernais (1469-1553), par TESTE. *Ibid.*,
XII (1886), 298. — Chartes nivernaises originales, provenant de Gran-
gier de la Marinière, aujourd'hui à la Bibliothèque Nationale, par DE
LESPINASSE. *Nevers*, 1898, *in-8*; ext. *même recueil*. — Chartes nivernaises
du comte de Chastellux, par LE MÊME. *Nevers*, 1896, *in-8* ; ext. *ibid.* —
Inventaire des titres de Nevers et de l'abbé de Marolles, suivi d'extraits
des titres de Bourgogne et de Nivernais, d'extraits des inventaires des
archives de l'Église de Nevers et de l'inventaire des archives des Bordes,
par G. DE SOULTRAIT. *Nevers*, 1873, *in-4*. — Convocation des États-
Généraux et législation électorale de 1789; cahiers, procès-verbaux,
doléances, opérations électorales des assemblées du clergé, de la noblesse
et du tiers état du Nivernais et Donziois, réunies à Nevers et à Saint-
Pierre-le-Moutier en 1789, par LABOT. *Nevers*, 1886, *in-12*. — Almanachs

que... On ne voit point que Nevers soit dans les notices romaines. Mais elle ne laissa pas d'avoir des évêques dès le quatrième siècle, sous la métropole de Sens[1]. Saint Arey ou Arige fut évêque de Nevers vers le milieu du sixième siècle[2]. Saint Agricole, vulgairement saint Arille, en fut évêque à la fin du même siècle ; il mourut vers l'an 594[3]. Saint Déodat, vulgairement saint Dié, fut fait évê-

nivernais, XVIII et XIXe siècles, par DE LESPINASSE. *Nevers*, 1906, *in-8* ; ext. *Bul. soc. Nivernais.* — Dictionnaire topographique du département de la Nièvre, par G. DE SOULTRAIT. *Paris*, 1870, *in-4.* — Essai sur les noms de lieux de la Nièvre, par MEUNIER. *S. l. n. d., in-8.* — Le Morvand ou essai géographique, topographique et historique sur cette contrée, par BAUDIAU. *Nevers*, 1834, *3 vol.* — Dictionnaire biographique des personnes nées en Nivernais ou revendiquées par le Nivernais, qui, par leurs travaux, leurs services, leurs mérites, leurs vertus ou leurs crimes, ont mérité de ne pas être oubliés, par GUENEAU, *Nevers*, 1899, *in-4.* Armorial historique et archéologique du Nivernais, par G. DE SOULTRAIT. *Nevers,* 1879, *2 vol. in-4.* — Abrégé de la statistique monumentale de l'arrondissement de Nevers, par LE MÊME, dans *Bul. monum.* (1851), 215-230, 359-396. — Épigraphie de l'arrondissement de Nevers, par LE MÊME, dans *Bul. Com. hist. France* (1852), 46. — Armorial ecclésiastique du Nivernais, par LE MÊME. *Paris, in-8.* — Répertoire archéologique du département de la Nièvre, par LE MÊME. *Paris,* 1875, *in-4.* — Epigraphie héraldique du département de la Nièvre, par de SORNAY. *Angers,* 1883, *in-8* ; ext. *Revue historique nobiliaire.* — Catalogue du musée lapidaire de la porte du Croux, par BOUTILLIER et SAUERT, dans *Bul. soc. Nivernais.* VIII (1874), 81. — Esquisse archéologique sur les principales églises du diocèse de Nevers, par BOUNASSÉ. *Nevers,* 1844, *in-8.* — Congrès archéologique de France, *Nevers,* 1851 ; *Moulins,* 1854, *in-8.* — Bulletin de la Société nivernaise des lettres, sciences et arts, *Nevers,* 1851 *et s. in-8.* — Mémoires de la Société académique du Nivernais. *Nevers,* 1886 *et s., in-8.*

Gallia christiana, XII, 625-665 ; instr. 297-358.

1. Duchesne rattache les origines du diocèse de Nevers à l'établissement d'une frontière entre les Burgondes et les Francs. *Fastes épiscopaux de l'ancienne Gaule,* II, 154, 475-481. — Géographie de la Gaule au sixième siècle, par LONGNON, 366. — Le Nivernais et les comtes de Nevers, par DE LESPINASSE, I, 72-88.

2. Saint Aré ou Aregius assista aux conciles d'Orléans (549) et de Paris (552). Il est le troisième sur la liste publiée par Duchesne, *ouv. cit.* 479.

3. Saint Agricole assista aux conciles de Lyon et de Mâcon (581) et à un autre de Mâcon (589). *Ibid.*

que de Nevers, vers l'an 655. Il quitta son évêché vers l'an 664, pour
se retirer dans les déserts de Vosge[1]. Je ne suis pas du sentiment
de ceux qui reconnaissent pour premier évêque de Nevers saint
Arey, Arige, en latin *Aregius*, qui vivait du temps du pape saint
Grégoire le Grand, qui occupa le siège de saint Pierre depuis
l'an 590 jusqu'en 604. Car comment accorder ce sentiment avec
ce qu'on lit ailleurs que l'an vingtième de Childebert, roi de
France, c'est-à-dire environ l'an 534, Rusticus, évêque de Nevers,
assista au concile national assemblé à Orléans. *Clementinus*,
autre évêque de Nevers, se trouva au cinquième concile tenu à
Orléans, l'an 38 dudit Childebert, environ l'an 552. Il n'est donc
point possible que saint Arey ait été le premier évêque de Nevers, ou
il faut qu'il ait vécu avant le pontificat de saint Grégoire. Je n'ai
garde, d'un autre côté, de croire que cet évêché ait eu saint Austre-
moine, disciple des apôtres, pour son premier prélat. Plusieurs
bonnes raisons rendent ce sentiment insoutenable.

Le diocèse de Nevers renferme trois abbayes. Il a cinquante milles
d'étendue et comprend 271 paroisses, partagées entre les archidiaconés de Nevers et de Decize : le premier a sous lui les archiprêtrés
des Vaux, Nevers, Saint-Pierre-le-Moutier, Prémery et Lurcy-le-
Bourg ; le second a ceux de Decize, Moulins-Engilbert, Châtillon et
Thianges[2]. L'évêque de Nevers est seigneur temporel des châtelle-
nies de Prémery, Urzy et Parzy ; et de son évêché relèvent plusieurs
fiefs, entre autres, quatre principaux, qui sont Druy, Poiseux,
Cours-les-Barres et Giáry, chacun desquels a titre de Baronie de
l'évêché ; ceux qui les possèdent sont tenus de porter l'évêque, le
jour de son entrée à Nevers. Les appels des Justices de l'évêque et

---

1. Vita Sancti Deodati, dans *Acta Sanctorum, Junii*, IV, 724-737. —
Mémoires historiques et chronologiques pour la vie de saint Dié, par DE
RIGUET. *Nancy*, 1680. — Les Saints du Val de Galilée, par GUINOT. *Paris*,
1852, *in-8*. — Analecta bollandiana, VI, 156-160.

2. Topographie ecclésiastique de la France, par DESNOYERS, I, 146-149.
— Pouillé général d'ALLIOT (1648), province de Sens. — Pouillés de la
province de Sens, par LONGNON, LXIV-LXX, 489-535. — Le diocèse, au
XVII et XVIIIe siècle, comptait 270 cures.

du chapitre de Nevers ressortissent au Baillage de Saint-Pierre-le-Moutier, car l'église cathédrale de Nevers ne reconnaît pour le temporel d'autre seigneur que le roi, qui y a droit de régale [1].

L'église cathédrale était autrefois dédiée à saint Gervais ; mais Charles le Chauve, l'ayant agrandie, la fit consacrer à saint Cyr par une dévotion toute particulière pour ce saint, dont il lui donna les précieuses reliques. C'est sans contredit la plus belle église de toute la ville. Elle a cela de singulier qu'elle a un autel à l'Orient et un à l'Occident, consacré à saint Cyr ; ce qu'on ne voit point ailleurs. Le grand autel, qui est à l'Orient, est très riche et bien travaillé. Toutes les figures qu'on y voit ont été faites en Italie. Les tombeaux des derniers ducs de Nevers, qui sont à côté, sont d'un travail qui surpasse infiniment la matière, quelque riche qu'elle soit. Ce fut dans cette église que Jacques Spisames, évêque de Nevers, communiant une personne, lui dit : *Accipe figuram Corporis Christi*, en présence du doyen, qui l'en reprit aigrement, et lui dit : *Mentiris impudentissime*. Le misérable évêque ayant abjuré la foi se retira à Genève, où Calvin, qui se défiait de lui, le fit mourir par la main du bourreau. Ce fut lui qui donna occasion à ce proverbe : Il est devenu d'évêque meunier. Mais, pour revenir à l'église cathédrale de Nevers, la tour est admirée de tous les connaisseurs ; ce qu'il y a de remarquable, c'est qu'elle est aussi large et aussi épaisse par le haut que par le bas [2].

Le chapitre de la cathédrale était autrefois de soixante chanoines, établis par Herman, évêque de Nevers. Maintenant il est composé d'un doyen, de l'archidiacre de Nevers, d'un trésorier, d'un chantre et de l'archidiacre de Decize, qui sont dignités, d'un sacristain et d'un scolastique, qui sont personats, et de quarante prébendes,

---

1. 52 art. aux arch. départ. Nièvre sér. G. — Bib. nat. coll. Baluze, LXXIV, 274-315. — Registre de l'évêché de Nevers rédigé en 1287, par DE LESPINASSE. *Nevers*, 1869, in-8; ext. *Bul. soc. Nivernais*. — Abrégé du recueil des actes du Clergé, II, 140-141. — Archives de Nevers, par PARMENTIER, II, 229-240, 273. — Notice historique des évêques, dans *Monographie de la cathédrale*, par CROSNIER, 251-350.

2. Monographie de la cathédrale de Nevers, par CROSNIER. *Nevers*, 1854,

dont quatre sont amorties, y en ayant une qui est unie au doyenné,
une autre affectée à l'entretien des enfants de chœur, la troisième et
la quatrième aux religieux de Saint-Gildard. Tous ces bénéfices sont
à la collation de l'évêque, à l'exception des quatre prébendes qui
sont amorties. Le doyenné vaut environ douze cents livres, et les
prébendes, trois cents au plus. Le trésorier a droit par un ancien
usage d'assister au chœur l'épée au côté, l'oiseau sur le poing et
étant botté et éperonné. C'est à cause de ce privilège que les trésoriers
de l'église de Nevers font mettre sur l'écu de leurs armoiries, au lieu
de timbre, l'épée et l'oiseau [1].

Les autres chapitres du diocèse de Nevers sont ceux de Frasnay-

in-8. — Mémoire sur les anciens vocables des autels et chapelles de la
cathédrale de Nevers, par BOUTILLIER, dans Bul. soc. Nivernais (1872),
294. — Examen de quelques documents relatifs à la cathédrale de
Nevers, au XIe s., par LE MÊME, Ibid. (1883), 209. — Visite à la cathédrale de Nevers, par CROSNIER, dans Congrès archéol. XVIII (1851), 314-
327. — Le trésor de la cathédrale de Nevers, anciens inventaires de ses
livres, de ses joyaux et de ses ornements, par BOUTILLIER. Nevers, 1888,
in-8. — Des tapisseries de haute lisse qui étaient ou sont encore dans la
cathédrale de Saint-Cyr à Nevers, par MORELLET, dans Bul. soc. Nivernais (1854), 193. — Les deux absides de la cathédrale de Nevers, par
SÉRY. Nevers, 1899, in-8 ; ext. même recueil. — Sacramentarium ad usum
Ecclesiæ Nivernensis, par CROSNIER. Nevers, 1873, in-4. — Sur un sacra-
mentaire nivernais du XIe siècle conservé à la Bibliothèque Nationale,
par LE MÊME, dans Bul. soc. Nivernais, IV (1867), 337. — Sur un sacra-
mentaire nivernais du Xe siècle conservé au British Museum, par LE
MÊME, Ibid., 351. — Drames liturgiques et rites figurés ou cérémonies
symboliques dans l'église de Nevers, par BOUTILLIER. Nevers, 1880, in-8 ;
ext. même recueil. — Le mystère des Rois Mages dans la cathédrale de
Nevers, par L. DELISLE, dans Romania, IV (1875). — Obituaires de la province de Sens, III, 463.

1. 90 art. aux arch. départ., sér. G. — Bib. nat. coll. Baluze, LXXIV,
320-375 ; ms. lat. 9207. — Mémoire présenté au roi par le Chapitre de
Nevers sur les prétentions et procédures de M. Vallot, évêque de Nevers.
S. l. n. d., in-fol. — Factum pour les doyen, chanoines et chapitre de
l'église cathédrale de Saint-Cyr de Nevers, contre Jean Jannot, procureur
au bailliage de Nevers, et consors, appelant d'une sentence rendue en la
pairie de Nevers, les 7 et 9 novembre 1682. S. l. n. d., in-fol. —
Mémoire pour le chapitre de Nevers, intimé, contre les habitants de Germigny, appelants. S. l. n. d., in-4. — Plaise à Nosseigneurs du Parle-

les-Chanoines[1], Prémery[2], Tannay[3], Notre-Dame de Saint-Pierre-le-Moulier[4], Dorne[5] et Moulins[6].]

---

ment avoir pour recommandé en justice le bon droit pour les doyen, chanoines et chapitre de Nevers, intimés, contre les habitants de Germigny, appelants. S. l., 1693, in-4. — Mémoire pour le chapitre de Nevers au sujet de la confiscation prétendue par le procureur du roi en la maîtrise de Nevers, des bois coupés et abattus dans la terre de Monts-en-Genevray, par le nommé Gobelin, auquel ladite terre avait été vendue par le chapitre. S. l., 1692, in-fol. — Sommaire pour les doyen, chanoines et chapitre de Nevers contre les sieurs Berroyer, Chabert et Reaux, traitant du droit d'amortissement. S. l., 1693, in-fol. — Mémoire servant de factum pour le sieur Jacquier, receveur des décimes du diocèse de Nevers, contre les doyen, chanoines et chapitre de l'église cathédrale de Nevers, demandeur, le syndic du diocèse intervenant. S. l. n. d., in-fol. — Recherches historiques sur l'origine de la soutane rouge que portent les chanoines de Nevers aux fêtes solennelles, par CROSNIER. Nevers, 1868, in-8; ext. Bul. soc. Nivernais. — Sur le costume des chanoines de Nevers en 1742, par PRUNIER, dans Congrès scientif. France, XXXIX (1859), 616. — Les congrégations religieuses dans le diocèse de Nevers. Congrégations d'hommes, par CROSNIER, 5-168.

1. Com. Saint-Aubin-les-Forges, cant. La Charité, arr. Cosne, Nièvre. — Franayum canonicorum. Sous le vocable de Notre-Dame, remontant au XIe s., composée de 12 chanoines et d'un doyen. — Arch. départ., sér. G. — Les congrégations religieuses, par CROSNIER, 211-213.

2. Chef-l. cant., arr. Cosne. — Presmeriacum. Sous le vocable de Saint-Marcel, fondée en 1196 avec 12 chanoines. — Arch. départ. sér. G. — CROSNIER, ouv. cit., 213-215. — Répertoire archéologique du département de la Nièvre, par DE SOULTRAIT, 118. — Gallia christiana, XII, instr. 346.

3. Chef-l. cant., arr. Clamecy. — Tanneium. Sous le vocable de saint Léger, fondée en 1201, avec 12 chanoines. — Ibid. — ID., 215-217. — DE SOULTRAIT, 66. — Une ancienne charte de la collégiale de Tannay, par DE FLAMARE, dans Bul. hist. com. hist. (1891), 101-108. — Gallia christ., XII, 347.

4. Chef-l. cant., arr. Nevers. — Monasterium. Sous le vocable de Notre-Dame, fondée en 1520, avec 12 chanoines. — Ibid. — ID., 217-218.

5. Ibid. — Dorna. Sous le vocable de Notre-Dame, fondée au XVIe siècle, avec un doyen et quatre chanoines. — Ibid. — ID., 218. — DE SOULTRAIT, 138.

6. Chef-l. cant., arr. Château-Chinon. — Molinum Enjubertorum. Sous le vocable de Notre-Dame, fondée en 1378, avec six chanoines. —

Il y avait dans la ville épiscopale des couvents de Dominicains,
fondé sous l'épiscopat de Jean de Savigny (1296)[1]; de Cordeliers,
appelés par Yolande de Bourgogne entre 1270 et 1280[2], et remplacés en 1597 par des Récollets; de Capucins, installés dans l'ancien
prieuré de Sainte-Valière (1601)[3]; de Minimes, fondé (1607) par
Charles de Gonzague, duc de Nevers, et Catherine de Lorraine, sa
femme[4]; de Carmes, fondé (1625) avec les ressources données par
Charles Roy[5]. Les Jésuites dirigèrent le collège, dont la première
pierre fut posée en 1571 par l'évêque Eustache du Lys; le duc
Ludovic de Gonzague avait appelé ces religieux[6]. L'évêque Edouard
Bargedé leur confia la direction du séminaire (1709), qui avait été

Ibid. — ID., 217. — DE SOULTRAIT, 26. — Moulins-Engilbert, les églises
et les établissements religieux, par GUÉNEAU. *Issoudun,* 1890, *in-4.* —
Moulins-Engilbert à travers les temps, par RAΒΙΟΝ. *Nevers,* 1910, *in-8.*

1. Quelques pièces aux archives départementales, sér. H. — *Gallia
christ.,* XII, instr., 351. — Archives de Nevers, par PARMENTIER, I, 343-
350. — Au Roi. Requête d'Antoine de Monroy, général de l'ordre des
Frères-Prêcheurs, intervenant au procès du prieur de Nevers, accusé
d'avoir abusé d'une de ses pénitentes, contre l'évêque de Nevers. *S. l. n.
d., in-fol.* — Réponse du R. P. général des Frères-Prêcheurs, à la requête
de M. l'évêque de Nevers. *S. l. n. d., in-fol.* — CROSNIER, ouv. cit., I,
485-490.

2. Quelques pièces aux arch. départ., sér. H. — PARMENTIER, 350-358.
— CROSNIER, I, 495-498. — Le Père Placide Gallemant et le couvent des
Récollets de Nevers, par SÉRY. *Nevers,* 1901, *in-8*; ext. *Bul. soc. Niver-
nais.* — Charte de 1487, relative aux Frères Mineurs de Nevers, par de
CHASTELLET. *Ibid.,* X, 199.

3. Ibid. — PARMENTIER, I, 358-369. — CROSNIER, I, 500-507.

4. Ibid. — Arch. nat. S. 4299. — PARMENTIER, I, 369-371. — CROS-
NIER, I, 512-515.

5. Ibid. — PARMENTIER, I, 375-381. — CROSNIER, I, 519-523. — Factum pour les religieux Carmes Déchaussés de la ville de Nevers, intimés
et demandeurs, contre Françoise Paulchin, veuve Etienne Cassiat, appelante, et Hilaire Trotet et sa femme, défendeurs. *S. l.,* 1689, *in-fol.*

6. 3 art. aux arch. départ., sér. G.; 21, dans la sér. D. — Arch. nat.
M 248. — PARMENTIER, I, 304-323. — CROSNIER, I, 526-533. — Précis de
la requête en cassation, présenté par M. Ignace Gautier, curé de la
paroisse de Saint-Sauveur de la ville de Nevers, contre l'arrêt du grand
conseil du 31 mars 1732, rendu en faveur des Révérends Pères Jésuites

dirigé d'abord par les Chanoines réguliers de l'abbaye de Saint-
Martin, puis, en 1688, par les Oratoriens[1]. Ceux-ci furent appelés
dans la ville en 1618. Les Frères des Écoles chrétiennes arrivèrent
en 1788[2]. Les Carmélites établirent un monastère en 1619, grâce à
la générosité de Jacquette Leroux[3]. Le couvent des Visitandines fut
fondé en 1620[4]; celui des Ursulines, en 1622[5]. Les premières
Sœurs de la Charité de Nevers, qui eurent pour fondateur Dom de
Laveyne, se réunirent à Saint-Sauge en 1680; la maison de Nevers
fut établie en 1683[6].

Les Capucins eurent un couvent à Château-Chinon, dès 1637[7],
et un autre à Prunevaux, où ils furent remplacés par des Augustins[8]. Les Picpuciens ou Tertiaires de saint François furent appelés
par Gabriel Reullon à Moulins-Engilbert (1629)[9]. Les Minimes
s'installèrent à Decize en 1621 dans un ancien prieuré de Saint-Ger-

---

du collège de la même ville, administrateurs des revenus du prieuré de
Saint-Sauveur. — Le collège des Jésuites, par DUMING. *Nevers*, 1907, *in-
8*; ext. *Bul. soc. Nivernais*, XXII, 1908. 131-202.

1. Quelques pièces aux arch. départ., sér. H. — Arch. nat., M 224. —
PARMENTIER, I, 371-373. — CROSNIER, I, 534-537. — Mémoire signifié
pour les prêtres de l'Oratoire de Nevers, intimés, contre M. Gilbert Le
Jeûne, curé de Frasnay-les-Chanoines, appelant comme d'abus de l'union
du doyenné de Frasnay à l'Oratoire de Nevers, et contre les Pères Jésuites du séminaire de Nevers. *Paris*, 1745, *in-fol.*

2. CROSNIER, I, 537-539.

3. Quelques pièces aux arch. départ. sér. H. — PARMENTIER, I, 315-
319. — CROSNIER, II, congrégations de femmes, 58-74.

4. Ibid. — PARMENTIER, I, 399-407. — CROSNIER, II, 83-95.

5. Ibid. — PARMENTIER, I, 407-415. — CROSNIER, II, 137-148.

6. Ibid. — PARMENTIER, I, 415-423. — CROSNIER, II, 171-428. — Histoire de J.-B. de Laveyne, religieux de l'ordre de Saint-Benoît, fondateur
et supérieur général de la congrégation des Sœurs de Charité et Instruction chrétienne de Nevers, par MARILLIER. *Paris*, 1890, *in-8*. — Revue
bénédictine, VIII (1891), 507-513. — Nouvelle maison mère des sœurs de
la Charité, par CROSNIER, dans *Bul. soc. Nivernais*, II, 313 et s.

8. CROSNIER, I, 502-510.

7. CROSNIER, I, 510.

9. ID., I, 511. — Moulins-Engilbert, par RABION, 134-140.

main d'Auxerre[1]. Les Augustins ouvrirent en 1622 une maison à
Saint-Pierre-le-Moutier [2]. Le monastère des Clarisses de Decize
remontait à 1419[3]. Il y eut des maisons d'Ursulines à Moulins-
Engilbert (1635) et à Saint-Pierre-le-Moutier (1647)[4].

La Chartreuse d'Apponay fut fondée, en 1185, par Thibault, évêque de Nevers, et les chanoines de sa cathédrale[5].

Abbayes d'hommes du diocèse

Chanoines réguliers

SAINT-MARTIN DE NEVERS, *Sanctus Martinus Nivernensis*[6], dont la
fondation remonte au VIIe siècle ou tout au moins au VIIIe, avait

---

1. 72 art. aux arch. départ., sér. II. — CROSNIER, I, 515-518. — Fondation de la chapelle dite des Sallonies en l'église des Minimes (1632), par
ROUBET, dans *Bul. soc. Nivernais*, XII (1886), 55-65.

2. Quelques pièces aux arch. départ., sér. II. — CROSNIER, I, 525.

3. Ibid., sér. II. — ID., II, 52-57. — Histoire abrégée de l'ordre de
Sainte-Claire d'Assise, par MARIE-ANGÈLE DU SACRÉ-CŒUR, I, 255-258.

4. Ibid., sér. II. — Arch. nat., L, 965. — ID., II, 148-156. — RABION,
141-147, 151-153.

5. Com. Rémilly, cant. Luzy, arr. Château-Chinon. — Quelques pièces aux arch. départ., sér. II. — Arch. nat. S. 3303ᵃ⁻ᵇ-3303¹¹⁻¹⁹. — Gallia christ., XII, instr. 345. — CROSNIER, I, 433-435. — Annales ordinis
Cartusiensis, par DOM LE COUTEULX, III, 25-27. — Mémoire pour les Chartreux de Notre-Dame d'Apponay, contre Pierre, sieur de Chanrobert.
Paris, 1715, in-fol.

6. Les archives départementales de la Nièvre, sér. II, conservent un
fonds assez riche : statuts et registres terriers. — Bib. Nevers, ms. 12,
nᵒˢ 45, 50; 8 et 10. — Bib. Sainte-Geneviève, ms. 309, 347; 608 f. 635,
885; 720, 731, 1640, 2572. — POTHAST, Honorius II, 1129, nᵒ 7373; Innocent II, 1130, nᵒ 7437; Innocent III, 1199, nᵒ 745. — Papsturkunden in
Frankreich, par WIEDENHOLD, V, 14. — Actes du Parlement de Paris,
5730. — Archives de Nevers, par PARMENTIER, I, 325-334. — Obituaires
de la province de Sens, III, 477. — L'abbaye de Saint-Martin de Nevers,
par SÉRY. *Nevers, 1902, in-8.* — Oraison funèbre de Marie-Thérèse d'Au
triche, prononcée dans l'église de l'abbaye de Saint-Martin de Nevers

un collège de clercs pour la servir. L'évêque Fromond la restaura (1130) ; il soumit son clergé à la règle canoniale de saint Augustin. Les évêques et les comtes de Nevers l'enrichirent. Les religieux, après une affiliation à la congrégation de Saint-Victor (1520), s'agrégèrent à celle de Sainte-Geneviève (1629).

Ordre de Prémontré

BELLEVAUX, *Bella vallis*[1], fondée en l'honneur de Notre-Dame et de Saint-Paul (1188), par Rocelin de Marmagne et sa femme, qui y embrassèrent la vie religieuse. Les huguenots la ruinèrent de fond en comble en 1562. Dom Norbert Gosset (1662) la restaura matériellement et moralement. Les édifices claustraux sont occupés par une ferme : l'église tient lieu de grange.

Abbaye de femmes

NOTRE-DAME DE NEVERS, *Beata Maria Nivernensis*[2], confondue parfois avec le monastère fondé au VIIe siècle sous la discipline de

---

que Mgr l'évêque y fit faire en présence de tous corps ecclésiastiques et séculiers de la ville, par le R. P. CHALLOPIN. *Paris*, 1683, in-4. — CROSNIER, I. Congrégations d'hommes, 192-198. — Gallia christiana, XII, 675-683 ; instrum., 300, 338-342. — DOUET D'ARCQ, nos 8313, 8886.

1. Cant. Limanton, cant. Châtillon-en-Bazois, arr. Château-Chinon. — Gallia christiana, XII, 683-685. — Annales Præmonstratenses, par HUGO, I, 267. — Répertoire archéologique, par DE SOULTRAIT, 10.

2. 55 art. aux Arch. départ. sér. II, où l'on conserve des fragments d'un obituaire du XIIIe s. — Bib. Nevers ms. 12 n° 66. — Le plus ancien obituaire de l'abbaye de Notre-Dame de Nevers, par DE FLAMARE. *Nevers*, 1907, in-8 ; ext. *Bul. soc. Nivernais*, XXII, 1-50. — Obituaires de la province de Sens, III, 468-476. — Archives de Nevers, par PARMENTIER, I, 382-395. — Histoire de l'abbaye de Notre-Dame de Nevers, par SÉRY. *Nevers*, 1902, in-8. — Le reliquaire de l'abbesse de Notre-Dame de Nevers, Gabrielle de Longeron (1667), par BOUTILLIER. *Nevers*, 1886, in-8 ; ext. *Bul. soc. Nivernais*, XII. — Description du salon de l'abbesse de Notre-Dame de Nevers au XVIIe s., par SÉRY, *Ibid.*, XX (1904), 530-

8

Luxeuil par Théodulphe Babolène et restauré par l'évêque Héri-
man en 849. Les religieuses jouissaient de privilèges importants.
L'abbesse Claudine de Gamaches y rétablit l'observance régulière
(1606-1642). On voit encore des restes de l'église et de l'abbaye.
D'après une tradition locale, saint Révérien aurait subi le martyre
en ces lieux.

Maisons conventuelles

Saint-Etienne de Nevers [1], fondée au VIIe siècle, rétablie en
1063 par le comte Guillaume, soumise à saint Hugues, abbé de
Cluny (1097), fut le monastère préféré des comtes de Nevers et le

---

532. — Crosnier, II, 8-26. — de Soultrait, 162. — Gallia christiana,
XII, 671-675.

1. Il y a 57 art. aux arch. départ. sér. II, avec un recueil des titres
rédigé en 1674 par Jean Simonin et des fragments de cartulaire. — Bib.
nat. coll. Baluze, XLI, 71-76; notes de Dom. Boyer, ms. lat. 12597 f. 341;
charte de Milon, prieur de la Charité, nouv. acq. lat. 2298 f. 34. — Bib.
Nevers ms. 12 n°ˢ 2, 3, 13, 23-31. — Archives de Nevers, par Parmentier,
I, 334-343. — Les chartes de Saint-Martin de Nevers, par de Lespinasse,
Nevers, 1907, in-8; ext. Bul. soc. Nivernais, XXII, 51-180. — Potiiast.
Alexandre III (1162), n° 10721; Clément III (1188), 16152, 16153; Honorius III (1222), 6762. — Wiederhold, V, 14. — Recueil des chartes de
Cluny, par Bruel; n°ˢ 3388, IV, 487; 3417, 528; 3724, V, 67; 4239, 592;
4297, 660; 4426, 798. — Bullarium Cluniacense, 69, 105. — Actes du
Parlement de Paris, 151*, 685*, 1444, 2015, 3128. — Spicilegium, de d'A-
chery, VI, 437 ou III, 404. — Contrat d'échange de la justice du bourg
de Saint-Etienne de Nevers (1585), par Crouzet, dans Bul. soc. Nivernais, III (1863), 228. — Notice sur l'église et le prieuré Saint-Etienne de
Nevers, par Crosnier, Nevers, 1853, in-8. — Visite à l'église de Saint-
Etienne de Nevers, par le même, dans Congrès archéol. XVIII (1851), 161-
170. — Les congrégations religieuses, par le même, I, 259-288. — Notice
sur la bibliothèque de Nevers, par Duminy (1890), 145-172. — Une ruine
à conjurer à l'église Saint-Etienne, par Masillon-Rouvet, dans Mém.
acad. Nevers, I (1886), 36. — Bul. soc. Nivernais, I, (1854), 109. —
Répertoire archéologique, par de Soultrait, 160. — Gallia christiana,
XII, 666-671; instrum. 326-336.

plus influent du diocèse. Un faubourg de la ville, placé sous la juridiction des moines, portait le nom de Bourg-Saint-Etienne. L'église (XI⁰ siècle) est devenue paroissiale ; les bâtiments claustraux sont occupés par la manutention militaire.

La Faye de Nevers [1], *Faya*, de l'Ordre de Grandmont, fondé sous le vocable de Notre-Dame (1128) par Guillaume I, comte de Nevers, fit partie au XVII⁰ siècle de l'Etroite Observance. Ses biens furent attribués au Séminaire de Nevers après la suppression de l'Ordre (1768).

Prieurés simples

Nevers, *Saint-Gildard*, prieuré-cure, auprès duquel se sont ins-installées les Sœurs de la Charité de Nevers [2]. — *Saint–Laurent*, prieuré-cure. — *Saint-Nicolas*, dépendant de l'abbaye de Vézelay [3]. — *Saint-Sauveur*, donné par l'évêque Hugues le Grand à saint Odilon, abbé de Cluny (1045) ; l'évêque Bargedé y installa son séminaire, qu'il dota avec les biens du prieuré (1709) [4]. — *Saint-Victor*, rétabli par le comte Guillaume et donné à l'abbaye de Saint-Victor de Marseille (1053). — *Sainte-Valière* [5], où furent installés des Capucins.

---

1. Com. Sauvigny-les-Bois, cant. et arr. Nevers. — Arch. départ. sér. H. — Destruction de l'ordre de Grandmont, par Guibert, 788. — Crosnier, I, 458. — Historique de couvent de Faye-lès-Nevers, par Trameçon, dans *Bul. soc. Nivernais*, XXIII, 113-194.

2. Arch. départ. sér. H. — Le prieuré de Saint-Gildard et les sœurs de la Charité de Nevers, par Crosnier, dans *Bul. soc. Nivernais*, I (1854), 233. — Les congrégations religieuses, par le même, II, 248-258. — Répertoire archéologique, par de Soultrait, 163.

3. Les congrégations..., par Crosnier, I, 251.

4. Arch. départ. sér. G. — Bib. Nevers ms. 12, n° 56. — Recueil des chartes de Cluny, nᵒˢ 2961, IV, 159 ; 4312, V, 671. — Crosnier, ouv. cit., 255-258. — Gallia christiana, XII, instrum., 324. — de Soultrait, 162.

5. Cartulaire de Saint-Victor de Marseille, par Guérard, II, 540, 544. — Potuast, Nicolas II, 1059, n° 4421. — Le Nivernais et les comtes de Nevers, par de Lespinasse, I, 232-233.

AUBIGNY-SUR-ALLIER, *Albiniacum* [1], dépendant de la Charité-sur-Loire. [?] — AUNAY-EN-BAZOIS [2], *Franay*, *Franaium-Casæ Dei*, dépendant de l'abbaye de Saint-Léonard de Corbigny. — AVRIL-SUR-LOIRE [3]. *Feuilloux*, commanderie de Templiers, attribuée aux Chevaliers de Saint-Jean. — BICHES, *Bichiæ* [4], Saint-Victor, dépendant la Charité-sur-Loire. Commanderie de Chevaliers de Saint-Jean. — BILLY-CHEVANNES [5]. *Chevannes*, *Chavennæ*, dépendant de Saint-Léonard de Corbigny. — BRINAY, *Brinaium* [6]. Saint-Denis, dépendant de l'abbaye de Saint-Martin d'Autun.

CERCY-LA-TOUR [7]. Notre-Dame de *Coulonges*, *de Colongiis*. — CHALLEMENT [8]. Saint-Marc de *Bois-Girault*, *Boscus Giraudi*, dépendant de Saint-Martin de Nevers. — CHAMPVOUX, *Campus votus* [9]. Saint-Pierre, dépendant du monastère cluniste de Souvigny. *Le Grand-Souris*, dépendant de la Charité-sur-Loire. — CHANTENAY, *Chantenayum* [10]. Saint-Martin, dont il reste une belle église, dépen-

---

1. Cant. et arr. Moulins, Allier. — Arch. départ. sér. II. — Pouillés... par LONGNON, 525.

2. Cant. Châtillon-en-Bazois, arr. Château-Chinon, Nièvre. — LONGNON, 534.

3. Cant. Decize, arr. Nevers. — Arch. départ. sér. II. — CROSNIER, I, 469.

4. Cant. Châtillon-en-Bazois, arr. Château-Chinon. — Ibid. — CROSNIER, 468.

5. Cant. Saint-Benin-d'Azy, arr. Nevers. — Dict. topograph., 48.

6. Cant. Châtillon, arr. Château-Chinon. — CROSNIER, I, 241.

7. Cant. Fours, arr. Nevers. — Diction. topogr., 57. — LONGNON, 504. — Mémoire pour les abbés, prieurs et religieux de l'ordre de Cluny, demandeurs, contre M. Pierre Alixand, lieutenant criminel, J. Etienne de Presays, lieutenant assesseur, au Siège de Saint-Pierre-le-Moutier, défendeurs et opposants. *Paris*, 1734, *in-fol.*

8. Cant. Brinon, arr. Clamecy. — Arch. départ. sér. II. — Le prieuré de Boisgirault et les églises, ses dépendances, par SÉRY. *Nevers*, 1902, 4 fasc. *in-12.*

9. Cant. La Charité-sur-Loire, arr. Cosne. — L'église prieurale de Champvoux, par DE CURZON. *Paris*, 1885, *in-8*; ext. *Rev. archéol.* — Répert. archéolog., 75. — CROSNIER, I, 253.

10. Cant. Saint-Pierre-le-Moutier, arr. Nevers. — Répert. archéol., 191. — CROSNIER, I, 253, 236.

dant de Souvigny. *Saint-Imbert, Sanctus Humbertus*, dépendant de
l'abbaye de Saint-Martin d'Autun. — CHATEAU-CHINON, *Castrum
Caninum* [1]. Saint-Christophe, dépendant de l'abbaye de Cluny. —
CHATEAU-SUR-ALLIER [2]. *Saint-Augustin*, dépendant de Saint-Martin
d'Autun. — CHATILLON-EN-BAZOIS, *Castellio* [3]. Sainte-Cécile, fondé
par Eudes, abbé de Saint-Germain d'Auxerre, qui avait reçu cette
église de Robert, fils du comte Landry. — COSSAYE, *Cossayum* [4].
Saint-Martin, dépendant de Souvigny. — DECIZE, *Disisia* [5]. Saint-
Pierre, donné à Saint-Germain d'Auxerre par Landry, comte de
Nevers (avant 1032); on y installa les Minimes en 1621. *Saint-
Privé, Sanctus Privatus*, dépendant de Saint-Léonard de Corbigny.
— FLÉTY [6]. Commanderie de *Tourny*, appartenant aux Chevaliers
de Saint-Jean. — GRENOIS [7]. *La Montagne*, prieuré-cure. — GUIPY,
Guispeium [8]. Saint-Martin, dépendant de Saint-Martin d'Autun,
fondé en 1156. — HÉRY, *Heriacum* [9]. Saint-Andoche, dépendant

---

1. Chef-l. arr. — Sur les prieurs de Saint-Christophe de Château-
Chinon, par GUÉNEAU, dans *Bul. soc. Nivernais*, X (1880), 170. — CROS-
NIER, I, 425.

2. Cant. Lurcy-Lévis, arr. Moulins, Allier. — CROSNIER, I, 236.

3. Chef-l. cant., arr. Château-Chinon. — CROSNIER, I, 246.

4. Cant. Dornes, arr. Nevers. — LONGNON, 531.

5. Chef-l. cant., ibid. — Arch. départ. sér. H. — WIEDERHOLD, V, 15.
— CROSNIER, I, 244. — Notice historique sur Decize, ancienne ville du
Nivernais, par GIRERD. *Nevers*, 1842, in-8. — Annales de Decize, par
TRESVAUX DE BERTEUSE. *Moulins*. 1855, in-16. — Histoire de Decize et de
ses environs, par POUSSEREAU. *Issoudun*, 1891, in-12. — Mémoire pour
M. Pierre Boyan, curé de Devay, pourvu du prieuré simple de Saint-
Privat-lès-Decize, appelant, défendeur et demandeur, contre Dom
Antoine Dehette, religieux de l'ordre de Cluny, prétendant droit au
même bénéfice. *S. l. n. d. in-fol.*

6. Cant. Luzy, arr. Château-Chinon. — Arch. départ. sér. H. — CROS-
NIER, I, 470.

7. Cant. Brinon, arr. Clamecy. — LONGNON, 502.

8. Ibid. — Arch. départ. sér. H. — Accord concernant le prieuré
(1225), *Bib. nat. nouv. acq. ms. lat.* 2298, f. 17. — Le prieuré de Guipy,
par SÉRY. *Nevers*, 1903, in-16. — Répert. archéol., 56.

9. Ibid. — LONGNON, 530.

de Saint-Léonard de Corbigny. — ISENAY [1]. Saint-Germain de
Mazilles, de Massiliis, donné par le comte Landry à Saint-Germain
d'Auxerre. — JAILLY, *Jalliacum* [2], dépendant de la Charité-sur-
Loire.

La CHAPELLE-AUX-CHATS, *Capella Catorum* [3]. Notre-Dame, dépendant de Saint-Germain d'Auxerre. — LA FERMETÉ-SUR-L'IXEURE,
Firmitas [4]. Notre-Dame, monastère de Bénédictines, fondé en 1147
par l'abbaye de Crisenon. — LUCENAY-LÈS-AIX, *Luciniacum* [5].
Saint-Romain, dépendant de Saint-Martin-de-Nevers (1130). —
LURCY-LE-BOURG, *Lursiacum* [6]. Saint-Gervais et Saint-Protais, dépen-
dant de la Charité-sur-Loire. — LUTHENAY [7]. *Beaulieu, Bellus
locus*, dépendant de Souvigny. — MARS-SUR-ALLIER, *Martium* [8].
Saint-Julien, dépendant du même monastère. — MAUX [9]. *Abon,
Altum bonum*, dépendant de Saint-Léonard de Corbigny. — MON-
TAPAS [10]. *Colombe, Columba*, de l'Ordre de Grandmont, fondé entre

---

1. Cant. Moulins-Engilbert, arr. Château-Chinon. — Arch. départ.
sér. II. — CROSNIER, I, 246.
2. Cant. Saint-Saulge, arr. Nevers. — LONGNON, 529. — Répert.
archéol. 203.
3. Cant. Chevagnes, arr. Moulins, Allier. — CROSNIER, I, 249. — Note
sur La Chapelle-aux-Chats, par L. ROUNET, dans *Bul. soc. Nivernais*,
IX (1876), 337.
4. Cant. Saint-Benin d'Azy, arr. Nevers. — Arch. départ. sér. II. — Le
prieuré de La Fermeté, par V. GUÉNEAU. *Nevers*, 1883, *in-8*; ext. *Bul.
soc. Nivernais*, XI. — CROSNIER, I, 426. — Répertoire archéol., 185. —
Sceau du prieuré (1242), dans DOUET D'ARCQ, 9450.
5. Cant. Dornes, arr. Nevers. — Arch. départ. sér. II. — Répert.
archéol., 139.
6. Cant. Prémery, arr. Cosne. — Arch. départ. sér. II. — *Ibid.*, 116-
117.
7. Cant. Saint-Pierre-le-Moutier, arr. Nevers. — LONGNON, 527. —
CROSNIER, I, 253.
8. Ibid. — CROSNIER, I, 253-255. — Répert. archéol., 193.
9. Cant. Moulins-Engilbert, arr. Château-Chinon. — LONGNON, 534.
10. Cant. Saint-Saulge, arr. Nevers. — Destruction de l'ordre de Grandmont, par L. GUIBERT, 844.

1163 et 1171. — Moraches, *Moresca* [1]. Saint-Nazaire, dépendant de
Saint-Martin de Nevers. — Moulins-Engilbert [2]. *Commagny, Commaniacum*, que Saint-Martin d'Autun posssédait dès le Xᵉ siècle. —
Nolay [3]. *Orbec, Orbeyum.*

Pazy [4]. *Sainte-Camille, Sancta Camilla*, dépendant de Saint-Léonard de Corbigny. — Rouy, *Royacum* [5]. Saint-Germain, dépendant
de la Charité-sur-Loire. — Saint-Benin-des-Bois [6]. *Lurcy-le-Chatel,
Luperciacum castrum.* — Saint-Ennemond [7]. *Saint-Symphorien*,
dépendant de l'abbaye de Saint-Pierre de Lyon. — Saint-Germain-
Chassenay [8]. *Saint-Loup-sur-Abron*, dépendant des moniales clunisiennes de Marcigny. — Saint-Honoré, *Sanctus Honoratus* [9], donné
aux moines de la Charité-sur-Loire en 1106. — Saint-Ouen, *Sanctus Audoenus* [10], dépendant de Saint-Martin d'Autun. — Saint-
Parize-en-Viry [11]. *Montempuis, Mons in podio*, dépendant de Souvigny. — Saint-Pierre-le-Moutier, *Sanctus Petrus Monasterii* [12],

1. Cant. Brinon, arr. Clamecy. — Prieuré-cure de Moraches, par. Séry
Nevers, 1903, in-16.
2. Chef-l. cant., arr. Château-Chinon. — Crosnier, I, 240. — Moulins-Engilbert, par Rabion, 232-255.
3. Cant. Pougues, arr. Nevers. — Longnon, 511.
4. Cant. Corbigny, arr. Clamecy. — Longnon, 529.
5. Cant. Saint-Saulge, arr. Nevers. — Répert. archéol., 204.
6. Ibid. — Longnon, 529. — Essai historique sur Saint-Benin-des-Bois
et Ligny. Monographie de la commune, par L. Ch. Nevers, 1904, in-16.
7. Cant. et arr. Moulins, Allier. — Longnon, 531.
8. Cant. Decize, arr. Nevers. — Diction. topogr. 167.
9. Cant. Moulins-Engilbert, arr. Château-Chinon. — Arch. départ.
Allier, sér. II.
10. Cant. Decize, arr. Nevers. — Longnon, 535.
11. Cant. Dornes, ibid. — Arch. départ. Allier, sér. H. — Crosnier, I,
252. — Répert. archéol., 142.
12. Chef-l. cant., ibid. — Bib. Nevers ms. 12 nº 19. — Bib. nat. nouv.
acq. lat. ms. 1529, 2. — Essai historique sur l'abbaye de Saint-Martin
d'Autun, par Bulliot, II, 229, 250. — Pothast, Alexandre III (1255),
15891. — Crosnier, I, 232-235. — Précis pour M. François Marie Robin,
procureur au bailliage royal de Saint-Pierre-le-Moutier, intimé, contre
Fr. Abel de Lespinasse, de l'ancienne observance de Cluny et prieur du
prieuré de Saint-Pierre-le-Moutier, appelant. Paris, 1765, in-4.

dont l'origine remonte au VIII⁰ siècle, dépendant de Saint-Martin
d'Autun. — Saint-Révérien, *Sanctus Reverianus* [1], que Saint-Martin d'Autun possédait au IX⁰ siècle, soumis plus tard à l'abbaye de
Cluny. — Saint-Saulge, *Sanctus Salvius* [2], fondé sur des terres que
Saint-Martin d'Autun posséda dès sa fondation (VI⁰ s.) et qui lui
furent restituées au X⁰. — Saint-Sulpice [3], dépendant de la Charité-sur-Loire.

Sougy [4]. *Moutiers-en-Glenon, Monasterium Anglenon*, et Saint-Sil-
vestre de *Varennes, de Varenniis,* dépendant de Vezelay. — Tou-
ny [5]. *Lurcy-sur-Abron,* de la même dépendance. — Thesnay [6].
Garambert, Garambertum. — Urzy [7]. Notre-Dame *du Montel, Mon-
teletum,* dépendant de Notre-Dame de Nevers. — Ville-les-Anlezy [8].
Saint-Pierre de *Langy, de Langiaco,* dépendant de Vezelay.

---

1. Cant. Brinon, arr. Clamecy. — Arch. départ. sér. II. — Recueil des
chartes de Cluny, par Bruel, 4243, V, 597 ; 4548, VI, 95. — Crosnier, I,
323-326. — Répert. archéol., 38.

2. Chef-l. cant., arr. Nevers. — Crosnier, I, 236-240.

3. Cant. Saint-Benin-d'Azy, Ibid. — Arch. départ. sér. II. — Répert.
archéol., 187.

4. Cant. Decize, ibid. — Crosnier, I, 250.

5. Cant. Dornes, ibid. — Id., 251.

6. Ibid. — Longnon, 527.

7. Cant. Pougues, arr. Nevers. — Id., 524. — Diction. topogr., 121.

8. Cant. Saint-Benin-d'Azy, ibid. — Arch. départ. sér. II. — Crosnier,
I, 251.

DIOCÈSE DE TROYES[1]

[Troyes, en latin *Trecensis*, ville capitale de la province de

1. Chef-l. départ., Aube. — Promptuarium sacrarum antiquitatum Tricassinae diœcesis, auctore CAMUZAT. *Troyes*, 1610, *in-8*. — Auctarium..., par LE MÊME. S. *l. n. d.*, *in-4*. — Mélanges historiques, ou recueil de plusieurs actes, traités, lettres, qui peuvent servir à la déduction de l'histoire de 1390 à 1580, par LE MÊME. *Troyes*, 1619, *in-8*. — Table des matières et des documents (des précédents ouvrages), par ROSEROT. *Troyes*, 1897, *in-8*; ext. *Mém. soc. acad. Aube* (1896). — La sainteté chrestienne, contenant la vie, mort et miracles de plusieurs saints dont les reliques sont au diocèse et ville de Troyes, avec l'histoire ecclésiastique du diocèse, par DES GUERROIS. *Troyes*, 1637, *in-4*. — Topographie historique de la ville et du diocèse de Troyes, par COURTALON-DELAISTRE. *Troyes*, 1783, 3 *vol. in-8*. — Histoire de la ville de Troyes et de la Champagne méridionale, par BOUTIOT. *Troyes*, 1870-1874, 4 *vol. in-8*. — Histoire des ducs et des comtes de Champagne, par D'ARBOIS DE JUBAINVILLE. *Paris*, 1859-1866, 9 *vol. in-8*. — Histoire du diocèse de Troyes pendant la révolution, par PRÉVOST. *Troyes*, 1908-1909, 3 *vol. in-8*. — Le schisme constitutionnel à Troyes (1790-1801), par ECALLE. *Troyes*, 1907, *in-8*. — Histoire de Troyes pendant la révolution, par BABEAU. *Paris*, 1873-1874, 2 *vol. in-8*. — Les privilégiés et les achats de biens nationaux dans le département de l'Aube, par BOUTILLIER DU RÉTAIL, dans *La Révolution française*, XXVIII, 1909, 199-220. — Mémoires historiques et critiques pour l'histoire de Troyes, par GROSLEY. *Paris*, 1811-1812, 2 *vol. in-8*. — Ephémérides de P.-J. Grosley, ouvrage historique, mis dans un nouvel ordre, corrigé sur les manuscrits de l'auteur et de plusieurs morceaux inédits, par PATRIS-DELREUIL. *Troyes*, 1811, 2 *vol. in-8*. — Recherches chronologiques, historiques et politiques sur la Champagne, sur les villes, bourgs et monastères du pays

Champagne, de la quatrième Lyonnaise, dans l'exarchat des

Partois, par Ch.-M. DE TORCY. *Troyes*, 1832, *in-4*. — Histoire populaire
de Troyes et du département de l'Aube, par CARRÉ. *Troyes*, 1881, *in-8*.
Les archives historiques du département de l'Aube et de l'ancien diocèse de Troyes, depuis le VIIᵉ siècle jusqu'à 1790, par VALLET DE VIRI-
VILLE. *Paris*, 1841, *in-12*. — Dom Mareschal et les archives du diocèse
de Troyes, par BABEAU. *Troyes*, 1900, *in-8*; ext. *Mém. soc. acad. Aube*,
XLIII. — Les archives du département de l'Aube et le tableau général
numérique par fonds, par D'ARBOIS DE JUBAINVILLE. *Paris*, 1863, *in-8*;
ext. *Bib. éc. chartes*. — Inventaire sommaire des archives départementales, Aube, sér. C et D, par LE MÊME. *Troyes*, 1864, *in-4*. — Série E,
par ROSEROT. *Troyes*, 1884, *in-4*. — Fonds de Saxe, par divers et VER-
NIER. *Troyes*, 1903-1905, 2 *vol. in-4*. — Série G, par D'ARBOIS DE JUBAIN-
VILLE et ANDRÉ. *Troyes*, 1873-1896, 2 *vol. in-4*. — Inventaire ou catalogue sommaire de la Bibliothèque des archives départementales, par
D'ARBOIS DE JUBAINVILLE. *Paris*, 1877, *in-8*. — Collection des principaux
cartulaires du diocèse de Troyes, par LALORE. *Troyes*, 1875-1890, 7 *vol.
in-8*. — Collection de documents inédits relatifs à la ville de Troyes et à
la Champagne méridionale, publiée par la société académique de
l'Aube, I, Inventaires des principales églises de Troyes, par LALORE.
Troyes, 1893, *in-8*; II, Collection des principaux obituaires et confrater-
nités du diocèse de Troyes, par LE MÊME. *Troyes*, 1882, *in-8*. — Recherches sur les rouleaux des morts qui circulèrent dans les divers monastères du diocèse de Troyes du XIIᵉ au XVᵉ siècle, par LE MÊME, dans
ses *Mélanges liturgiques... Troyes*, 1895, 23 et s. — Chartes inédites
extraites des cartulaires de Molesmes, intéressant un grand nombre de
localités du département de l'Aube (1080-1250), par SOCARD, dans *Mém.
soc. acad. Troyes*, XXVIII, 1864, 163 et s. — Lettres missives des XVᵉ et
XVIᵉ siècles conservées aux archives municipales de Troyes, par H. STEIN.
Nogent, 1899, *in-8*; ext. *Annuaire... bulletin soc. hist. de France*, XXV.
— Journal des visites de Jacques Raguier, évêque de Troyes, par PRÉ-
VOST, dans *Mém. soc. acad. Aube*, LXX (1906), 101-216. — Le bibliophile
troyen. *Troyes*, 1850-1853, *in-8*. — Bibliothèque de l'amateur champe-
nois, par ASSIER. *Troyes*, 1866-1875, 9 *vol. in-12*. — Table des manuscrits
des frères Dupuy en ce qui concerne Troyes et la Champagne, par COR-
RARD DE BRÉBAN, dans *Annuaire... Aube*, XXI, 1855, 99 et s. — Coutu-
mes des pays de Vermandois et ceux d'environ, par BEAUTEMPS-BEAU-
PRÉ. *Paris*, 1858, *in-4*. — L'administration des intendants d'après les
archives de l'Aube, par D'ARBOIS DE JUBAINVILLE. *Paris*, 1880, *in-8*. —
Les tablettes historiques de Troyes depuis les temps anciens, par AUFAU-
VRE. *Troyes*, 1858, *in-8*.
Dictionnaire topographique du département de l'Aube, par BOUTIOT

Gaules... C'est un évêché suffragant de Sens, dès le troisième

---

et Socard. *Paris*, 1874, *in-4*. — Etudes sur la géographie ancienne
appliquées au département de l'Aube, par Boutiot, dans *Mém. soc.
acad. Aube*, XXV, 1861, 1 et s. — Géographie physique, agricole, com-
merciale, industrielle, administrative et historique du département de
l'Aube, par Lescuyer. *Troyes*, 1884, *in-12*. — Les abbayes du département de l'Aube. Additions et rectifications au Gallia christiana, par
Rosenot, dans *Bul. hist. comité trav. hist.* (1887), 288 et s.; 1890, 150 et
s.; 1899, 75-91; 1903, 113-135. — Les abbayes de l'ancien diocèse de
Troyes, additions et corrections à la « Gallia christiana », par L. Le
Clert. *Paris*, 1907, *in-8*; ext. *Ibid.*, 1906, 79-101. — Abbayes qui
devaient le charroi en temps de guerre, par Lalore, dans *Revue de
Champagne et de Brie*, XVI, 241 et s. — Templiers et hospitaliers dans le
diocèse de Troyes, par Pétel, dans *Mém. soc. acad. Aube*, LXIX, 1905,
373-478; LXX, 253-333; LXXI, 207-243.
Le diocèse de Troyes dans le différend entre Boniface VIII et Philippe
le Bel et dans l'affaire des Templiers, par LE MÊME. *Ibid.*, LXX, 9-100. —
Statistique intellectuelle et morale du département de l'Aube, par Ans.
Thévenot. *Troyes*, 1872, *in-8*. — L'enseignement secondaire à Troyes,
du moyen-âge à la révolution, par Carré. *Paris*, 1888, *in-8*. — Histoire
de l'instruction publique et populaire à Troyes pendant les quatre derniers siècles, par Boutiot. *Troyes*, 1865, *in-8*.
Biographie des personnages remarquables de Troyes et du département de l'Aube, par Socard. *Troyes*, 1882, *in-12*. — Ephimeris Sanctorum insignis Ecclesiæ Trecensis, auct. Des Guerrois. *Troyes*, 1648, *in-12*.
— Vie des Saints du diocèse de Troyes et histoire de leur culte jusqu'à
nos jours, par Defer. *Troyes*, 1865, *in-8*. — Probationes cultus Sanctorum diœcesis Trecensis, par Lalore. *Troyes*, 1869, *in-4*. — Les fêtes
chômées dans le diocèse de Troyes depuis les origines du christianisme
jusqu'en 1802, par LE MÊME. *Troyes*, 1869, *in-8*. — Les synodes du diocèse de Troyes, par LE MÊME. *Troyes*, 1867, *in-8*. — Livres liturgiques du
diocèse de Troyes, imprimés aux XVe et XVIe s., par Socard et Assier.
Troyes, 1863, *in-8*. — Liste-notice des prélats donnés au monde catholique par le diocèse de Troyes, par Defer. *Troyes*, 1868, *in-8*; ext. *Mém.
soc. acad. Aube*.
Répertoire archéologique du département de l'Aube, par d'Arbois de
Jubainville. *Paris*, 1861, *in-4*. — Statistique monumentale du département de l'Aube, par Fichot. *Paris*, 1888-1900, 4 vol. *in-8*. — Monuments historiques du département de l'Aube, par J. Roy, dans *Mém. soc.
acad. Aube*, XVII, 1853, 217. — Congrès archéologique de France, XX,
Troyes. *Paris*, 1854, *in-8*. — LXIX, Troyes et Provins. *Paris*, 1903, *in-8*;
où : Guide archéologique du congrès, par Le Clert. Lefèvre-Pontalis,

siècle[1]. On ne sait pas la suite des évêques jusqu'à saint Loup, qui, en 426, après saint Ours a été un des plus célèbres prélats des Gaules, dans le temps qu'elles furent ravagées par Attila.

L'église cathédrale est dédiée à saint Pierre. Elle est magnifique

---

1-92 : les études archéologiques dans le département de l'Aube, depuis cinquante ans, par BABEAU, 167-179 ; les églises romanes de l'Aube, par LE CLERT, 224-239 ; l'architecture gothique dans la Champagne méridionale au XIII° et au XVI° siècles, par LEFÈVRE-PONTALIS, 273-350 ; la sculpture du XIV° et du XV° siècle dans la région de Troyes, par ROEGH-LIN, 239-272. — Musée de Troyes. Catalogue contenant la description méthodique des objets qui ont servi à la construction et à la décoration des anciens monuments, par LE CLERT. Troyes, 1890, in-8. — Armoiries des communautés religieuses de Troyes et des environs, par LUCIEN COUTANT, dans Annuaire... Aube, XXIII, 1857, 43 et s. — Armorial du département de l'Aube, par ROSEROT, dans Mém. soc. acad. Aube, XLIII, 1879, 1 et s. — Catalogue de la collection sigillographique du musée de Troyes, par LE CLERT, dans Mém. soc. Aube, LXXIII, 1909, 79-229.

Bibliothèque troyenne, Catalogue d'ouvrages et pièces concernant Troyes, la Champagne méridionale et le département de l'Aube provenant du cabinet du D. François Carteron et appartenant à la Bibliothèque de Troyes, par LÉON PIGEOTTE. Troyes, 1875, in-8. — Catalogue de la bibliothèque de la ville de Troyes par SOCARD. Troyes, 1880-1881, 2 vol. in-8. — Notice sur la bibliothèque de Troyes, par HAUMAND, dans Mém. soc. Aube, XI, 1843, 186 et s., Annuaire adm... Aube, XI, 1845, 50 et s. — Catalogue des manuscrits des bibliothèques publiques des départements, II, Troyes, Paris, 1855, In-4. — XLIII, Supplém. IV, Paris, 1904, in-8, 433-650. — Note sur les mesures prises pour la conservation des manuscrits dans le diocèse de Troyes, du XI° au XVIII° siècle, par LALORE, dans Mém. soc. acad. Aube, XL, 1876, 169 et s. — Études sur es almanachs et les calendriers de Troyes (1497-1881), par SOCARD. Ibid., XLV, 1881, 217 et s. — Annuaire administratif et statistique du département de l'Aube. Troyes, 1835 et s. in-12. — Mémoires de la société académique de l'Aube. Troyes, 1822 et s., in-8.

Gallia christiana, XII, 483-532 ; instrum., 247-292.

1. Fastes épiscopaux de l'ancienne Gaule, par DUCHESNE, II, 447-453. — Saint Amator figure en tête de la liste. Ursus est le septième évêque et Lupus le huitième. Le commencement de son épiscopat doit se placer en 426 ou 427. Duchesne place sa mort en 478 ou 479. — Vita Sancti Lupi, dans Acta Sanctorum Julii, VII, 69-82, et Monumenta Germaniæ historica. Scriptores rerum merovingicarum, III, 120 et s. — Sancti Lupi et

tant en dedans qu'en dehors. Son portail est orné de plusieurs
figures et de bas-reliefs très bien travaillés. Trois grandes portes en
font la face, où s'élève une haute tour carrée, dans laquelle on voit
une des plus grosses cloches de France [1]. Enfin cette cathédrale est
une des plus belles du Royaume soit pour la grandeur, la largeur,

---

Memorius cum Attila rege, par DES GUERROIS. Troyes, 1643, in-8. —
Lettres de saint Loup, évêque de Troyes, et de saint Sidoine, évêque de
Clermont, avec un abrégé de la vie de saint Loup, par BREYER. Troyes,
1706, in-12. — Les vies de saint Prudence, évêque de Troyes, et de sainte
Maure, vierge, par LE MÊME. Paris, 1725, in-12. — Le dragon de saint
Loup, évêque de Troyes. Etude iconographique, par LALORE. Troyes,
1878, in-8. — Etude sur un passage des actes de saint Loup, par LE
CLERT. Troyes, 1891, in-8 ; ext. Mém. soc. acad. Aube. — Mémoires pour
servir à l'histoire ecclésiastique, par TILLEMONT, XVI, 126. — Défense de
l'Église de Troyes sur le culte qu'elle rend à saint Prudence, par BREYER.
Troyes, 1736, 1738, in-12.
    1. La cathédrale fut commencée en 1208 ; le chœur fut achevé en 1304
et le transept en 1316. La dédicace fut célébrée en 1429. La nef ne fut
achevée qu'à la fin du XVe siècle. — Documents relatifs aux travaux de
construction faits à la cathédrale pendant les XIII, XIV et XVe siècles,
par D'ARBOIS DE JUBAINVILLE, dans Bib. éc. Charles, 1862, 214-247, 393-
423. Troyes, 1862, in-8. — Extraits des comptes de la fabrique de la
cathédrale de Troyes (1419, 1432, 1439), par LE MÊME, dans Rev. soc.
savantes, 1882, 466-476. — Comptes de l'œuvre de l'église de Troyes,
avec notes et éclaircissements, par ASSIER. Troyes, 1854, in-8. — Notice
sur plusieurs registres de l'œuvre de la cathédrale de Troyes (1372-1385),
par QUICHERAT. Paris, 1848, in-8 ; ext. Mém. soc. Antiq. France. — Sur
les églises qui ont précédé la cathédrale de Troyes, par DOE, dans Congrès scientif. France, XXXI, 568. — Notice des principaux monuments de
la ville de Troyes, par LE MÊME. Troyes, 1838, in-18. — La cathédrale
de Troyes avant le XIIIe siècle, par GARNIER, dans Mém. soc. acad. Aube,
1894, 217-229. — Notice sur les églises de Saint-Pierre et de Saint-Urbain
de Troyes, par TRIDON, dans Annuaire... Aube, 1847, 11. — Le grand
clocher de la cathédrale de Troyes, par PIGEOTTE. Troyes, 1878, in-8 ;
ext. Mém. soc. acad. Aube. — Les cloches de la cathédrale de Troyes, par
MGR ECALLE, Troyes, 1904, in-8. — Description et bibliographie, dans
Congrès archéologique France, LXIX, 4-9. — Groupe d'excursions troyen-
nes. Itinéraire d'une visite dans Troyes, par MORIN. Troyes, 1908, in-8.
— Etude archéologique sur la ville de Troyes, par VALENTIN DE COUR-
CEL, Abbeville, 1910, in-8 ; ext. Ecole des chartes. Position des Thèses.

l'élévation et les ouvertures, soit pour les ornements et les sacrées reliques qu'on y conserve. Les principales sont un morceau de la Vraie Croix de huit ou dix pouces de longueur, avec les deux croisons, sur lesquels il y a des émaux, où sont gravés des caractères grecs qui en font foi. Le bassin dont on prétend que Notre-Seigneur se servit à la Cène, lorsqu'il lava les pieds à ses disciples, dans le fond duquel on voit un beau smaragde et autour on lit quatre vers grecs, qui prouvent son antiquité. Le crâne de saint Philippe, apôtre, dans un très beau reliquaire, orné de la couronne du comte Henri. Cette couronne est d'or, enrichie de pierres précieuses, qui sont toutes enchâssées dans une petite couronne ducale d'or. Le pied de sainte Marguerite en chair et en os, très palpable dans un riche reliquaire d'or, orné d'un grand nombre d'émaux, qui représentent la vie et le martyre de la Sainte. Le rochet de saint Thomas de Cantorbéry, d'une toile très fine, fait en façon d'une grande tunique, sur lequel on voit encore des endroits tachés de sa cervelle ; quoiqu'il soit conservé dans un lieu humide, il répand néanmoins une odeur digne d'admiration. C'est dans l'église cathédrale qu'on voit la sépulture du savant Nicolas Camusat, qui en était chanoine[1].

Le chapitre de l'église de Troyes est composé d'un doyen, d'un trésorier, d'un chantre, d'un sous-chantre, d'un grand archidiacre,

---

1. Inventaire du trésor de la cathédrale de Troyes, par DE BARTHÉLEMY, dans *Bul. com. hist. France*, I, 1854, 387. — Le trésor de la cathédrale de Troyes, par LEBRUN-DALBANNE, dans *Mém. lus à la Sorbonne* (1863-1864), 185-227. — Les pierres gavées du trésor de la cathédrale de Troyes, par LE MÊME. *Paris*, 1881, in-8. — Essai sur le symbolisme de quelques émaux de la cathédrale de Troyes, par LE MÊME. *Troyes*, 1862, in-4. — Recherches historiques sur l'origine des parcelles de la vraie croix conservées dans le trésor de la cathédrale de Troyes, par COFFINET, dans *Mém. soc. acad. Aube*, 1855, 183 et s. — Inventaires des principales églises de Troyes, par BOUTIOT. *Troyes*, 1893, 2 vol. in-8. — Inventaire des châsses de la cathédrale de Troyes, fait en juin 1429, par LE BRUN D'ALBANE, dans *Mém. soc. acad. Aube*, 1864, 35-37. — Congrès archéol. LXIX, 9.

des archidiacres de Sézanne, d'Arcis, de Brienne et des Marguerite,
de trente-sept chanoines et de quatre autres chanoines de la chapelle
de Notre-Dame. Les trente-sept canonicats valent environ six cents
livres de revenu chacun. Mais ceux de Notre-Dame ne sont que de
deux cents cinquante livres. Les canonicats sont à la collation du
roi et de l'évêque alternativement[1].

1. Inventaire sommaire des arch. départ. sér. G, I, 236-427; II, 1-566.
— Le sceau et les armoiries du chapitre de la cathédrale de Troyes, par
LALORE, dans *Mém. soc. acad. Aube*, L, 1886, 221-253. — Factum du procès pour les doyen, chanoines et chapitre de l'église de Troyes... contre
les manants et habitants d'Orvilliers (1646) — *S. l. n. d., in-4.* — Factum
pour les quatre chanoines de la chapelle de Notre-Dame fondée en l'é-
glise de Troyes, et semi-prébendés au chœur de la dite église, demandeurs, contre les doyen, chanoines et chapitre. *S. l. n. d., in-4.* — Arrêt
de la Cour de Parlement, portant règlement entre le chapitre de Troyes
et Nicolas Adenet, ci-devant vicaire amovible de l'église de Saint-Savinien.
Paris, 1666, *in-4.* — Instruction sommaire pour Nicolas Lefèvre Desche-
valiers, prêtre, chanoine et archidiacre de l'Église de Troyes, syndic du
clergé du diocèse, prenant le fait et cause de Nicolas Doe, receveur des
décimes du même diocèse. *Paris*, 1726, *in-fol.* — Mémoire à consulter et
consultation pour les doyen, chanoines et chapitre de l'église cathédrale
de Troyes, les doyen, chanoines et chapitre de l'église royale et collégiale
de la dite ville, des curés de la dite ville et du diocèse, sur la question :
si le parlement est compétent pour connaître d'un différend sur la convocation d'une assemblée et de la nomination qu'il y a été faite de deux
députés au bureau diocésain, ou si la connaissance de ce différend appartient à la Chambre supérieure des décimes. *Paris*, 1768, *in-4.* — Mémoire
à consulter, requête à l'Assemblée générale du clergé de Paris (sur la
même affaire). *Paris*, 1770. *in-4.* — Factum pour les doyen, chanoines
et chapitre de l'église royale de Saint-Etienne de Troyes, vicomtes de la
même ville, défendeurs, contre les doyen, chanoines et chapitre de l'é-
glise cathédrale de Saint-Pierre dudit Troyes. *S. l. n. d., in-4.* — Archives historiques, par VALLET DE VIRIVILLE, 105-118. — Topographie historique, par COURTALON-DELAISTRE, II, 107-135. — La maîtrise de Troyes,
par PRÉVOST. *Troyes*, 1906. *in-8* ; ext. *Mém. soc. acad. Aube.* — Obituaires
du diocèse de Troyes, par LALORE, 17-34. — Les obituaires français, par
MOLINIER, 241. — Auctarium Promptuarii de CAMUZAT, 3-15, 22-30. —
Promptuarium[1] 328-333.

Le diocèse de Troyes renferme 372 paroisses et 98 annexes, divisées en huit doyennés sous cinq archidiacres [1].

Lorsque l'évêque de Troyes fait son entrée solennelle dans cette ville, la veille de la cérémonie, il doit venir à l'abbaye de Notre-Dame aux Nonnains, monté sur une mule, qui reste à l'abbesse. Il y passe la nuit et le lit où il couche lui appartient. Le lendemain, l'abbesse le conduit dans le chapitre du monastère, le revêt de ses habits pontificaux, lui met la chape sur le dos, la mitre sur la tête et la croix en main, et en exige un serment sur l'Évangile de garder les privilèges et franchises de cette abbaye, et le prélat en donne un acte par écrit à l'abbesse. Après cela, l'abbesse le conduit au grand autel de l'église de l'abbaye, où, après avoir fait les mêmes cérémonies qu'elle a faites dans le chapitre, elle le présente au clergé, en s'adressant au doyen du chapitre et disant : « Voilà votre évêque que je vous présente. » Ensuite le prélat est porté processionnellement dans une chaise couverte d'un poële, depuis l'abbaye de Notre-Dame jusqu'à la cathédrale, par les barons d'Anglure, de

---

1. Il y avait, en 1648, 429 cures, 24 abbayes, 205 prieurés, 236 chapelles et 29 maladreries ; en 1760, 372 paroisses, 98 annexes, 10 collégiales, 19 abbayes et 7 prieurés conventuels. Le grand archidiaconé de Troyes comprenait l'archiprêtré de la ville, les doyennés de Troyes, de Marigny, de Villemaur et de Pont-sur-Seine ; l'archidiaconé de Sézanne, le doyenné de Sézanne ; l'archidiaconé de Sainte-Marguerite, le doyenné de Sainte-Marguerite ; l'archidiaconé de Brienne, le doyenné du même nom, et l'archidiaconé d'Arcis, le doyenné d'Arcis. — Catalogue ou poulier des bénéfices du diocèse de Troyes, revu, augmenté et dressé sur les anciens titres, registres et catalogues manuscrits, par CAMUZAT. Troyes, 1612, in-8. — Grand Pouillé des bénéfices de France. Paris, 1626, in-8, 71-99. — Pouillé général contenant les bénéfices de l'archevêché de Sens et des diocèses de Troyes, Auxerre et Nevers. Paris, Alliot, 1648, in-4. — Pouillé du diocèse de Troyes, rédigé en 1407, publié par D'ARBOIS DE JUBAINVILLE. Paris, 1853, in-8. — Topographie ecclésiastique de la France, par DESNOYERS, I, 128-130. — Pouillés de la province de Sens, par LONGNON, XXIX-XXXVI, 273-321. — Liste des prieurés, commanderies et hôpitaux de l'ancien diocèse de Troyes, d'après le pouillé de l'évêché de 1761, par LALORE, dans Revue de Champagne et de Brie, XIX, 431-456.

Saint-Just, des Moulins, de Rivière banale de Méry-sur-Seine et de Poussey, lesquels étant à genoux lui rendent foi et hommage. Cette cérémonie a été constamment observée jusqu'à François Bouthillier de Chavigny, qui s'en dispensa, à sa prise de possession[1].

La collégiale de Saint-Étienne, qui est l'église la plus considérable après la cathédrale, fut fondée pour cinquante chanoines par le comte Henri, qui a son tombeau au milieu du chœur. Le jubé de cette église est surtout estimé des connaisseurs ; on y voit quatre figures qui sont d'un beau travail. Le trésor est moins considérable pour le nombre des reliques que pour ses richesses. Il y en a peu en France qui l'égalent ou même qui en approchent. On n'y voit qu'or et pierreries, agathes, rubis, topazes d'une grosseur merveilleuse et taillées avec tant d'adresse qu'il est difficile de l'exprimer. On y voit

---

1. Inventaire sommaire des archives départementales, sér. G, I, 1-236. — Archives historiques, par VALLET DE VIRIVILLE, 92-102. — Dissertation sur le joyeux avènement de l'évêque de Troyes. Ibid., 340-352. Dissertation d'André du Saussay sur les cérémonies de l'entrée des évêques de Troyes lors de leur joyeux avènement, 442-449. — Le joyeux avènement des évêques de Troyes. Le lit du prélat et le palefroi de l'abbesse, par VALLET DE VIRIVILLE, dans Annuaire... Aube, VII, 1841, 48. — Cérémonial du joyeux avènement des évêques de Troyes, dans Mém. acad. Aube, XLI, 1877, 369. — COURTALON-DELAISTRE, I, 259-483. — Promptuarium..., de CAMUZAT, 113-269.

Abbonnement des evesques, doyen et chapitre de l'Église de Troyes la dime des vignes étant en leur dimage..., Troyes, 1618, in-4. — Factum pour D. Fr. Le Bouthillier de Chavigny, évêque de Troyes, contre Ch. N. Saladin d'Anglure, appelant des saisies féodales de la terre d'Anglure (1714). S. l. n. d., in-fol. — Mémoire pour J.-B. Bossuet, évêque de Troyes, demandeur en cassation d'un arrêt rendu au Grand Conseil, le 7 mars 1720, contre Louis de Froulay, commandeur de Couliours, et Edme Cogniasse, soi-disant curé de Mesnil-Saint-Loup. S. l. n. d., in-fol. — Deux autres pièces sur ce procès. — Mémoire signifié pour François Daudier, bourgeois de Troyes, intimé contre J.-B. Bossuet, évêque de Troyes, seigneur de Saint-Lié, appelant d'une sentence du bureau de la ville du 27 mars 1737. Paris, 1739, in-fol. — Mémoire pour le procès intenté par l'évêque de Troyes au sujet des prétendus ouvrages posthumes de feu Bossuet. S. l. n. d., in-4. — Mémoires au sujet d'un mandement de l'évêque de Troyes du 27 décembre 1754. S. l. n. d., in-4.

plusieurs textes couverts d'or et enrichis de pierres précieuses de
diverses couleurs, si bien placées qu'on dirait ces couleurs mises
exprès pour l'ornement de l'ouvrage. On y voit des croix d'or
ornées de même manière, le psautier du comte Henri, écrit en lettres d'or d'un caractère qui a plus de huit cents ans. L'autel de porphyre de saint Martin, large d'un pied et demi, et long d'environ
un pied, orné d'une bordure d'or et de pierres précieuses ; une
patène faite sur le modèle de l'ancienne patène de saint Martin, qui
était creuse et d'or, laquelle fut vendue avec son calice d'or pour la
rançon de François Ier ; une chasuble aussi ancienne, qu'on prétend
être du même saint, ce qui me semble un peu douteux, car elle ne
paraît pas avoir un caractère d'une si grande antiquité. On deman-
dera, peut-être, comment l'autel, le calice et la patène de saint Martin ont pu venir à Troyes. On peut répondre à cela que, les comtes
de Champagne étant aussi comtes de Blois et de Touraine, ils ont
pu facilement les avoir de l'abbaye de Marmoutier et de l'Église de
Tours, qu'ils les ont primitivement gardés dans leur trésor et que
le comte Henri les a enfin donnés à son église de Saint-Etienne, qui
n'est pas seulement riche en or et en pierreries, mais encore en
manuscrits. Les principaux sont les épîtres de saint Augustin, ses
livres de la *Cité de Dieu* et de la *Trinité*, ses homélies et ses sermons ; Saint Jérôme sur Isaïe, Jérémie, Ezéchiel et Daniel, deux
volumes des sermons de saint Bernard, les livres du *souverain bien*
de saint Isidore, Alcuin sur *les vertus*, l'*histoire ecclésiastique* d'Eusèbe de la version de Rufin, l'*histoire* de Fréculfe, la *Tripartite* et le
reste. Il y a dans cette collégiale huit dignités et cinquante-sept prébendes, toutes à la nomination du roi, excepté le doyen qui est électif [1].

---

1. 164 dossiers et 1660 registres aux archives départementales sér. G.
Archives départementales. État des fonds, 68. — VALLET DE VIRIVILLE,
122-129. — Cartulaire de Saint-Etienne de Troyes, ms. du XIIIe s., *Bib.
nat. ms. lat.* 17098. — Principaux obituaires, par LALORE, 271-293. —
Les obituaires français, par MOLINIER, 242. — COURTALON-DELAISTRE, II,

La collégiale de Saint-Urbain est l'ouvrage du pape Urbain IV, qui la fit bâtir pour douze chanoines dans sa maison paternelle. La mort l'empêcha d'y faire tout le bien qu'il s'était proposé. Elle est pourtant exempte de la juridiction épiscopale et immédiate au Saint-Siège. Il y a deux dignités et neuf prébendes à la nomination du roi et du doyen, à l'alternative. Le doyen est électif[1].]

136-150. — Pouillé du diocèse, par D'ARBOIS DE JUBAINVILLE, 75-93. — Recueil de plusieurs titres pour justifier qu'Henri I, comte de Champagne, est le fondateur des chanoines prébendés de Notre-Dame en l'église royale de Saint-Étienne de Troyes. Troyes, 1664, in-8. — Copie d'une lettre écrite au XVe s. (23 janvier 1445), par JEAN L'EGUISÉ, évêque de Troyes, à M. de Melun, archevêque de Sens, à ce qu'il lui plaise faire cesser les abus qui, chacun an, sont commis dans les églises de Saint-Pierre et de Saint-Étienne de Troyes à certain jour dit vulgairement la fête des fous. S. l. n. d., in-4. Galliachristiana, XII, instr. 95-97. — Calendarium omnium festorum totius anni secundum usum insignis ecclesiae regalis Sancti Stephani Trecensis. Troyes, 1641, in-12. — Description de la pompe funèbre pour le transport des cendres des comtes de Champagne Henri et Thibault, de l'église Saint-Étienne en celle de la cathédrale. In-4. s. d. — Sentiments de regret et de consolation tout ensemble sur la mort de vénérable et discrète personne, M. Nicolas Parisot, chanoine de l'église royale et collégiale de Saint-Étienne de Troyes, décédé le 5 avril 1717. S. l. n. d., in-12. — Bibliothèque troyenne, par PIGEOTTE, n°s 83-86, 186, 255, 577, 704, 751, 782, 1392, 1589. — Mémoire pour D. Fr. Bouthillier de Chavigny, évêque de Troyes, contre les doyen, chanoines et chapitre de l'église collégiale de Saint-Étienne. Paris, s. d., in-fol. (vers 1712). — Factum pour les doyen, chanoines et chapitre de Saint-Étienne, contre Bouthillier de Chavigny. Paris, s. d., in-fol. — Mémoire pour le chapitre de Saint-Étienne contre le sieur Parisot, marchand, intimé. Paris, 1736, in-fol.

1. L'église de Saint-Urbain, commencée en 1262, n'a été terminée qu'au XIXe siècle. — 56 dossiers et 835 registres aux arch. départ. sér. G. — État des fonds, 69. — VALLET DE VIRIVILLE, 132-138. — Principaux obituaires, par LALORE, 328-382. — Promptuarium de CAMUZAT, 374-377. — POTHAST, Innocent II (1131), 7512; Alexandre III (1170-1172), 11882, 12141. — COURTALON-DELAISTRE, II, 151-163. — Mémoire pour les doyen, chanoines et chapitre de l'église collégiale et papale de Saint-Urbain de Troyes, contre le sieur Missonnet, chantre, et les sieurs Maimart et Léger, chanoines de la même église. Paris, 1767, in-4. — Mémoire pour Noël Missonet, chanoine et chantre de l'église papale et collégiale de Saint-

Il y avait, en outre, dans le diocèse les collégiales de Saint-Blier de *Broyes*, *de Brecis*, fondée dans le château par Bardulphe et Hélinde, sa femme (1081) ; de Notre-Dame de *Lirey*, *de Liriaco*, fondée par Geoffroy de Charny (1353) ; de Saint-Laurent de *Plancy*,

---

Urbain de Troyes, Joseph Maimart et H. Jul. Léger, contre les doyen, chanoines et chapitre de cette église. *Paris*, 1767, in-4. — *Oratio dicta, die Cœnæ, in capitulo ecclesiæ Sancti Urbani Trecensis*, 12 avril 1770. S. l. n. d., in-8. — 28 mars 1771, S. l. n. d., in-8. — 8 avril 1773. S. l. n. d., in-8. — 31 mars 1774. S. l. n. d. in-8. — Discours sur le couronnement de Jésus-Christ, prêché en l'église de Saint-Urbain de Troyes, 7 août 1774 et 13 août 1775. *Troyes*, s. d., in-8. — Traduction du discours prononcé, le Jeudi-Saint, dans le chapitre de l'église de Saint-Urbain de Troyes, 13 avril 1775. *Troyes*, s. d., in-8. — L'église de Saint-Urbain de Troyes, par LALORE, dans *Revue de Champagne*, VIII, 373. — Saint-Urbain de Troyes, par BABEAU. *Troyes*, 1891, in-8 ; ext. *Annuaire... Aube.* — Compte rendu de la restauration et de l'inauguration de l'église Saint-Urbain de Troyes, par JOSSIER. *Troyes*, 1905, in-8. — Etude historique sur la construction de l'église de Saint-Urbain de Troyes, par LORAIN. *Troyes*, 1877, in-8 ; ext. *Mém. soc. acad. Aube.* — Documents inédits pour servir à l'histoire de la collégiale de Saint-Urbain de Troyes, par MECHIN. *Troyes*, 1878, in-8 ; ext. *même recueil.* — Congrès archéolog. LXIX, 12-16. — Note sur un vitrail de Saint-Urbain de Troyes représentant les armoiries de Champagne, par D'ARBOIS DE JUBAINVILLE, dans *Bul. soc. antiq. France*, 1878, 82-84. — Mémoires fournis aux peintres chargés d'exécuter les cartons d'une tapisserie destinée à la collégiale de Saint-Urbain de Troyes, représentant les légendes de Saint-Urbain et de Sainte-Cécile, par GUIGNARD, dans *Mém. soc. acad. Aube* (1850), 421. — Titres de la fondation de l'église Saint-Urbain de Troyes..., par BREYER. *Troyes*, 1683, in-4. — Chartes de la collégiale de Saint-Urbain de Troyes (1262-1597), par LALORE, dans *Cartulaires du diocèse de Troyes*, V, LXXV-CXIV, 229-371.

1. Cant. Sézanne, arr. Epernay, Marne. — Un art. aux arch. départ. Marne. — COURTALON-DELAISTRE, III, 276.

2. Cant. Bouilly, arr. Troyes, Aube. — Quelques reg. aux arch. départ. sér. G. — VALLET DE VIRIVILLE, 129. — Promptuarium de CAMUZAT, 410-424. — COURTALON-DELAISTRE, III, 115. — Le linceul du Christ. Etude critique et historique, par DOM CHAMARD. *Paris*, s. d., 48 *et s.* — Le Saint-Suaire de Turin est-il l'original ou une copie. Etude critique, par UL. CHEVALIER. *Chambéry*, 1899, in-12. — Le Saint-Suaire de Lirey-Chambéry-Turin et les défenseurs de son authenticité, par LE MÊME. *Paris*,

de *Plancheiaco*, fondée dans leur château par les seigneurs du
lieu (XII⁰ s.)[1]; de Saint-Remy de *Pleurs*, de *Plaustro*, fondée par
Henri I, comte de Champagne (1180)[2]; de Saint-Nicolas de *Pougy*,
de *Pogeiaco*, fondée par Henri le Libéral, comte de Champagne
(1154)[3]; de Saint-Nicolas de *Sézanne*, fondée par le comte
Henri I (1164)[4]; de Notre-Dame de *Villemaur*, de *Villamauri*,
fondée par les seigneurs du lieu avant 1445[5].

Les Chartreux possédaient, dans la banlieue de Troyes, un monastère fondé en 1315 par Pierre de Moussey et Guillaume, son
épouse[6]. La ville épiscopale avait des couvents de Dominicains,
fondé auprès d'une église de Saint-Paul, vers 1228, par le comte
Thibault le Posthume[7]; de Cordeliers ou Franciscains, fondé en

---

1902, *in-8*. — Etude critique sur l'origine du Saint-Suaire de Lirey-
Chambéry-Turin, par LE MÊME. *Paris*, 1900, *in-8*; ext. *Bul. histor. com.
trav. hist.*

1. Cant. Méry-sur-Seine, arr. Arcis, Aube. — COURTALON-DELAISTRE,
III, 467. — Le marquisat de Plancy et ses seigneurs, par DE PLANCY. *Arcis*,
1895, *in-8*.

2. Cant. Sézanne, arr. Epernay, Marne. — 15 art. aux arch. départ.
sér. G. — COURTALON-DELAISTRE, III, 307.

3. Cant. Rumerupt, arr. Arcis, Aube. — Quelques reg. aux arch.
départ. sér. G. — VALLET DE VIRIVILLE, 132. — COURTALON-DELAISTRE,
III, 438. — Auctarium Promptuarii de CAMUZAT, 30. — Etude historique sur Pougy, par LE CLERT. *Troyes*, 1893, *in-8*; ext. *Annuaire*.

4. Chef-l. cant., arr. Epernay, Marne. — 133 art. aux arch. départ.
sér. G. — COURTALON-DELAISTRE, III, 315-324. — CAMUZAT, 35. — Histoire de Sézanne, par MILLARD. *Sézanne*, 1902, 2 vol. *in-8*.

5. Cant. Estissac, arr. Troyes, Aube. — Quelques pièces aux arch.
départ. sér. G. — COURTALON-DELAISTRE, III, 185. — Notice historique
sur Villemaur, par ROSEROT. *Arcis*, 1879, *in-8*; ext. *Revue de Champagne*.

6. Cette chartreuse était connue sous le nom de *Notre-Dame de la
Prée*, *Beata Maria de pratea*. — 19 dos. et 21 reg. aux arch. départ. Aube,
sér. H. — VALLET DE VIRIVILLE, 163-164, 223. — COURTALON-DELAISTRE,
III, 50-58. — Annales ordinis Carthusiensis, par DOM LE COUTEULX, V,
293-300. — Promptuarium de CAMUZAT, 315. — Auctarium, 16-21.

7. 11 cart. aux arch. départ. sér. H. — VALLET DE VIRIVILLE, 164. —
COURTALON-DELAISTRE, II, 184-191. — Promptuarium, 322-328.

1237 par le comte Thibault IV[1] ; de Mathurins ou Trinitaires, établi dans l'ancien prieuré cluniste de Saint-Jacques, en 1260, par le
comte Thibault V[2] ; de Capucins, fondé en 1610[3]. Les Prêtres de
la Mission ou Lazaristes s'y installèrent en 1640 et Bossuet les
transféra au prieuré de Notre-Dame en l'Isle en 1720[4]. Ils dirigeaient le séminaire diocésain. Les Oratoriens reçurent, en 1630, la
direction du collège de la Licorne, fondé en 1592, et auquel François Pithou avait légué, en 1617, une partie de sa fortune et la pré-
cieuse bibliothèque de son frère Pierre[5]. Il y avait une école plus
modeste, que l'évêque Bouthillier érigea en petit séminaire (1693)[6].
Les Frères des écoles chrétiennes ouvrirent une école de charité (1703), fondée par Madeleine de Galmet[7]. Les Carmélites fon-

---

1. Quelques pièces aux arch. départ. sér. H. — VALLET DE VIRIVILLE,
164. — Promptuarium, 436. — COURTALON-DELAISTRE, II, 349-357. —
Les Frères Mineurs ou Cordeliers de Troyes, par LALORE, dans *Annuaire...
Aube*, XXXV, 1869, 131. — Un bas-relief de l'ancien couvent des Corde-
liers de Troyes et le sculpteur Jubert, par BABEAU, dans *Annuaire...
Aube*, LII, 1887, 105-114.

2. Ibid., où un Cartulaire. — Promptuarium, 426, 429. — VALLET DE
VIRIVILLE, 167-168. — COURTALON-DELAISTRE, II, 294-298. — L'ordre des
Trinitaires, par DESLANDRES, I, 585. — Notice sur le prieuré de Saint-
Jacques ou des Mathurins, *Bib. Rouen ms.* 2045.

3. Ibid. — COURTALON-DELAISTRE, II, 209-211. — Auctarium Promptuarii, 37.

4. 19 art. ibid. sér. G. — VALLET DE VIRIVILLE, 102. — COURTALON-
DELAISTRE, II, 308-314 ; III, 60.

5. Inv. som. arch. départ. sér. D. — L'enseignement secondaire à
Troyes, par CARRÉ. — COURTALON-DELAISTRE, II, 224-232. — Vie de
Pierre Pithou, par GROSLEY. *Paris*, 1756, 2 vol. *in-12*. — Bibliothèque
troyenne, par PIGEOTTE, n°⁵ 1589-1617. — Notice historique sur le collège de Troyes, par FOMERON, dans *Mém. acad. Aube*, X, 1840, 144-221.
— Les élèves de l'ancien collège de Troyes, par CARRÉ, *Ibid.* XLV, 1881,
391-414. — Notice historique sur le collège et l'ancien lycée de Troyes,
par THÉVENOT, dans *Annuaire... Aube*, XLII, 1877, 79-172. — Le théâtre
du collège de Troyes, par BABEAU. *Ibid.*, XLVI, 1881, 111-150.

6. COURTALON-DELAISTRE, II, 298. — Le petit séminaire de Troyes, par
DEFER, dans *Mém. soc. acad. Aube*, LVI, 253-306.

7. Inv. som. arch. départ. sér. D. — COURTALON-DELAISTRE, II, 301-
304.

dèrent leur maison en 1620 avec le concours de Marie de Mesgrigny. Un second monastère, fondé en 1630, fut uni au précédent en 1749[1]. Les Visitandines commencèrent à bâtir leur couvent en 1633[2]; les Ursulines s'établirent en 1628[3] et les Religieuses de la Congrégation de Notre-Dame, deux ans après[4]; les Sœurs de la Charité, en 1717[5]. L'Hôtel-Dieu-le-Comte avait pour le desservir des religieux et des religieuses de Saint-Augustin[6]. La congrégation des Filles de la Croix fut établie au commencement du XVIIe siècle.

Il y eut des Cordeliers, à *Sézanne*, fondés en 1224 par le comte Thibault IV[7]; ainsi que des Récollets, fondés en 1619[8]. Les Minimes s'installèrent à *Brienne*, en 1625, avec le concours de Louise de Béon-Luxembourg, dame de Brienne[9]. Les Capucins furent appelés à *Nogent* par Bouthillier de Chavigny, surintendant des Finances (1633)[10].

---

1. 7 dossiers aux arch. départ. sér. H. — VALLET DE VIRIVILLE, 174. — COURTALON-DELAISTRE, II, 238-243; III, 58-60.

2. 30 reg. ibid. — VALLET DE VIRIVILLE, 176. — COURTALON-DELAIS-TRE, II, 211-218.

3. Inv. som. arch. départ. sér. D. — ID., 176. — ID., II, 330-334.

4. COURTALON-DELAISTRE, II, 208.

5. Inv. som. arch. départ. sér. D. — Promptuarium, de CAMUZAT, 401. — COURTALON-DELAISTRE, II, 232.

6. 201 reg. aux arch. départ. sér. H. — Note sur la question de savoir à quelle date et par qui fut fondé l'Hôtel-Dieu-le-Comte de Troyes, par D'ARBOIS DE JUBAINVILLE, dans *Mém. soc. Aube*, (1856), 149. — Notice sur les établissements hospitaliers de Troyes, par GUYOT, dans *Annuaire... Aube*, 1853, 171. — Les anciens statuts de l'Hôtel-Dieu-le-Comte, par GUIGNARD. *Troyes*, 1853, in-8.

7. Quelques pièces aux arch. départ. Marne. sér. H. — COURTALON-DELAISTRE, III, 319.

8. Ibid. — ID., III, 320.

9. Quelques pièces aux arch. départ. Aube, sér. H. — ID., III, 396.

10. Ibid. — ID., III, 419.

Abbayes d'hommes

Ordre de Saint-Benoît

MOUTIER-LA-CELLE, *Cella Sancti Petri*[1], fondée sous le vocable de saint Pierre vers 666 par saint Frobert, qui en fut le premier abbé. Saint Robert, abbé de Molesmes, puis fondateur de Cîteaux, y avait d'abord embrassé la vie monastique. Pierre de Celle, abbé de

---

1. Com. de Troyes. Fondée vers 660. La mense abbatiale fut unie à l'évêché de Troyes en 1770. — 115 dossiers et 328 reg. aux arch. départ. Aube, sér. II, où un Cartulaire-censier (XVe s.) et des inventaires (XVIIIe s.). — VALLET DE VIRIVILLE, 158-161. — Les archives du département de l'Aube, par D'ARBOIS DE JUBAINVILLE, dans *Bib. école chartes*, XXIV, 455-457. — Notices bibliographiques sur les archives des églises et des monastères de l'époque carolingienne, par GIRY, 27. — Inventaire des titres conservés en l'hôtel abbatial de Moutier-la-Celle... (1731), *Bib. Troyes*, ms. 2428. — Histoire de l'abbaye de Moutier-la-Celle, par DOM TITON, prieur. *Ibid.* ms. 2663. — Histoire abrégée de l'ancienne et illustre abbaye de Moutier-la-Celle-lez-Troyes, de l'ordre de Saint-Benoît et de la Congrégation de Saint-Vanne, par DOM SÉBASTIEN DIEUDONNÉ, bénédictin y demeurant. *Ibid.* 2688. — Histoire de l'abbaye royale de Moutier-la-Celle, *Arch. de l'Aube*. — Manuscrits provenant de la bibliothèque, Catalogue des manuscrits de la bibliothèque de Troyes. *Paris*, 1855, in-4, 1019. — Mémoires pour servir à l'histoire particulière des saints ou hommes illustres de l'abbaye de Moutier-la-Celle, suivies de notices sur l'église et de factums imprimés. *Bib. Rouen*, ms. 2045. — *Bib. Reims* ms. 132, 346. — *Bib. Carpentras* ms. 1839. Documents sur une réforme de l'abbaye (1549). *Ibid.* ms. 1816 et 1837.

Vita Sancti Frodoberti, abbatis Cellæ prope Trecas primi, dans *Acta Sanctorum* de MABILLON, sec. II, 626-639. — Translatio ejusdem, auct. ADSONE. *Ibid.*, IV, II, 243-245. — Carmen de elevatione corporis, dans *Analecta Bollandiana*, V, 1886, 59-66. — Vita Frodoberti, abbatis Cellensis, auctore ADSONE, ed. W. LEVISON, dans M. G. H. *Scriptorum rerum merovingicarum*, V, 67-88. — Cartulaire de Moutier-la-Celle, par LALORE. *Troyes*, 1882, in-8. — POTHAST, Jean VIII (878), 3185 ; Innocent II (1139), 7964 ; Anastase IV (1153), 9775, 9777 ; Adrien IV (1155), 10099, 10100 ; Alexandre III (1165), 11146, 11164 ; Urbain III (1186-1187), 15850, 15795 ;

Saint-Remi de Reims et évêque de Chartres, y fut aussi moine. Ses religieux entrèrent dans la congrégation de Saint-Vanne. Son église était l'une des plus belles du diocèse.

Clément III (1188), 16309, 16310; Grégoire IX (1230, 1235), 8577, 9852; Urbain IV (1262), 18301. — Bulle d'Alexandre IV adressée à l'abbé de Moutier-la-Celle, 21 juillet 1258, dans *Bibliothèque champenoise*, 83. — Actes de Philippe I, par MAUR. PROU, LVII, 151; LVIII, 153. — Layettes du trésor des chartes, I, 498; II, 465; III, 534.

Factum pour M. Pierre Gaudard, abbé de Moutier-la-Celle, et les religieux de la dite abbaye, intimés, contre les habitants de Joigny et consors. *S. l. 1675, in-8*. — Factum pour les religieux, prieur et couvent de l'abbaye de Moutier-la-Celle, appelants... contre les manants et habitants de Javernant. *Paris, 1716, in-fol.*

Sceaux de l'abbaye de Moutier-la-Celle-lez-Troyes, par JAQUET, dans *Bul. soc. sphragistique Paris*, III, 129-135. — DOUET D'ARCQ, 8309, 8310; de l'abbé Pierre (1202), 8875; Literie (1222), 8876; Félix (1267), 8877.

L'église de l'abbaye de Moutier-la-Celle, par LALORE. *Troyes, 1882, in-8*; ext. *Mém. soc. acad. Aube* et *Annuaire... Aube*. — L'abbaye de Moutier-la-Celle, par B., dans *Revue de Champagne et de Brie*, XIX, 97 et s. Notice sur le manuscrit Morel : histoire de Moutier-la-Celle, par FINOT, dans *Annuaire... Aube*, XXX, 1864, 63 et s. — Pierre de Celle, sa vie et ses œuvres, par GEORGES, dans *Annuaire... Aube*, XXIV, 1858, 3 et s. — De Petro Cellensi, abbate Sancti Remigii et episcopo Carnotense, auct. GILLET. *Nancy, 1881, in-8*. — *Pat. lat.*, CCII. — Le procès de Guichard, évêque de Troyes (1308-1313), par ABEL RIGNAULT. *Paris, 1896, in-8*. — Sur les hommes célèbres sortis de l'abbaye de Moutier-la-Celle, par GEORGES, dans *Congrès scientif. France*, LII. *Troyes, 1864*, 604 et s. — Les derniers abbés de Moutier-la-Celle, par BABEAU. *Troyes, 1905, in-8*; ext. *Annuaire... Aube*. — Les abbayes du département de l'Aube, VII. Abbaye de Moutier-la-Celle, par ROSEROT, dans *Bul. hist. com. trav. hist.* (1905), 113-118, 126-130. — La congrégation de Saint-Vanne et la Révolution. Les derniers jours de l'abbaye de Moutier-la-Celle, par GODEFROY. *Arcis, 1910, in-8*; ext. *La Révolution dans l'Aube*, III. — Notice sur quelques fragments de sculpture au Moyen-âge conservés au Musée de Saint-Loup, par ARNAUD, dans *Mém. soc. Aube*, VII, 1834, 11.

Gallia christiana, XII, 538-549; instrum. 249, 260, 269, 277, 288, 292. — Promptuarium, de CAMUZAT, 1-39. — Auctarium Promptuarii, 1-3. — COURTALON-DELAISTRE, III, 24-36. — Pouillé du diocèse de Troyes, par D'ARBOIS DE JUBAINVILLE, 95-97. — Bibliothèque troyenne, 809*, 1402, nos 27, 705.

Montiéramey, *Monasterium Arremari*[1], fondée sous le règne de Louis le Débonnaire par Arremar. Un saint Victor, dont les reliques y furent transférées au XII⁰ siècle, en devint le patron. Saint Bernard composa son office. Nicolas de Clairvaux, neveu de ce saint, y avait fait sa profession monastique avant d'aller le rejoindre. Les religieux de cette abbaye entrèrent dans la congrégation

---

1. Cant. Lusigny, arr. Troyes. — 60 dos. et 71 reg. aux arch. départ. Aube, sér. II. — Vallet de Viriville, 153-158 ; 235-236. — Chartularium monasterii Arremarensis, *Bib. nat. ms. lat.* 5432, 5433. — Coll. Baluze, XXXIX, 147, 154-239 ; LXXI, 27-45. Coll. Champagne, XXII, 85-92. — Notes de Dom Chantelou, *ms. lat.* 13845 f. 26. — Extraits du nécrologe, coll. Duchesne, XXI, 7. — Arch. nat. S. 3216. — Fragment d'un cérémonial (XIII⁰ s.) aux *Arch. départ.* Aube. — Bib. Troyes ms. 360, 1812, 2567. — Officia quædam propria Sanctorum ad usum abbatialis ecclesiæ Sanctorum Petri et Pauli Arremarensis, ordinis Sancti Benedicti (XVIII⁰ s.), *ms.* 1812. — Catalogue des manuscrits Troyes, in-4, 1019 ; supp. IV, 935. — Bib. Tonnerre ms. 40. — Histoire de l'abbaye de Montiéramey, *Bib. Rouen ms.* 2045 f. 221.

    Cartulaire de l'abbaye de Montiéramey, par Lalore. Troyes, 1890, in-8. — Deux diplômes carolingiens des archives de l'Aube (883, 892), par d'Arbois de Jubainville, dans *Bib. école chartes*, XXXIX, 1878, 193-198. — Sur la date d'un groupe de diplômes de Charles-le-Chauve, dans *Mélanges carolingiens*, par F. Lot, dans le *Moyen-Age*, XXI, 1908, 246-248. — Série des documents carolingiens provenant de l'abbaye de Montiéramey jusqu'au milieu du X⁰ siècle, par Giry, dans *Études d'histoire du Moyen-Age dédiées à G. Monod*. Paris, Alcan, 1896, 122-136. — Notice bibliographique sur les archives... par Giry, 27-29. — Actes de Lothaire, par Halphen, XLVII, 107. — Bulle inédite du pape Jean VIII en faveur de l'abbaye de Montiéramey, par d'Arbois de Jubainville, dans *Bib. éc. chartes*, XV, 1854, 280-283. — Actes du Parlement de Paris, 5675. — Une lettre inédite de Henri IV, par de la Brière, dans *Rev. Quest. histor.* (1903), 250-254. — Mémoire en réponse à celui signifié, le 9 août 1786, par l'abbaye royale de Montiéramey contre les habitants de Montiéramey. Troyes, s. d., in-4. — Enquête du 10 août 1786, contraire aux religieux de Moutier Ramey. S. l. n. d. in-4. — Douet d'Arcq, 8311 ; sceau de l'abbé Pierre (1338), 8879.

    L'abbaye de Montiéramey, par Aufauvre, dans *Annuaire... Aube*, XXX, 1864, 35 et s. — Pillage de l'église de Montiéramey par les reitres en 1570. Note sur un émail conservé au musée de Troyes, par Le Clert. Paris, 1892, in-8 ; ext. *Bul. archéol. com. trav. hist.* 1892, 43-48. — Le

de Saint-Vanne. L'église (XII⁰ et XIII⁰ s.) est paroissiale ; il reste une partie des bâtiments claustraux.

Nesle-la-Reposte, *Nigella abscondita*[1], fondée à l'époque mérovingienne sous le vocable de Saint-Pierre, ruinée de fond en comble par les Calvinistes en 1568, abandonnée par les moines (1673), qui se réfugièrent à Villemaure, où ils se soumirent à la Congrégation de Saint-Vanne. On voit encore les ruines de leur église. Ce qui reste du monastère a été transformé en habitation privée.

Ordre de Cîteaux

Boulancourt, *Bulencuria*[2], fondée sous le vocable de Notre-Dame d'abord pour des Chanoines réguliers (avant 1124), qui cédè-

---

discours de la prinse de Montyramé par Mgr le Prince de Joinville, gouverneur de Troyes en Campaigne (1590), réédité par Assien. *Troyes*, 1853, in-8. — Le reliquaire de Saint-Victor de Montiéramey, par J.-B. Giraud. *Lyon*, 1896, in-8, — Les abbayes du département de l'Aube. Montiéramey, par Roserot, dans *Bul. hist. com. trav. hist.*, 1900.

Gallia christiana, XII, 549-562 ; instrum. 247-251, 257, 292. — Promptuarium, de Camuzat, 282-288. — Courtalon-Delaistre, III, 105-109. — Répertoire archéologique, par d'Arbois de Jubainville, 117.

1. Cant. et arr. Epernay, Marne. — Cette abbaye fut transférée à Villemaure en 1670. — 12 dos. et 280 reg. aux Arch. départ. Aube, sér. II, où un cartulaire du XV⁰ s. — Vallet de Viriville, 161-162. — Voyage paléographique, par d'Arbois de Jubainville, 16-20. — Les ruines de l'abbaye de Nesle-la-Reposte, par J. Tillet. *Caen*, 1904, in-8 ; ext. *Congrès archéol. France*, LXIX, 514-526. — Notice sur la châsse de Nesle-la-Reposte, par Le Brem-Dalbanne, dans *Mém. soc. acad. Aube*, XXIII, 1859, 241 et s. — Gallia christiana, XII, 535-538. — Roserot, dans *Rec. cité*, 1903, 126, 131-133. — Auctarium... de Camuzat, 36. — Courtalon-Delaistre, III, 241-243.

2. Com. Longeville, cant. Montier-en-Der, arr. Vassy, Haute-Marne. — 11 art. aux Arch. départ. sér. II. — Quelques pièces aux Arch. départ. Aube, sér. II. — Bib. nat. coll. Duchesne, XX, 326-330 ; LXXVI, 71-74. Coll. Baluze, XXXVIII, 58-65. — Bib. Carpentras ms. 1814, f. 122. — Cartulaire de l'abbaye de Boulancourt, par Lalore. *Troyes*, 1869, in-8 ; ext. *Mém. soc. acad. Aube*. XXXIII, 101 et s. — Obituaire, dans *le volume précédent*. — Potuast, Grégoire IX (1234), 9389. — Actes du Parlement

rent la place à des moines de Clairvaux (1149). Il y eut dans le voisinage un monastère de femmes, *Le Lieu-des-Dames*, où vécut
sainte Asceline, cousine de saint Bernard. Il n'en restait au
XVIII⁰ siècle qu'une grange et une chapelle. Les reliques de la
sainte étaient vénérées dans l'église abbatiale de Boulancourt.

L'ARRIVOUR, *Riparorium*, fondée en l'honneur de Notre-Dame
avec des moines de Clairvaux, probablement en 1139, par l'évêque
de Troyes, Haton. Saint Bernard y mit pour premier abbé Alain,
qui devint évêque d'Auxerre. L'église possédait au XVIII⁰ siècle un
beau retable en jaspe de Venise, où étaient sculptés quelques
mystères de la vie de la Vierge. On y conservait une descente de

de Paris, 679*. — L'abbaye de Notre-Dame de Boulancourt et le monastère de Lieu-les-Dames de Boulancourt, par LUCOT. *Châlons*, 1877 *in-8*;
ext. *Mém. soc. Marne*, XX, 1875, 49 *et s.* — La vierge de Boulancourt, statue de bois sculpté de 1535, conservée en l'église de Montier-en-Der, par
LE MÊME, *Ibid.*, XXII, 1877, 67. — Notre-Dame de Boulancourt, par
PINARD. S. *l. n. d. in-8*; ext. *La Haute-Marne. Revue champenoise*, 1856,
391. — Pseudo-diva Bullencuriana, seu in Ascelina colenda vana religio,
disquisitore PERISTEROTROPIO (GUICHARD DE BEURNEVILLE). *Troyes*, 1711,
in-fol. (*Bibliothèque troyenne*, n° 74). — Notice historique sur les deux
monastères, le village, l'église, le collège et le château de Puellemontier,
suivie d'une courte notice sur l'abbaye de Boulancourt, par DIDIER.
Troyes, 1868, *in-8*. — Gallia christiana, XII, 607-608; instr. 262-268. —
Promptuarium de CAMUZAT, 349. — COURTALON-DELAISTRE, III, 350. —
Répertoire historique de la Haute-Marne, par ROSEROT. 38. — Origines
cisterciennes, de JANAUSCHEK, 118.

1. Com. et cant. Lusigny, arr. Troyes, Aube. — 18 lias. et 19 reg. aux
arch. départ. sér. H. — VALLET DE VIRIVILLE, 150. — Cartulaire du
XIII⁰ s., aux arch. départ. et *Bib. nat. ms. lat. nouv. acq.* 1228. — Coll.
BALUZE, XLVI, 309-313; coll. DUCHESNE, LXXVI, 62-69. — Documents
divers, *Bib. Troyes ms.* 2499, 2710 et 2768. — Arch. nat. S. 3215. —
PORIIAST. Innocent II (1130-1143), 8278; Lucius III (1184), 15077;
Urbain III (1186-1187), 15826; Célestin III (1195), 17297. — Actes du
Parlement de Paris, 5675. — Cartulaire de l'abbaye de L'arrivour, dans
Revue Champagne, XXIII, 1887, 313-314. — Les abbayes du département
de l'Aube, par ROSEROT, dans *Bul. hist. com. trav.*, 1890, 156-160, 170-
180. — Gallia christiana, XII, 597-601; instr. 260. — Promptuarium,
de CAMUZAT, 316-322. — COURTALON-DELAISTRE, III, 99-101.

croix, qui passait pour être de Michel-Ange ou de Raphaël. Il sub-
siste quelques bâtiments des XVII⁰ et XVIII⁰ siècles.

Le Reclus, *Reclusum*[1], fondée sous l'invocation de Notre-
Dame (1142). Henri, comte de Champagne, en fut le principal bienfaiteur (1164). Dom Boucherat, qui entreprit au XVII⁰ siècle la
réforme de Cîteaux, en avait été prieur. C'était, au XVIII⁰ siècle, une
maison de correction pour les moines.

Scellières, *Sigillariæ*[2], fondée en l'honneur de Notre-Dame en
1167 par Hugues de Romilly. Les Huguenots ruinèrent l'église et
le monastère (1567), qui furent incomplètement restaurés au siècle
suivant. Voltaire y fut enterré.

---

1. Com. Saint-Prix-les-Hameaux, cant. Montmort, arr. Epernay,
Marne. — 1 reg. et 47 lias. aux Arch. départ. sér. II, où l'on conserve
un cartulaire du XIII⁰ s. — Bib. nat. coll. Baluze, LI, 231-233. —
Potthast, Alexandre III (1175, 1179), 12484, 13308. — Sceau de l'abbé
Jean (1317), dans Douet d'Arcq, 8987. — Notes pour servir à l'histoire
de l'abbaye du Reclus, par J. de Baye, dans *Rev. Champagne*, IX, 487 ;
XIII, 428. — L'abbaye du Reclus, maison de détention au XVIII⁰ s., par
Grignon. *Ibid.*, XVI, 161. — La ville de Sézanne et l'abbaye du Reclus.
Notes historiques, par Ed. de Barthélemy, dans *Mém. soc. acad. Aube*,
XLIII, 1879, 429. — Gallia christiana, XII, 601-604 ; instrum., 270, 272.
— Janauschek, 66. — Promptuarium, de Camuzat, 378. — Courtalon-
Delaistre, III, 305.

2. Com. et cant. Romilly-sur-Seine, arr. Nogent-sur-Seine, Aube. —
Quelques pièces aux Arch. départ. sér. II. — Cartulaire (XIII⁰ et XIV⁰ s.),
Bib. Troyes ms. 2290. — Bib. Reims. Tarbé cart. 1, n° 18. — Vallet de
Viriville, 162. — Sceau de l'abbé Gilbert (1317), dans Douet d'Arcq,
9994. — Notre-Dame de Seillères, abbaye bénédictine du diocèse de
Troyes, par Le Clert, *Troyes*, 1903, in-8 ; ext. *Mém. soc. acad. Aube*,
LXVI, 205-308. — Les abbayes du département de l'Aube, par Rosenot,
dans *Bul. hist. com.*, 1904, 560-565, 570-590. — Translation de Voltaire à
l'abbaye de Scellières, par Am. Aufauvre, dans *Annuaire... Aube*, XXIII,
1857, 123 et s. — Etude historique sur Romilly-sur-Seine, par Le Clert.
Troyes, 1898, in-8 ; ext. *Annuaire... Aube*, 1898. — Gallia christiana,
XII, 608-609. — Janauschek, 156. — Promptuarium de Camuzat, 379.
— Courtalon-Delaistre, III, 212.

Chanoines réguliers

SAINT-LOUP, *Sanctus Lupus Trecensis* [1], donnée en 1104 aux Chanoines réguliers.

On y trouve une fort belle *Bible* en trois grands volumes, d'environ 600 ans; un texte des *Paralipomènes* et des *Macchabées*, écrit en lettres lombardes, il y a près de mille ans; un très beau pontifical, un traité de saint Antonin, évêque de Florence pour l'*instruction des confesseurs*, dont le prologue commence par ces mots : *Defecerunt scrutantes scrutinio.* Je doute que cet ouvrage soit imprimé. L'église de l'abbaye de Saint-Loup est très belle et d'une structure singulière ; elle est en forme de croix et tous les croisons sont de même grandeur et de même forme. Le grand autel, lorsqu'on découvre les châsses de saint Loup, de saint Commelien et de saint Winebaud, est d'une magnificence achevée. Ce qui en fait le plus bel ornement est le chef de saint Loup. Il est d'une grandeur surprenante, d'une matière très riche et d'un travail immense. Les ornements qui sont dessus ne cèdent en rien au reste, et l'on estime un seul rubis plus de 20.000 livres. Les émaux, qui

---

1. 19 dos. et 43 reg. aux arch. départ. sér. II. — VALLET DE VIRIVILLE, 150-152, 220-221. — Bib. nat. coll. DUPUY, DCCCXXVIII, 129. — Bib. Sainte-Geneviève *ms.* 608, 701, 1982, 2637-2638, 3265. — Manuel où sont contenus les loyages, marchés, rentes, revenus et autres appartenances dues à Saint-Loup, dressé par M. JACQUES CHEVALIER, prieur claustral (1563), *Bib. Troyes ms.* 366. — Registre de dépenses (1669-1673), *ms.* 367, 341 ; — Registre de NICOLAS BOUILLEROT, procureur de l'abbaye (1608), *ms.* 1125. Documents divers, 2568, 2710, 2735, 2755. Cartulaire, *ms.* 2596, 2597. Livres liturgiques *ms.* 1632, 2275, 2398. — Thesaurus antiquitatum augustæ Basilicæ Sancti Lupi apud Tricasses, auct. DOM J. COUSINET, *ms.* 2283.

Cartulaire de l'abbaye de Saint-Loup de Troyes, par LALORE. *Troyes*, 1875, *in-8*. — POTHAST. Innocent II (1136), 7761 ; Lucius II (1144), 8529 ; Eugène III (1147), 9019 ; Adrien IV (1155), 10104 ; Alexandre III (1163, 1165, 1179, 1171-1180), 10867, 11163, 13320, 13565 ; Lucius III (1182), 14562 ; Urbain III (1186-1187), 15848 ; Grégoire VIII (1187), 16068 ; Clément III (1188-1189), 16145, 16287, 16460, 16466, 16467 ; Célestin III

sont autour, sont d'une beauté et d'un prix, qui ne se peuvent
payer. Le Cardinal de Bouillon, l'ayant vu, avoua qu'il n'avait
rien vu de si beau en Italie. On dit que 200.000 livres ne le paie-
raient pas. Cependant c'est l'ouvrage de Nicolas Forjot, abbé régu-
lier de cette maison, qui, n'étant que fils d'un simple maréchal
de village, s'éleva par son propre mérite à cette dignité. Pour y con-
server l'humilité et avoir toujours devant les yeux sa première con-
dition, il prit dans ses armes trois fers de cheval et, pour que son
abbaye ne tombât point en commende, il la résigna à un religieux
et se retira dans une cure de campagne, où il vécut encore fort
longtemps. Il est enterré à Saint-Loup, où l'on voit sur son tombeau
un cadavre à trois pieds de terre, rongé par les vers, d'un travail
inestimable. L'autel de saint Augustin, où son baptême par saint
Ambroise est représenté, est admirable ; la figure de sainte Monique,
qu'on y voit, est si bien faite qu'il ne lui manque que la parole. Il y
a dans la sacristie une petite table de porphyre, sur laquelle on
prétend que saint Loup a dit la messe ; on y voit son étole, son
manipule et quelques autres de ses ornements.] Ce monastère

(1192, 1195, 1197), 16862, 17297, 17486 ; Innocent III (1198, 1203), 5,
1832 ; Grégoire IX (1234, 1236), 9393, 10089. — Vita sancti Winebaudi,
abbatis basilicæ Sancti Lupi, dans *Acta Sanct. Aprilis*, I, 572-575. —
Memorialis libellus de Gurruer, abbé de Saint-Loup, dans *Promptuarium*
de Camuzat, 295-298, et Dom Bouquet, XIV, 491-493. — Necrologium
Canonicorum regularium Sancti Lupi Trecensis, dans *Collection des
principaux obituaires*, par Lalore, 394-397.
Les officiers laïques de l'abbaye de Saint-Loup de Troyes, par Vernier.
Paris, 1905, in-8 ; ext. *Bul. hist. com. trav.*, 1904, 253-269. — Quelques
seigneuries de l'ancien comté de Brienne, par Le Clert, dans *Mém. soc.
acad. Aube*, LXIX, 1905, 169-177. — Les abbayes du département de
l'Aube, par Rosereot, dans *Bul. hist. com.*, 1904, 568-571, 594-597. —
Le lavabo de l'abbaye de Saint-Loup, par Coffinet, dans *Annuaire...
Aube*, XXXIII, 1867, 49 *et s.* — Note concernant une statue de la Sainte-
Vierge donnée par Nicolas Forjot, abbé de Saint-Loup de Troyes, à l'hospice de l'Hôtel-Dieu-le-Comte (1508-1512), par le même. *Ibid.*, XXXIV,
33. — Gallia christiana, XII, 585-591. — Promptuarium, de Camuzat,
301-314. — Auctarium, 37. — Courtalon-Delaistre, II, 271-296.

appartenait à la Congrégation de France. Il n'en reste rien. La bibliothèque municipale a été construite sur son emplacement.

SAINT-MARTIN-LÈS-AIRES, *Sanctus Martinus in Areis*[1], fondée par l'abbaye de Saint-Loup, en 1104, dans l'endroit qu'elle avait d'abord occupé. Les religieux embrassèrent, comme ceux de Saint-Loup, la réforme de Sainte-Geneviève. Leur monastère a été transformé en orphelinat.

CHANTEMERLE, *Cantus merulæ*[2], ancienne collégiale, sous le vocable de Saint-Serein, dont les chanoines adoptèrent la règle de saint Augustin en 1135. On l'unit à l'abbaye de Saint-Loup de Troyes en 1640.

Ordre de Prémontré

BASSE-FONTAINE, *Bassus Fons*[3], fondée en 1143 par Gauthier II, comte de Brienne. On y vénérait un doigt de saint Jean-Baptiste.

---

1. 14 dos. et 10 reg. aux Arch. départ. Aube, sér. II. — VALLET DE VIRIVILLE, 153, 221, 237, 395. — Arch. nat. S. 3215. — Bib. Sainte-Geneviève, ms. 1602, f. 11. — Documents divers, Bib. Troyes, ms. 2508, 2710, 2890. — POTHAST. Innocent III (1200, 1206, 1208), 2377, 2887, 3487.— Sceau de l'abbé Lambert (1202), dans DOUET D'ARCQ, 9146 ; de l'abbé Pierre (1209), 9147. — Sur Pierre, chanoine de cette maison, *Histoire littéraire de la France*, XVI, 592 ; XXI, 788. — Histoire de l'abbaye de Saint-Martin-lès-Aires, par DEFER. Troyes, 1875, in-8 ; ext. *Mém. soc. acad. Aube*, XXXIX, 5. — Les abbayes du département de l'Aube, par ROSEROT, dans *Bul. com. trav.* 1904, 571-576, 597-601. — *Gallia christiana*, XII, 580-583 ; instrum. 290. — Promptuarium de CAMUZAT, 314. — COURTALON-DELAISTRE, II, 265-271.

2. Cant. Esternay, arr. Epernay, Marne. — Quelques pièces aux Arch. départ. sér. II. — Bib. Sainte-Geneviève ms. 727 et 1280. — POTHAST, Alexandre III (1165), 11176. — *Gallia christiana*, XII, 592-593 ; instrum. 271. — Auctarium de CAMUZAT, 36. — COURTALON-DELAISTRE, III, 229.

3. Com. Brienne-la-Vieille, cant. Brienne-le-Château, arr. Bar, Aube. — 40 art. aux Arch. départ. sér. II. — VALLET DE VIRIVILLE, 138. — Cartulaire de l'abbaye de Bassefontaine, par LALORE, dans *Collection des principaux cartulaires du diocèse de Troyes*, III (1878), 1-173. —

L'abbaye fut supprimée en 1773. Il n'en reste que des ruines, conservées avec soin.

BEAULIEU, *Bellus locus*[1], sous le vocable de Notre-Dame, fondée par trois prêtres, Othert, Alard et Odon (1112), qui suivirent la règle de saint Augustin, affiliée à l'ordre de Prémontré vers 1140. On voit une partie du cloître et quelques habitations.

LA CHAPELLE-AUX-PLANCHES, *Capella ad Planchas*[2], simple grange de Beaulieu sous le vocable de Notre-Dame, érigée en abbaye vers 1145.

POTHAST, Eugène III (1148, 1152), 9250, 9560 ; Clément III (1188), 16189. — Quelques seigneuries de l'ancien comté de Brienne, par LE CLERT, dans *Mém. soc. acad. Aube*, LXIX, 1905, 37-48. — Les abbayes du département de l'Aube, par ROSEROT, dans *Bul. hist. com. trav.* 1887, 290-291, 296-305. — Gallia christiana, XII, 618-621 ; instrum. 263. — Promptuarium de CAMUZAT, 362-367. — COURTALON-DELAISTRE, III, 397-399.

1. Com. Tranne, cant. Vendeuvre-sur-Barse, arr. Bar, Aube. — 50 art. aux arch. départ. sér. II. — Les archives du département de l'Aube, par D'ARBOIS DE JUBAINVILLE, dans *Bib. éc. chartes*, XXIV, 1863, 461. — Bib. nat. coll. DUCHESNE, LXXVI, 75-82. — Chartes de Beaulieu, par LALORE, dans *ouv. cit.*, IV, 1878, 272-297. — POTHAST, Eugène III (1147), 9049 ; Alexandre III (1175), 12456 ; Innocent III (1198), 240. — Quelques comtes de Brienne et l'abbaye de Beaulieu, d'après les pièces originales, par GEORGES, dans *Annuaire... Aube*, XLV, 1880, 3 *et s.* — ROSEROT, *loc. cit.*, 291-294, 302-305. — Gallia christiana, XII, 614-618. — Annales Præmonstratenses, de HUGO, I, 303. — Auctarium Promptuarii de CAMUZAT, 33. — COURTALON-DELAISTRE, III, 434.

2. Com. Puellemontier, cant. Montier-en-Der, arr. Vassy, Haute-Marne. — 15 art. aux arch. départ. sér. II, où un Cartulaire du XIIIᵉ s. — Bib. nat. coll. DUCHESNE, XX, 378, 388. — Cartulaire de l'abbaye de La Chapelle-aux-Planches, par LALORE, dans *Rec. cit.* 1-87. — Les Obituaires français, par MOLINIER nᵒ 446, p. 243. — Gallia christiana, XII, 621-624 ; instrum. 267. — HUGO, I, 455. — Auctarium Promptuarii de CAMUZAT, 34-35. — COURTALON-DELAISTRE, III, 344. — Répertoire historique de la Haute-Marne, par ROSEROT, 43.

Abbayes de femmes

Ordre de Saint-Benoît

NOTRE-DAME-AUX-NONNAINS, *Beata Maria Trecensis* [1], fondée dans
a ville de Troyes au septième siècle, enrichie de nombreux privilèges par le comte Henri le Libéral. Le chapitre de Saint-Jacques fut

---

14. 173 dos. et 200 reg., parmi lesquels des censiers, des inventaires
et un nécrologe (1630-1789), aux arch. départ. Aube, sér. II. — VALLET
DE VIRIVILLE, 168-173, 224-228, 237, 239, 265-271, 293-298, 340, 360, 404-
435. — Bib. nat. coll. DUCHESNE, XX, 391-393. — Les obits des abbesses,
religieuses, fondateurs et fondatrices, bienfaiteurs et bienfaitrices du
monastère de Notre-Dame de Troyes (1574-1768). Bib. Troyes ms. 2605.
— Documents divers, *Ibid.*, ms. 792, 2401, 2799, 2802. — Bib. Amiens
ms, 793 f. 17. — Bib. Reims ms. 618 f. 1. Coll. TARBÉ, cart. XI,
no 86. — Das Osterspiel von Notre-Dame aux Nonnains *in Troyes*, par
G. BAIST, dans *Mélanges Chabaneau. Erlangen*, 1907, in-8, 751-753. —
Evangeliarium Beatæ Mariæ ad Moniales Trecenses. Bib. Troyes, ms. 2351,
Catalogue... in-4, p. 913.
Documents sur l'abbaye de Notre-Dame-aux-Nonnains de Troyes, liste
des abbesses, inscriptions de l'église et du cloître en 1626, chartes (1147-
1315), par LALORE, *Troyes*, 1874, in-8 ; ext. *Mém. soc. acad. Aube*, XXXVIII.
— Nécrologe de Notre-Dame-aux-Nonnains, publié par DE BARTHÉLEMY,
dans *Revue de Champagne et de Brie*, XI, XII (1880-1881). Collection
des principaux obituaires du diocèse de Troyes, par LALORE, 417-441.
— POTHAST, Urbain IV (1262, 1263), 18328, 18640 ; Clément IV
(1268), 20416. — Privilèges singuliers de l'abbaye de Notre-Dame-aux-
Nonnains de Troyes, par BOUTIOT. *Paris*, 1864, in-8. — Saint-Étienne et
Notre-Dame-aux-Nonnains (XII-XVIII° s.), dans le *Bibliophile Troyen*, par
GADAN, III. — Mémoire pour les dames abbesse, prieure et religieuses de
l'abbaye royale de Notre-Dame-aux-Nonnains au sujet de dettes usurai-
res qu'elles avaient contractées (1720). *S. l. n. d. in-fol.* — Bibliothèque
troyenne, nos 70, 104, 105-113, 126. — Sceau de l'abbaye de Notre-Dame-
aux-Nonnains de Troyes (XII° s.) par COFFINET. *Paris*, 1852, in-8 ; ext.
Société de sphragistique, I, 209-247.
L'abbaye bénédictine de Notre-Dame-aux-Nonnains, des origines à
l'année 1509, par RÉGIS BOHMER, dans *Positions des thèses... école des*

établi avec quatre chanoines pour le service religieux de l'abbaye. Il fut supprimé en 1654. Les religieuses, qui étaient auparavant chanoinesses, n'embrassèrent la règle de Saint-Benoît qu'en 1518.

BRICOT, *Blicorium* [1], fondée au XIIe s., sous le vocable de Notre-Dame et transférée en 1629 à Sézanne où elle reçut le nom de *Notre-Dame-des Bois de Sézanne, Beata Maria de Sezanna.*

---

chartes, 1905, 123-129. — Les abbayes du département de l'Aube, par ROSEROT, dans *Bul. hist. com. trav.*, 1904, 566-568, 590-594. — Le Théristre, ou défense apologétique pour le voile du visage naguères pris par les religieuses, abbesse et convent de Notre-Dame de Troyes, par Séb. ROUILLARD. *Paris*, 1626, in-4. — Oraison funèbre de Madame Anne de Choiseul de Praslain, abbesse de l'abbaye royale de Notre-Dame-aux-Nonnains de Troyes, prononcée le 12 octobre 1688 en l'église de la même abbaye par un prêtre de l'Oratoire (P. Goudz). *Troyes*, 1688, in-4. — Oraison funèbre de C. de Choiseul de Praslain, abbesse et réformatrice de l'abbaye de Notre-Dame-aux-Nonnains de Troyes, prononcée à Troyes le 13 septembre 1667 en l'église de la dite abbaye, par un prêtre de l'Oratoire (P. Couqueny). S. l., 1667, in-4. — Eloge de feue Madame Claude de Choiseul-Praslain, abbesse de Notre-Dame de Troyes, dans *Éloges..,* par M[r] DE BLÉMUR, II, 346-374. — Déclaration de Mme de MÉGRIGNY, religieuse bénédictine de l'abbaye de Notre-Dame de Troyes, au sujet de sa guérison miraculeuse obtenue par l'intercession de M. de Pàris, 23 mars 1732. S. l. n. d. in-4. — Lettre au sujet du miracle opéré en faveur d'une religieuse bénédictine de la ville de Troyes, par l'intercession de François de Pàris, le 2 avril 1732. S. l. n. d., in-4. — Églises de Notre-Dame et de Saint-Jacques-aux-Nonnains, par BOUTIOT, dans *Annuaire... Aube*, XXXIII, 1857, 97 et s. — La reconstruction de l'abbaye de Notre-Dame-aux-Nonnains et de la préfecture de l'Aube, par BABEAU. *Troyes*, 1901, in-8; ext. *Annuaire.* — Notice faite au commencement du XVIIe siècle sur les pierres tombales de l'église et du cloître de l'abbaye de Notre-Dame-aux-Nonnains de Troyes, par M. DE BARTHÉLEMY, dans *Bul. com. hist.* I, 1849, 185.

Gallia christiana, XII, 553-569 ; instrum. 276, 277. — COURTALON-DELAISTRE, II, 170-176.

1. Cant. Esternay, arr. Epernay, Marne. — 21 art. aux arch. départ. sér. II. — Histoire de l'abbaye du Bricot en Brie, par ANDRÉ. *Paris*, 1895, in-8. — Histoire de Sézanne, par MILLARD. *Sézanne*, 1901, in-8. — Lettre de M. Tronson à Madame Poussé, abbesse, 25 août 1680, dans *Correspondance de Tronson*, par BERTRAND, III, 211. — Gallia christiana, XII, 578-580 ; instrum., 281. — COURTALON-DELAISTRE, III, 321.

Le Paraclet, *Paraclitus* [1], fondée en l'honneur de la Trinité
par Abélard (1123), puis occupée (1129) par Héloïse et les moniales d'Argenteuil, chassées par Suger, pendant que le fondateur se
retirait à Cluny. Abélard y fut enseveli. Son corps et celui d'Héloïse furent transférés dans l'église de Nogent-sur-Seine (1792). On
les a depuis transportés au cimetière du Père-Lachaise à Paris. Il
ne reste que des débris du monastère et de l'église.

Ordre de Citeaux

Notre-Dame-des-Prés, *de Prato Beatæ Mariæ juxta Trecas* [2],

---

1. Com. Quincey, cant. Romilly, arr. Nogent, Aube. — 17 dos. et
7 reg. aux arch. départ. sér. II, où un Cartulaire. — Vallet de Viriville,
174, 229. — Bib. nat. coll. Baluze, XLVI, 112-132. — Cartulaire (1131-
1344), Bib. Troyes, ms. 2284. — Obituaire avec liste des abbesses (1131-
1778), ms. 2450. — Bib. Provins ms. 86 f. 13. — Cartulaire du Paraclet,
par Lalore, dans *Collection des principaux cartulaires de Troyes*, II, 1878,
1-364. — Potthast, Innocent II (1131, 1135, 1148-1142), 7513, 7715, 8176;
Eugène III (1147), 9155; Anastase IV (1154), 9822; Adrien IV (1156,
1157, 1156-1158), 10144, 10314, 10344; Alexandre III (1163, 1165), 10845,
10846, 11168; Lucius III (1182), 14583, 14584, 14591; Célestin III (1195,
1196), 17262, 17442, 17448; Innocent IV (1246), 12323. — Nécrologe de
l'abbaye du Paraclet, par Lalore, dans *Collection des principaux obituaires du diocèse de Troyes*, 460-473. — Procession et danses des religieuses
du Paraclet, dans *Rev. soc. savantes*, 1873, I, 8. — Extrait du registre
des visites de l'évêque de Troyes pour l'année 1499, par d'Arbois de
Jubainville; *Ibid.*, II, 660-661. — Rapport relatif aux archives de l'abbaye du Paraclet, par Corrard de Bréban, dans *Mélanges historiques* de
Champolion-Figeac, I, 4-15. — Les abbesses du Paraclet, présentées dans
l'ordre chronologique avec des notes relatives à l'histoire de cette abbaye,
extraites de documents authentiques, par le même, dans *Annuaire...
Aube*, XXVIII, 1862, 65. — Charlotte de Roucy, dernière abbesse du
Paraclet, par Guelliot, dans *Rev. histor. ardennaise*, XVIII, 1911, 5-27.
— Les abbayes du département de l'Aube, par Roserot, dans *Bul. hist.
com. trav. hist.* 1903, 122-126, 137-139. — *Gallia christiana*, XII, 569-
578; instrum., 259, 278-281, 291. — Bibliothèque troyenne, n°[os] 28, 31,
35-37, 262. — Promptuarium de Camuzat, 345-349.

2. Com. Saint-André, cant. et arr. Troyes. — 37 dos. et 31 reg. aux

fondée au commencement du XIIIᵉ siècle par Etienne de Champ-
Guyon, complètement restaurée en 1630 par l'abbesse Marie de la
Chauffée. Tous les édifices ont disparu.

NOTRE-DAME-DE-LA-PIÉTÉ, *Beata Maria de Pietate apud Rameru-
çum*[1], fondée en 1229 par Philippe, seigneur de Mecringues, trans-
formée en abbaye d'hommes au XVᵉ siècle.

LE JARDIN-NOTRE-DAME, *Jardinum*[2], fondée sous le vocable de
Notre-Dame avant l'année 1229, et détruite pendant les guerres de
religion. Elle disparut complètement.

Prieurés conventuels

NOTRE-DAME-EN-L'ISLE, *Beata Maria in Insula*[3], de l'Ordre du
Val-des-Ecoliers, fondé en 1222 et où fut installé le Grand Séminaire en 1720. — GAYE, *Gaïa*[4], doyenné de l'ordre de Cluny sous

arch. départ. sér. H, où un inventaire des titres et un cartulaire (XVIᵉ s.).
— VALLET DE VIRIVILLE, 172, 228, 299. — Bib. Troyes, ms. 2764. —
POTHAST, Urbain IV (1263), 18640. — Les abbayes du département de
l'Aube, par ROSEROT, dans *Bul. hist. com. trav.*, 1903, 120-121, 133-137.
— Gallia christiana, XII, 612-614; instrum., 288, 291. — Promptuarium
de CAMUZAT, 379. — COURTALON-DELAISTRE, III, 36-39.

1. Com. et cant. Ramerupt, arr. Arcis, Aube. — 2 cart. aux arch.
départ. sér. H. — ROSEROT, *ouv. cit.* 1904, 558-559, 577-578. — Gallia
christiana, XII, 609-612. — Statistique générale du canton de Ramerupt, par THÉVENOT, dans *Mém. soc. acad. Aube*, XXXII, 1868, 5. —
Promptuarium de CAMUZAT, 377. — COURTALON-DELAISTRE, III, 471. —
JANAUSCHEK, 276.

2. Com. Pleurs, cant. Sézanne, arr. Epernay, Marne. — Bib. nat.
nouv. acq. lat. ms. 2230 nᵒ 5, 14, 22. — Martyrologe et chartes de l'abbaye Notre-Dame du Jardin-lez-Pleurs, ancien diocèse de Troyes, par
LEX. Troyes, 1884, in-8; ext. *Mém. soc. acad. Aube*. — DOUET D'ARCQ,
8457. — Gallia christiana, XII, 534, instrum., 294.

3. Com. et cant. Troyes. — Chartes de Notre-Dame en l'Isle de
Troyes, publiées avec une introduction par O. BEUVE, dans *Revue Champenoise et bourguignonne*, 1905, 24-34. — COURTALON-DELAISTRE, II, 308-
314.

4. Cant. Sézanne, arr. Epernay, Marne. — Mémoire pour Mᵉ Jean

le vocable de Notre-Dame, incendié et pillé par les Huguenots en
1567. — LE VAL-DIEU, *Vallis Dei*[1], de l'Ordre du Val-des-Ecoliers
sous le vocable de Notre-Dame, fondé en 1215. — SÉZANNE, *Sezanna*,
Cesana[2]. Saint-Julien, donné au monastère cluniste de la Charité-
sur-Loire (1081) par le comte de Champagne, Thibault I. — FOISSY,
Foissiacum[3], fondé en 1102 par Thibault II, comte de Champagne, sous le vocable de Notre-Dame, pour des religieuses ermites,
érigé en monastère par Henri I (1165), agrégé à l'ordre de Fon-
tevrault en 1475. — SAINTE-SCHOLASTIQUE[4], fondé par Marie le Mai-
rat, veuve de Nicolas Largentier, sur un emplacement que les
Chartreux venaient d'abandonner pour des Bénédictines (1626);

Morin, pourvu du prieuré ou doyenné de Gaye, par Mgr l'archevêque
de Rouen, collateur ordinaire, contre M⁰ Joseph Jamonet, prêtre, prétendant droit au même prieuré. *Paris*, 1768, in-4. — COURTALON-DELAIS-
TRE, III, 284-285. — Gallia christiana, XII, instrum., 254.

1. Com. Lachy, cant. Sézanne, arr. Epernay, Marne. — COURTALON-
DELAISTRE, III, 289.

2. Chef-l. cant. ibid. — Quelques pièces aux arch. départ. sér. II. —
Inv. som. arch. départ. Seine-et-Marne, sér. II, II, 187. — Bib. nat. Rec.
Thoisy, I, p. 317. — Coll. MOREAU, 325. — Histoire de Sézanne, par
MILLARD. *Sézanne*, 1901, in-8. — COURTALON-DELAISTRE, III, 319. — Car-
tulaire du prieuré de la Charité-sur-Loire, par DE LESPINASSE, 25, 28,
193, 202, 392, 417. — Sceau du prieur (1234), dans DOUET D'ARCQ, 9610.
— Gallia christiana, XII, instrum. 254.

3. Com. Saint-Parres-aux-Tertres, cant. et arr. Troyes. — 30 dos. et
33 reg. aux arch. départ. Aube, sér. II. — 1 lias. aux arch. Maine-et-
Loire, sér. II. — Inventaire général des chartes, titres et papiers concer-
nant les biens et les droits de la maison et prieuré de Foicy (1771), par
LE FEBVRE. *Bib. Troyes*, ms. 2446. — VALLET DE VIRIVILLE, 175-176,
230. — Sceau de Yolande, prieure (XVᵉ s.), dans DOUET D'ARCQ, 9627.
— Une excursion à l'ancien prieuré de Foissy, par M. GEORGES, dans
Annuaire... Aube, XXXVIII, 1873, 75 et s. — Notice sur le prieuré de
Foissy, par ROSEROT. *Troyes*, 1880, in-8; ext. même recueil. — COURTA-
LON-DELAISTRE, III, 71-72.

4. Com. et cant. Troyes. — 7 dos. et 1 reg. aux arch. départ. sér. II.
— VALLET DE VIRIVILLE, 176. — Le prieuré de Sainte-Scholastique, par
LALORE. *Troyes*, 1875, in-8; ext. *Annuaire... Aube*, XL. — COURTALON-
DELAISTRE, III, 44-46.

supprimé en 1763. — MACHERET, *Macheretum*[1], de l'Ordre de
Grandmont, fondé avant 1168 par Guillaume de Dampierre et
Hugues de Plancy ; un collège y fut ouvert en 1581. Le monastère,
érigé en abbaye au XVIIe siècle, redevint prieuré. Il fut supprimé
en 1770, et ses biens furent attribués au petit séminaire de Troyes.

Prieurés simples

TROYES. *Saint-Blaise*[2], connu, avant le milieu du XIIIe siècle,
sous le nom de *Saint-Jean-Chatel, Sanctus Johannes in Castro*, où
les moines de Montiéramey eurent leur hospice (871), érigé depuis
en prieuré. — *Saint-Jacques, Sanctus Jacobus*[3], d'une origine
inconnue, dépendant du prieuré cluniste de Gaye. Thibault V le
donna aux Trinitaires (1260). — *Saint-Quentin*[4], ancien monastère
de religieuses fondé au VIIe siècle par saint Frobert et devenu au XIe

---

1. Com. Saint-Just-Sauvage, cant. Anglure, arr. Epernay, Marne. —
8 lias. aux arch. départ. Marne, sér. II. — Les archives départementales de l'Aube, par D'ARBOIS DE JUBAINVILLE, dans *Bib. éc. chartes*, XXIV,
462. — VALLET DE VIRIVILLE, 152. — Bib. nat. Rec. Thoisy, III, 364. —
Chartes de l'abbaye de Macheret, par ED. DE BARTHÉLEMY, dans *Mém. soc.
acad. Aube*, XX, 1883, 281-289. — Mémoire concernant l'abbaye de
Macheret, dans *Revue de Champagne*, III, 1877, 364-367. — COURTALON-
DELAISTRE, III, 311-313. — *Enchiridion sive antiquitatum Prioratus
Machereti syntomia*, FRANÇ. BERTRAND. *Troyes*, 1639, in-8. — Appen-
dix de Macheret, ex antiquitatibus ejusdem collecta, dans *Annales ordinis Grandimontis*, auct. JOH. LEVESQUE. *Troyes*, 1662, in-8. — Destruction de l'ordre de Grandmont, par L. GUIBERT, 790-793. — Gallia christiana, XII, instrum. 273.

2. Cartulaire de Montiéramey, par LALORE, 483-484. — Sceau du
prieur (1338), dans DOUET D'ARCQ, 9614, 9615, 9616. — COURTALON-
DELAISTRE, II, 290-292.

3. COURTALON-DELAISTRE, II, 295.

4. Arch. départ. Aube, sér. II. — Bib. Troyes ms. 2434. — VALLET DE
VIRIVILLE, 224. — L'ancien prieuré de Saint-Quentin de Troyes, par
FIXOT, dans *Annuaire... Aube*, XXXIX, 1874, 49 et s. — COURTALON-
DELAISTRE, II, 287-290. — Cartulaires de l'abbaye de Molesmes, par
LAURENT. Introd., 216-217.

siècle prieuré de Molesmes. — Commanderie de *Saint-Jean*[1], appartenant aux Chevaliers de Malte, qui avaient remplacé les Templiers,
dont la fondation suivit de près le concile de Troyes (1127). —
Saint-Antoine[2], préceptorerie appartenant à l'ordre de Saint-Antoine
de Viennois, très favorisée par les comtes de Champagne, unie à
l'Ordre de Malte en 1777.

ALLEMANT, *Allemanni*[3]. Saint-Remi, dépendant de Moutier-la-
Celle, uni à la mense conventuelle. — ALLIBAUDIÈRES, *Aillebaudie-
riæ*[4]. Saint-Nicolas, dépendant de l'abbaye de Chantemerle. —
ANGLUZELLE, *Anglurella*[5]. Saint-Blaise, dépendant de Montiéramey.
— ARCIS, *Arciacum*[6]. Saint-Baussenge, *Sanctus Balsemius*, fondé
autour de l'oratoire où étaient conservées les reliques de ce saint,
et donné à Marmoutier par le bienheureux Manassès, évêque de
Troyes (960). — AUZON, *Alsonum*[7]. Saint-Martin, donné à Saint-
Loup de Troyes par l'évêque Haton (1137). — AVON-LA-PÈZE,
Avo[8]. Saint-Pierre, dépendant de l'abbaye de Pothières. — BAR-
BONNE, *Barbonia*[9]. Commanderie de Chevaliers de Malte, unie à

---

1. Arch. départ. Aube, sér. II. — Arch. nat. S. 4955-4959, 5258; MM.
175-181. — COURTALON-DELAISTRE, II, 206.

2. Arch. départ. Aube, sér. II. — Arch. nat. S. 4960-4966, 5318-5324;
M. 61. — Les Antonins de Troyes, par LALORE, dans *Mélanges liturgiques*, II, 117-124. — COURTALON-DELAISTRE, III, 69-70.

3. Cant. Sézanne, arr. Epernay, Marne. — Arch. départ. Aube, sér. II.
— COURTALON-DELAISTRE, III, 206.

4. Cant. et arr. Arcis, Aube. — COURTALON-DELAISTRE, III, 445. — Dictionnaire topographique, par BOUTIOT, 2.

5. Cant. La Fère-Champenoise, arr. Epernay, Marne. — Cartulaire de
Montiéramey, par LALORE, 443.

6. Chef-l. arr. Aube. — Arch. départ. sér. II. — Les archives du
département de l'Aube, par D'ARBOIS DE JUBAINVILLE, dans *Bib. éc. chartes*, XXIV, 460-463. — COURTALON-DELAISTRE, III, 462.

7. Cant. Piney, arr. Troyes. — COURTALON-DELAISTRE, III, 385. — Cartulaire de Saint-Loup, par LALORE, 342.

8. Cant. Marcilly-le-Hayer, arr. Nogent, Aube. — Arch. départ. sér. II.
— COURTALON-DELAISTRE, III, 187.

9. Cant. Anglure, arr. Epernay, Marne. — Arch. nat. S. 4909. — COUR-
TALON-DELAISTRE, III, 270.

celle de Coulours. *Saint-Jacques-du-Haut-Pas, de Allo passu*,
hôpital dépendant de celui de Saint-Jacques de Lucques, où l'on
installa un monastère de Bénédictines, qui fut réuni au prieuré de
Sainte-Scholastique (1727). — BAUDEMENT, *Baldimentum* [1]. Saint-
Loup, dépendant de Saint-Quentin de Beauvais. — BLAINCOURT,
Blanicuria [2]. Saint-Loup, dépendant de Saint-Loup de Troyes. —
BLIGNICOURT, *Blinnicort* [3]. Saint-Barthélemy, dépendant de l'abbaye
de Beaulieu. — BOISSY-LE-REPOS [4]. *La Vaucelle*, dépendant de Fare-
moutier. — BOUY [5]. Saint-Jean-Baptiste de *Charmesseaux, de
Charmicello*, dépendant de l'abbaye de Cormery, au diocèse de
Tours. — BRIENNE-LE-CHATEAU, *Brena ad Castrum* [6]. Saint-Pierre,
donné à Montierender par l'évêque Haton (1132). — BRULLECOURT,
Brullicurtis [7]. Saint-Pierre, dépendant de Moutier-la-Celle. —
BUCEY, *Buceyum* [8]. Saint-Jacques, donné à l'abbaye de Saint-Loup
par l'évêque de Troyes, Mathieu (1180).

CHALETTE, *Chaleta* [9]. Notre-Dame, dépendant de Saint-Loup de
Troyes. — CHAPPES, *Cappæ* [10]. Saint-Loup, dépendant de Montiéra-

1. Cant. Anglure, arr. Epernay, Marne. — COURTALON-DELAISTRE, III,
271.
2. Cant. Brienne, arr. Bar-sur-Aube, Aube. — Cartulaire de Saint-
Loup, 343. — Sceau du prieuré (XVe s.), dans DOUET D'ARCQ, 9383. —
COURTALON-DELAISTRE, III, 386.
3. Ibid. — COURTALON-DELAISTRE, III, 387.
4. Cant. Montmirail, arr. Epernay, Marne. — ID., III, 274.
5. Cant. et arr. Nogent, Aube. — ID., III, 191.
6. Chef-l. cant., arr. Bar-sur-Aube, Aube. — Cartulaires du diocèse
de Troyes, par LALORE, IV, 339. — COURTALON-DELAISTRE, III, 391.
7. Cant. Ramerupt, arr. Arcis, Aube. — COURTALON-DELAISTRE, III,
331. — Cartulaire de Moutier-la-Celle, 468.
8. Cant. Estissac, arr. Troyes, Aube. — Arch. départ. sér. H. — Cartulaire de Saint-Loup, 344. — COURTALON-DELAISTRE, III, 145.
9. Cant. Chalanges, arr. Arcis, Aube. — Arch. départ. sér. H. — Cartulaire de Saint-Loup, 345. — COURTALON-DELAISTRE, III, 334. — Gallia
christiana, XII, instrum. 283.
10. Cant. et arr. Bar-sur-Seine, Aube. — Cartulaire de Montiéramey,
451. — COURTALON-DELAISTRE, III, 85.

mey. Hôpital, dépendant de la commanderie de Troyes. — CHA-
TRES[1]. *Saint-Pierre-au-Pré, Sanctus Petrus in Prato*, dépendant de
Montier-la-Celle. — CHENNEGY[2]. *Notre-Dame-du-Hayer*, ermitage
fondé en 1608 pour quelques ermites et supprimé en 1760. Ses
biens furent attribués au petit séminaire. — CHICHEY[3]. *Choisel,
Choisellum*, dépendant de Notre-Dame-en-l'Isle à Troyes et uni au
séminaire diocésain. — COURBETAUX[4]. *Notre-Dame de la Grâce,
Beata Maria de Gratia*, ancienne abbaye de Cisterciennes, fondée
vers 1223 par Barthélemy et Colard, seigneurs de Bergères, et
réduite plus tard en prieuré sous la dépendance de Clairvaux.
Ermitage de *Beaumont*, dépendant de Saint-Quentin-au-Pré,
diocèse de Cambrai. — DAMPIERRE, *Domna Petra*[5]. Saint-Pierre,
donné à l'abbaye de Marmoutier par Thibault de Dampierre (1100).
— DOMMARTIN-LE-COQ[6]. *Sainte-Thuise, Sancta Theodosia*, dépen_
dant de Montiéramey. — DOSCHES, *Doschia*[7]. Saint-Jean-Baptiste,
dépendant de Saint-Martin-ès-Aires. — DROUPT-SAINTE-MARIE,
Drutum[8], dépendant de Saint-Quentin de Beauvais. — ESCLAVOL-

---

1. Cant. Méry, arr. Arcis. — Cartulaire de Moutier-la-Celle, 395. —
Géographie..., par LESCUYER, 363.
2. Cant. Estissac, arr. Troyes. — COURTALON-DELAISTRE, III, 148-150.
3. Cant. Sézanne, arr. Epernay, Marne. — ID., 278. — Arch. départ.
sér. II.
4. Cant. Montmirail, arr. Epernay. — ID., 278. — Bib. Sainte-Geneviève ms. 376 f. 77 ; 1906 f. 561. — Bib. Troyes ms. 9-11. — Gallia christiana, XII, 534.
5. Cant. Ramerupt, arr. Arcis, Aube. — Arch. départ. sér. II. — Les
archives du département de l'Aube, par DE BARTHÉLEMY, dans *Bib. éc.
chartes*, XXIV, 456, 460. — Mémoire pour le sieur Courtalon, prieur de
Saint-Pierre de Dampierre et de Louvigny, contre le sieur Mony-Leinire,
ci-devant fermier général et régisseur du prieuré de Dampierre. *Paris*,
1781, in-4. — COURTALON-DELAISTRE, III, 339. — Dampierre de l'Aube et
ses seigneurs, par SAVETIEZ, dans *Revue de Champagne*, XVI-XXII, 1884-
1889.
6. Ibid. — Cartulaire de Montiéramey, 479. — Notice historique sur le
prieuré de Sainte-Thuise, par MASSON, dans *Mém. soc. acad. Aube*, XLVI,
1886, 301 et s.
7. Cant. Piney, arr. Troyes. — COURTALON-DELAISTRE, III, 91.
8. Cant. et arr. Arcis. — ID., 456.

les, *Esclavolla*[1]. Saint-Martin, dépendant du prieuré de Saint-Julien de Sézanne. — Etrelles, *Estraelis*[2]. Notre-Dame, dépendant de l'abbaye de Chantemerle. — Fouchères, *Fulcheriæ*[3]. Notre-Dame, donné à saint Robert, abbé de Molesmes, par Hugues, sire de Vendeuvre, avant 1100.

Herbisse, *Herbilia*[4]. Sainte-Madeleine, dépendant de l'abbaye de Rebais, uni au petit séminaire de Troyes. — Isle-Aumont, *Insulæ*[5]. Saint-Thibault, donné à l'abbaye de Molesmes par Hugues, comte de Troyes, qui le transféra dans l'église de Saint-Pierre du château d'Isle (1097). Il y avait eu, pendant la période franque, un monastère de Saint-Ursion, qui eut pour abbés saint Aventin et saint Phal. Monastère de Grandmontains, *Les Bons Hommes*, fondé sous la dépendance de Macheret en 1224. — Jessaint, *Gassenæ*[6]. Saint-Pierre, dépendant de Ramerupt. — Joiselle, *Jorellum*[7]. Saint-Antoine, dépendant de l'abbaye de Vertus. — L'Abbaye-sous-Plancy, *Abbatia*[8]. Notre-Dame, donné à Molesmes par Gilles, dame

---

1. Cant. Anglure, arr. Epernay, Marne. — Courtalon-Delaistre, III, 232.

2. Cant. Méry-sur-Seine, arr. Arcis, Aube. — Id., 457.

3. Cant. et arr. Bar-sur-Seine. — Id., 93. — Mémoire pour Ch.-Fr. de Vandômois de Saint-Aubin, prieur commendataire du prieuré de Fouchères, membre dépendant de l'abbaye de Molesmes, contre les prieur et religieux de l'abbaye de Molesmes et contre M. l'abbé Terray, contrôleur général des finances, abbé de la même abbaye. *Paris*, 1770, *in-4*. — Autre mémoire, *Paris*, 1771, *in-4*. — Réponses aux observations de l'abbaye de Molesmes pour le sieur de Saint-Aubin. *Paris*, 1771, *in-4*. — Cartulaires de Molesmes, par Laurent, Introd. 224-225.

4. Cant. et arr. Arcis. — Courtalon-Delaistre, III, 458. — Arch. départ. sér. H.

5. Cant. Bouilly, arr. Troyes. — Id., 79-83. — Laurent, *ouv. cit.*, 223. — Arch. départ. Aube, sér. H. — Les archives de l'Aube, par d'Arbois de Jubainville, dans *Bib. éc. chartes*, XXXIV, 458.

6. Cant. Vendeuvre-sur-Barse, arr. Bar-sur-Aube, — Id., 348.

7. Cant. Esternay, arr. Epernay, Marne. — Id., 286.

8. Cant. Méry, arr. Arcis, Aube. — Id., 444. — Laurent, 212-213. — Arch. départ. sér. H.

de Plancy, vers 1090. — LA CELLE, *Cella Cantumerulæ*[1]. Notre-Dame, dépendant de Moutier-la-Celle. — LA CHAPELLE-LASSON[2]. Commanderie de Chevaliers de Malte. — LA CHAPELLE-SAINT-NICOLAS, *Sanctus Nicolaus de Capella*[3], dépendant de Moutier-la-Celle, uni à la mense conventuelle. — LACHY, *Lachiacum*[4]. Saint-Gervais, dépendant de l'abbaye de Vertus. Notre-Dame de *Val Dieu*, de l'ordre du Val des Choux, fondé par Blanche de Castille (1215). — LAINES-AUX-BOIS, *Lanæ ad Nemus*[5]. Saint-Pierre, dépendant de Saint-Loup de Troyes. *Sainte-Croix*, dépendant de Sainte-Croix-de-la-Bretonnerie, à Paris. — LE CHÊNE, *Quercus*[6]. *La Maison-Dieu*, donné à Saint-Remy de Reims par l'évêque Nicolas de Brie (1250). — LE GAULT, *Gaudum*[7]. Saint-Nicolas, dépendant de l'abbaye de Vertus. *Monvinault, Malum Vicinum*, de l'ordre de Cluny. — LE THOULT, *Tullum*[8]. Saint-Nicolas, dépendant du doyenné cluniste de Gaye. — LHUITRE, *Lustria*[9]. Sainte-Tanche, dépendant de l'abbaye de Toussaint, à Châlons. — LONGSOLS, *Longum solidum*[10]. Saint-Julien, dépendant de Saint-Loup de Troyes. — LUSIGNY, *Lusiniacum*[11]. Saint-Martin, donné à cette même abbaye par l'évêque Haton. — LUYÈRES, *Lueriæ*[12]. Saint-Julien, dépendant de la même abbaye.

---

1. Cant. Anglure, arr. Epernay, Marne. — COURTALON-DELAISTRE, 234. — Cartulaire de Moutier-la-Celle, 370. — Terrier, Bib. nat. ms. fr. 8792.

2. Ibid.

3. Cant. et arr. Nogent-sur-Seine, Aube. — ID., 234. — *Ibid.*, 394.

4. Cant. Sézanne, arr. Epernay, Marne. — COURTALON-DELAISTRE, III, 288-289.

5. Cant. et arr. Troyes, Aube. — ID., 95-96. — Cartulaire de Saint-Loup, 350. — Arch. départ. sér. H.

6. Cant. et arr. Arcis. — ID., 458-459.

7. Cant. Montmirail, arr. Epernay, Marne. — ID., 290-292.

8. Ibid. — ID., 292.

9. Cant. Ramerupt, arr. Arcis, Aube. — ID., 459. — Arch. départ. sér. H.

10. Ibid. — ID., 414-416. — Cartulaire de Saint-Loup, 351.

11. Chef-l. cant., arr. Troyes. — ID., 98. — Ibid., 351. — Gallia christiana, XII, instrum. 264.

12. Cant. Piney, ibid. — ID., 101. — Ibid., 351.

MAILLY[1]. Notre-Dame de *Perthe*, *de Perta*, dépendant de l'abbaye d'Auchy, au diocèse de Cambrai. — MAIZIÈRES-LA-GRANDE-PAROISSE, *Maiseriæ*[2]. Saint-Pierre, dépendant de Saint-Quentin de Beauvais. — MARAYE-EN-OTHE, *Maraia*[3]. Sainte-Geneviève, dépendant de Saint-Martin-ès-Aire. — MARCILLY-SUR-SEINE, *Marciliacum*[4]. Saint-Ferréol, dépendant de Chantemerle. — MARGERIE. *Sancta Margarita*[5], de l'ordre de Cluny. — MARIGNY, *Marigniacum*[6]. Saint-Pierre, dépendant de Saint-Loup de Troyes. — MARNAY, *Marneium*[7]. Saint-Denis, dépendant de l'abbaye de Saint-Denis en France. — MÉRY-SUR-SEINE, *Meriacum*[8]. Saint-Robert, donné à l'abbaye de Molesmes par l'évêque Philippe de Pont-sur-Seine (1104). — MOLINS, *Molini*[9]. Saint-Loup, dépendant de Saint-Loup de Troyes. — MONTMORENCY[10]. Saint-Jean-Baptiste de *Beaufort*, *de bello Forti*, dépendant de Montiérender. — MONT-POTHIER[11]. Commanderie du *Fresnay*, de l'Ordre de Malte, uni à celle de la Ferté-Gaucher. — MORSAINS, *Morcini*[12]. Saint-Denis, dépendant de Saint-Jacques de Provins.

1. Cant. et arr. Arcis. — COURTALON-DELAISTRE. III, 401.
2. Cant. Romilly, arr. Nogent. — ID., 197. — Arch. départ. sér. II.
3. Cant. Aix, arr. Troyes. — ID., 157. — Ibid.
4. Cant. Anglure, arr. Epernay, Marne. — ID., 295.
5. Cant. Saint-Remy-en-Bouzemont, arr. Vitry, Marne. — ID., 354-356. — Sceaux de prieurs (1339, 1442), dans DOUET D'ARCQ, 9601, 9602.
6. Cant. Marcilly-le-Hayer, arr. Nogent, Aube. — ID., 199. — Cartulaire de Saint-Loup, 352. — Notice historique et statistique sur le canton de Marcilly-le-Hayer, par MONCHAUSSÉ, dans *Annuaire... Aube*, XIX, 1853, 27.
7. Cant. et arr. Nogent, Aube. — ID., III, 239. — Histoire de l'abbaye de Saint-Denis, par DOM FÉLIBIEN, 86, 89, 212, 264, 352. — Arch. départ. Aube, sér. II.
8. Chef-l. cant., arr. Arcis. — Id., 402. — Cartulaire de Molesmes, par LAURENT, 234. — Arch. départ. Aube, sér. II. — Recherches sur le canton de Méry-sur-Seine, par HANIOT, dans *Mém. soc. acad. Aube*, XXVII, 1863, 229 et s.
9. Cant. Brienne, arr. Bar-sur-Aube. — ID., 418. — Cartulaire de Saint-Loup, 352.
10. Cant. Chalanges, arr. Arcis. — ID., 359.
11. Cant. Villenauxe, arr. Nogent. — ID., 240.
12. Cant. Montmirail, arr. Epernay, Marne. — Id., 301.

NEUVY-L'ABBESSE, *Noviacum* [1]. Saint-Remy, dépendant de l'abbaye de Vertus. — ORIGNY-LE-SEC, *Aurigniacum* [2]. Saint-Denis, dépendant de Saint-Quentin de Beauvais. — ORTILLON, *Ortillio* [3]. Sainte-Madeleine, dépendant de Marmoutier. — OYES, *Oya* [4]. Saint-Gond, fondé au VIIe siècle par le Saint de ce nom, neveu de saint Wandrille, fondateur de Fontenelle, ruiné pendant les invasions normandes, restauré par Eve, sœur d'Udalrich, archevêque de Reims, soumis à Moutier-la-Celle (1342) et enfin supprimé et uni au grand séminaire de Troyes (1698). — PALIS [5]. Notre-Dame de *Clairlieu*, *de Claro Loco*, de l'ordre du Val-des-Choux, fondé par Viard, instituteur de cet ordre (1197). — PAYNS, *Pedanci* [6]. Notre-Dame, dépendant de Moutier-la-Celle. Commanderie de Chevaliers de Malte. — PÉAS, *Peiacum* [7]. Saint-Didier, fondé avant 1104 par l'abbaye de Molesmes grâce à la générosité de Hugues Bardoul II, seigneur de Broyes. — PEL-ET-DER [8]. Saint-Pierre de *Der*, *Dervense*, dépendant de Montiéramey. — PINEY [9]. Commanderie de *Bonlieu*,

---

1. Cant. Esternay, arr. Epernay, Marne. — COURTALON-DELAISTRE, 302.
2. Cant. Romilly, arr. Nogent, Aube.
3. Cant. Ramerupt, arr. Arcis, Aube.
4. Cant. Sézanne, arr. Epernay, Marne. — ID., 302-305. — Sancti Godonis, abbatis Oyensis in diœcesi Trecensi, vita, dans *Amplissima Collectio* de MARTÈNE, VI, 795-804, et *Acta Sanctorum* de MABILLON, sec. III, II, 465. — Cartulaire de l'abbaye de Saint-Pierre d'Oyes, par ED. DE BARTHÉLEMY. Châlons, 1882, in-8.
5. Cant. Marcilly-le-Hayer, arr. Nogent, Aube. — ID., 167. — Palis et le prieuré de Clairlieu, par MAILLARD, Troyes, 1883, in-8.
6. Cant. et arr. Troyes. — Cartulaire de Moutier-la-Celle, 359. — Templiers et Hospitaliers dans le diocèse de Troyes. Comptes de régie de la Commanderie de Payns (1307-1309), par PÉTEL, dans *Mém. soc. acad. Aube*, LXXI, 1907, 283-372.
7. Cant. Sézanne, arr. Epernay, Marne. — Cartulaire de Molesmes, par LAURENT, 233.
8. Cant. Brienne, arr. Bar-sur-Aube, Aube. — COURTALON-DELAISTRE, III, 423. — Arch. départ. sér. G. — Cartulaire de Montiéramey, 469.
9. Chef-l. cant., arr. Troyes. — ID., 423. — Le temple de Bonlieu, par PÉTEL, dans *Mém. soc. acad. Aube*, LXXIII, 1909, 257-358 ; LXXIV, 12-350.

des Chevaliers de Malte, dépendant de celle de Troyes. — PLEURS[1].
Notre-Dame du *Béchet, de Bechelo*, dépendant de Molesmes. —
PONT-LE-ROI, *Pontes*[2]. Notre-Dame, dépendant de l'abbaye de Cor-
mery. Saint-Pierre, dépendant de Moutier-la-Celle. — POTANGIS,
Potangeyum[3]. Saint-Martin, dépendant de Chantemerle. — PRÉCY,
Presseyum[4]. Notre-Dame, donné à l'abbaye de Basse Fontaine
(1097).

RADONVILLIERS, *Radonis Villare*[5]. Notre-Dame, donné à Molesmes par Gauthier, châtelain de Brienne, au plus tard en 1080. —
RAMERUPT, *Ramerudum*[6]. Notre-Dame, fondé vers 960 par la comtesse Hersinde et donné à Marmoutier par Ebles et André, comtes
de Ramerupt, et Hugues, comte de Dommartin. — RHÈGES,
Regiæ[7]. Saint-Sulpice et Notre-Dame, dépendant du prieuré cluniste de Gaye. — ROMILLY, *Remiliacum*[8]. Saint-Symphorien, dépendant de Moutier-la-Celle. — ROSNAY, *Rosnacum*[9]. Notre-Dame,
dépendant de Montier-en-Der.

SAINTE-MAURE, *Sancta Maura*[10], dépendant de l'abbaye de Saint-

---

1. Cant. Sézanne, arr. Epernay, Marne. — COURTALON-DELAISTRE, 307.
— LAURENT, 264.
2. Cant. et arr. Nogent, Aube. — ID., 253.
3. Cant. Esternay, arr. Epernay, Marne. — ID., 256.
4. Cant. Brienne, arr. Bar-sur-Aube, Aube. — ID., 426.
5. Ibid. — ID., 429-430. — LAURENT, 210.
6. Chef-l. cant., arr. Arcis. — ID., 473. — Arch. départ. sér. H. — Les
premiers seigneurs de Ramerupt, par D'ARBOIS DE JUBAINVILLE, *Paris*,
1861, in-8 ; ext. *Bib. éc. chartes*. — Statistique générale du canton de
Ramerupt, par THÉVENOT, dans *Mém. soc. acad. Aube*, 1868, 5 et s.
7. Cant. Méry, ibid. — ID., 474.
8. Chef-l. cant., arr. Nogent. — ID., 209. — Arch. départ. sér. H. —
Cartulaire de Moutier-la-Celle, 392. — Etude historique sur Romilly,
par LE CLERT, dans *Annuaire... Aube*, LXIII, 45-145.
9. Cant. Brienne, arr. Bar-sur-Aube. — ID., 369. — Ibid. — La suppression du prieuré de Notre-Dame de Rosnay, par GEORGES. *Troyes*,
1879, in-8 ; ext. *Annuaire... Aube*, XLIV. — Gallia christiana, XII, instrum. 251.
10. Cant. et arr. Troyes. — ID., III, 120-128. — Mémoires sur la paroisse
et le prieuré-curé de Sainte-Maure, diocèse et banlieue de Troyes, par
ET. AUDRA, le dernier des prieurs-curés, *Bib. Troyes, ms.* 2297.

Martin-ès-Aire. — Saint-Hilaire, *Sanctus Hilarius*[1], fondé et donné à Molesmes par Gauthier I, frère de Philippe de Pont-sur-Seine, évêque de Troyes (1010). — Saint-Just, *Sanctus Justus*[2], dépendant du prieuré cluniste de la Charité-sur-Loire. — Saint-Léger-sous-Brienne, *Sanctus Leodegarius*[3], dépendant de Montiérender. — Saint-Mesmin, *Sanctus Memorius*[4], dépendant de Moutier-la-Celle. — Saint-Nicolas, *Sanctus Nicolaus*[5], dépendant du même monastère. — Saint-Ouen[6], Sainte-Colombe de *Bailly*, *de Balliaco*, dépendant de Marmoutier. — Saint-Phal, *Sanctus Fidolus*, dépendant du prieuré cluniste de Coincy, au diocèse de Châlons. Commanderie *du Perchois*, dépendant de celle de Troyes. — Saint-Pierre-de-Bossenay[7], Sainte-Colombe, dépendant de Sainte-Colombe de Sens, et Saint-Vinnebaud, *Sanctus Winebaldus*, dépendant de Saint-Loup de Troyes. — Saint-Remy, *Sanctus Remigius*[8]. Sainte-Berthe, dépendant de l'abbaye de Hautvilliers. — Saron, *Saro*[9]. Notre-Dame, dépendant de l'abbaye de Chézy. — Soulaines, *Sollania*[10]. Saint-Victor de *Remfroissard*, *de Henfredi exarto*, dépendant de Montiéramey.

---

1. Cant. Romilly, arr. Nogent. — Cartulaire de Molesmes, par Laurent, 236.
2. Cant. Anglure, arr. Epernay, Marne. — Courtalon-Delaistre, III, 310. — Arch. départ. Aube, sér. II.
3. Cant. Brienne, arr. Bar-sur-Aube, Aube. — Id., 432. — Saint-Léger-sous-Brienne, par Le Clert, dans *Revue Champagne et Brie*, XI, 1881, 124-139.
4. Cant. Méry, arr. Arcis. — Id., 215. — Arch. départ. sér. II. — Cartulaire de Moutier-la-Celle, 394.
5. Cant. et arr. Nogent. — Cartulaire de Moutier-la-Celle, 394. — Arch. départ. sér. II.
6. Cant. Sompuis, arr. Vitry, Marne. — Courtalon-Delaistre, III, 373.
7. Cant. Ervy, arr. Troyes. — Id., 128. — Arch. départ. sér. II.
8. Cant. Marcilly, arr. Nogent. — Id., 217. — Cartulaire de Saint-Loup, 360.
9. Cant. et arr. Arcis. — Id., 476.
10. Cant. Anglure, arr. Epernay, Marne. — Id., 314.

TRANCAULT[1]. Saint-Pierre de *Villeneuve-aux-Riches-Hommes, de Villa nova Divitum*, que l'abbaye de Molesmes possédait en 1110. — TRÉFOLS, *Trefolli*[2]. Saint-Médard, dépendant de l'abbaye d'Essonés. Commanderie de Chevaliers de Malte. — TROUAN-LE-GRAND, *Troantium*[3]. Commanderie de Templiers, qui passa aux Chevaliers de Saint-Jean. — VALLANT[4]. *Saint-Georges*[5], donné à Saint-Quentin de Beauvais par les chanoines de la cathédrale de Troyes (1090). — VIAPRES-LE-GRAND, *Viaspera Magna*[6]. Saint-Leu, dépendant de l'abbaye de Toussaints de Châlons. — VILLACERF[7]. *Saint-Sépulcre, Sanctum Sepulchrum*, fondé par saint Adérald, archidiacre de Troyes († 1104), qui le donna à l'ordre de Cluny. Ce fut une dépendance de La Charité-sur-Loire. — VILLEMAUR[8]. *Saint-Flavit, Sanctus Flavitus*, dépendant de Moutier-la-Celle. — VILLENAUXE, *Villanoxa*[9]. Saint-Pierre, dépendant de Saint-Quentin de Beauvais. — VILLENEUVE-LA-LÉONNE, *Villanova Leonis*[10]. Saint-Loup, dépendant de l'abbaye de Vertus. Notre-Dame de *Belleau, de Bella Aqua*, ancien monastère de Cisterciennes, ruiné par les Huguenots (1567), et devenu un prieuré de l'abbaye de Clairvaux.

---

1. Chef-l. cant., arr. Bar, Aube. — COURTALON-DELAISTRE, III, 433. — Cartulaire de Montiéramey, 478.
2. Cant. Marcilly, arr. Nogent, Aube. — ID., 223. — Cartulaire de Molesmes, par LAURENT, 246.
3. Cant. Montmirail, arr. Epernay, Marne. — ID., 326.
4. Cant. Ramerupt, arr. Arcis, Aube. — ID., 478.
5. Cant. Méry, arr. Arcis. — ID., 223.
6. Ibid. — ID., 479.
7. Cant. et arr. Troyes. — ID., 139-140. — Arch. départ. sér. II. — Les archives du département de l'Aube, par D'ARBOIS DE JUBAINVILLE, dans *Bib. éc. chartes*, XXIV, 464. — Cartulaire de La Charité-sur-Loire, par DE LESPINASSE, 393, 417, 423. — POTHAST, Innocent III (1207), 3064.
8. Cant. Estissac, arr. Troyes. — ID., 184. — Arch. départ. sér. II. — Cartulaire de Moutier-la-Celle, 406. — Notice historique sur Villemaur, par ROSEROT. Paris, 1879, in-8 ; ext. *Rev. Champagne et Brie*.
9. Chef-l. cant., arr. Nogent. — ID., 259.
10. Cant. Esternay, arr. Epernay, Marne. — ID., 328.

11

TABLE DES ÉTABLISSEMENTS
auxquels une notice a été consacrée dans le présent volume

ABRÉVIATIONS

Abb. = Abbaye. — Coll. = Collégiale. — Com. = Commanderie. — Pr. = Prieuré. — O. S. A. = Ordre de Saint-Augustin. — O. S. B. = Ordre de Saint-Benoît. — O. C. = Ordre de Cîteaux. — O. Pr. = Ordre de Prémontré.

Les noms latins et les anciennes formes françaises ont été placés à leur ordre alphabétique avec renvoi aux noms français modernes.

Champcenest. — Pr., 52.
Champcouelle. — V. Villiers-St-Georges.
Champignacum, Champigny. — Pr., 52.
Champigny-sur-Yonne. — Pr., 52.
Champvoux. — Pr., 116.
Chantemerle. — Abb. O. S. A., 144.
Chantenay, *Chantenayum*. —, Pr., 116-117.
Chappes. — Pr., 153. — Hôpital, 153-154.
Charitas Sanctorum. — V. la Charité-sur-Loire.
Charité (Sœurs de la). — V. Troyes.
Charité de Nevers (Sœurs de la). — 111, 115. — V. Nevers, St-Sauge.
Charmesseaux, *Charmicellum*. — V. Bony.
Chartreux. — V. Apponay, Basse-ville, Bellary, Notre-Dame-de-la-Prée, Val-Profonde.
Château-Chinon. — Capucins, 111. — Pr., 117.
Château-Landon. — Abb. O. S. A., 37. — Pr., 52.
Château-Renard. — Pr., 52.
Château-sur-Allier. — Pr., 117.
Châtenay-sur-Seine. — Pr., 53.
Châtillon. — Archiprêtré, 106.
Châtillon-en-Bazois. — Pr., 117.
Châtillon-sur-Brélignon. — Pr., 53.
Châtillon-sur-Loing. — Bénédictines, 46. — Pr., 53.
Châtres. — Pr., 154.
Chaumes. — Abb. O. S. B., 26.
Chaumont. — Pr., 53.
Chavenay. — V. Billy-Chevannes.
Chennegy. — Pr., 154.
Chenoix. — Pr., 53.
Cheroy, *Cheroyum*. — Pr., 53.
Chevannes. — Pr., 98.
Chevannes. — V. Billy-Chevannes, Château-Renard.
Chevriacum. — V. Chevry-sous-le-Bignon.
Chevru. — Com., 53.
Chevry-sous-le-Bignon. — Pr., 53.
Chichey. — Pr., 154.
Choisiacum, Choisy-aux-Loges. — V. Bellegarde.
Choisel, *Choisellum*. — V. Chichey.
Cisterciennes. — V. Courbeteaux, le Lieu-des-Dames, Villeneuve-la-Léonne.

Clairliac. — V. Palis.
Clameciacum, Clamecy. — Coll., 76. — Récollets, 79. — Pr., 98.
Clarisses. — V. Decize, Gien.
Clarisses Urbanistes. — V. Entrains.
Clarum Locum. — V. Palis.
Cloix. — V. Marchais-Beton.
Colle. — V. Montereau.
Colombe. — V. Montapas.
Colongiis (de). — V. Cercy-la-Tour.
Columba. — V. Montapas.
Commagny, *Commaniacum*. — V Moulins-Engilbert.
Conada. — V. Cosne.
Cordeliers. — V. Auxerre, Bellegarde, Etampes, la Ferté-Alais, Malesherbes, Marlotte, Nevers, Provins, Sézanne, Troyes.
Corniers. — V. Nemours.
Cortiriacum. — V. Courtry.
Corvol-l'Orgueilleux. — Grandmontains, 99.
Cosdra. — V. Chambon.
Cosne. — Coll., 76-77. — Augustins-Déchaussés, 79. — Bénédictines, 96. — Pr., 99.
Cossaye, *Cossayum*. — Pr., 117.
Coulonges. — V. Cercy-la-Tour.
Coulours. — Com., 53.
Courances. — V. Milly.
Courbetaux. — Cisterciennes, 154. — Ermitage, 154.
Courceaux. — V. Montereau-sur-le-Gard.
Courcelles-en-Brie. — Pr., 53.
Courchamp. — Grandmontains, 54. — Minimes, 54.
Courpalay. — Coll., 14.
Courtenay. — Doyenné, 8. — Tertiaires de St-François, 18. — Pr., 54.
Courtry. — Pr., 54.
Cravant. — Ursulines, 79.
Crisenno, Crisenon. — Abb. O. S. B. (femmes), 193.
Croix (Filles de la). — V. Troyes.
Cudot, *Cudotum*. — Pr., 54.
Curtiniacum. — V. Courtenay.
Curtainum. — V. Courtoin.

D

Dampierre. — Pr., 154.
Decize. — Archidiaconé, 106. —

Franay-les-Chanoines, *Franayum Canonicorum*. — Coll., 108-109.
Franchevaux. — V. Beugnon.
Franciscains. — V. Troyes.
Frères des Ecoles Chrétiennes. — V. Melun, Nevers, Provins, Troyes.
Fulcheriæ. — V. Fouchères.

G

Gaia. — V. Gaye.
Garambert, *Garambertum*. — V. Tresnay.
Garchiacum, Garchy. — Pr., 99.
Gassenæ. — V. Jessaint.
Gâtinais. — Archidiaconé, 8. — Doyenné, 8.
Gaudum. — V. le Gault.
Gaye. — Doyenné de Cluny, 149.
Giacum Monialium. — V. Château-Renard.
Giemo Vetere (de), Gien, Gien-le-Vieil. — Coll. St-Etienne, 77. — Minimes, 79. — Clarisses, 79. — Hospitalières, 79. — Ursulines, 79. — Pr., 79.
Granchia. — V. Nailly.
Grandis Puteus. — V. Grandpuits.
Grandmontains. — V. Aulnoye, Chambon, Corvol-l'Orgueilleux, Courchamp, Dixmont, Isle-Aumont, la Faye de Nevers, Macheret, Montapas, Poilly-sur-Tholon, Villecerf.
Grandpuits. — Pr., 57.
Granges. — V. Villebougis.
Grenois. — Pr., 117.
Gressium, Grez. — Pr., 57. — Com., 57.
Griselles. — Pr., 57.
Guipy, *Guispeium*. — Pr., 117.
Gy-les-Nonnains. — V. Château-Renard.

H

Henfredi Exarto (de). — V. Soulaines.
Herbisse. — Pr., 155.
Heriacum. — V. Hery.
Hericy. — Pr., 57.
Hermé. — Pr., 57.
Hery. — Pr., 57.
Hospitalières. — V. Gien.

I

Infulcatura. — V. Dixmont.
Insulæ. — V. Isle-Aumont
Insulæ Beatæ Mariæ. — V. Notre-Dame-des-Iles.
Isenay. — Pr., 118.
Isle-Aumont. — Monastère, 155. — Grandmontains, 155. — Pr., 155.
Itteville. — Pr., 57.

J

Jailly, *Jalliacum*. — Pr., 118.
Jardinum. — V. le Jardin-Notre-Dame.
Jardam. — V. le Jard.
Jariel. — V. Chalautre-la-Petite.
Jaulnes. — Pr., 57.
Jessaint. — Pr., 155.
Jésuites. — V. Auxerre, Nevers.
Jeuilly. — V. St-Martin-sur-Ocre.
Joiacum. — V. Jouy.
Joigniacum, Joigny. — Capucins, 19. — Religieuses de Notre-Dame, 19. — Pr., 57. — Com., 57-58.
Joinville. — V. St-Fargeau.
Joiselle, *Jorellum*. — Pr., 155.
Jouy. — Abb. O. C., 34.
Julliacum. — V. St-Martin-sur-Ocre.

L

L'Abbaye-sous-Plancy. — Pr., 155.
L'Arrivour. — Abb. O. C., 140.
L'Enfourchure. — V. Dixmont.
L'Epeau. — Religieux du Val des Choux, 97.
L'Ile. — V. Balloy.
La Brosse-sous-Briarres. — Pr., 58.
La Bussière. — Augustins, 19. — Pr., 58.
La Celle. — Pr., 156.
La Celle-sous-Moret. — Pr., 58.
La Celle-sur-le-Bied. — Pr., 58.
La Chapelle-aux-Chats. — Pr., 118.
La Chapelle-aux-Planches. — Abb. O. Pr., 145.
La Chapelle Feupayen. — V. Champigny-sur-Yonne.
La Chapelle-Lasson. — Com., 156.
La Chapelle-St-Nicolas. — Pr., 156.
La Charité (Sœurs de). — V. Troyes.

La Charité de Nevers (Sœurs de). —
111, 115. — V. Nevers, St-
Sauge.
La Charité-sur-Loire. — Récollets,
79. — Augustines. 79. — Béné-
dictines, 96. — Pr., 94.
La Coudre. — V. Chambon.
La Cour Notre-Dame. — Abb. O. C.
(femmes), 42.
La Cour Notre-Dame. — V. Michery.
La Croix-en-Brie. — Pr., 58.
La Faye de Nevers. — Grandmon-
tains, 115.
La Fermeté-sur-l'Ixeure. — Pr., 118.
La Ferté-Alais. — Cordeliers, 19. —
Pr., 58.
La Ferté-Loupière. — Pr., 58.
La Grande Route. — V. Griselles.
La Grange. — V. Nailly.
La Grand'Paroisse. — Pr., 58.
La Joye Notre-Dame. — Abb. O. C.
(femmes), 43.
La Madeleine. — V. Joigny.
La Madeleine-au-Choux. — V.
Noisy-sur-Ecole.
La Maison-Dieu. — V. le Chêne.
La Merci (Religieuses de). — V.
Limoreau.
La Mission (Prêtres de). — V. Troyes.
La Montagne. — V. Grenois.
La Nozaie. — V. Nouville.
La Porte St-Léon. — V. Sens.
La Providence (Filles de). — V.
Auxerre.
La Saulce. — V. Escolives.
La Tombe. — Pr., 59.
La Vaucelle. — V. Boissy-le-Repos.
La Vierge (Filles de). — V. Provins.
Lachiacum, Lachy. — Pr., 156.
Lady. — Pr., 58.
Laines-aux-Bois, Lanæ ad Nemus. —
P., 156.
Langiacum, Langy. — V. Ville-les-
Antezy.
Larchant. — Pr., 58-59.
Launay. — V. St-Martin-sur-Oreux.
Laval-aux-Nonnains. — V. Dontilly.
Lavau. — Pr. de l'ordre du Val des
Choux, 99.
Lavau. — V. Fay.
Lazaristes. — V. Auxerre, Troyes.
Le Buisson. — V. Voulton.
Le Chêne. — P., 156.
Le Fresnay. — V. Mont-Pothier.
Le Gault. — Pr., 156.

Le Grand-Souris. — V. Champvoux.
Le Jard. — Abb. O. S. A., 39.
Le Jardin Notre-Dame. — Abb. O. C.
(femmes), 159.
Le Lieu-des-Dames. —Cisterciennes,
140.
Le Lys. — Abb. O. C. (femmes), 43.
Le Mez de la Madeleine. — V. Ste-
Colombe.
Le Mont Notre-Dame. — Abb. O. C.
(femmes), 44.
Le Montet. — V. Urzy.
Le Paraclet. — Abb. O. S. B. (fem-
mes), 48.
Le Perchois. — V. St-Phal.
Le Plessis. — Brigittins, 79.
Le Plessis du Méc. — Pr., 59.
Le Plessis St-Jean. — Com., 59.
Le Pré. — V. Douzy.
Le Reclus. — Abb. O. C., 141.
Le Thoult. — Pr., 156.
Le Val de Provins. — V. Provins.
Le Val des Choux. — V. L'Epeau,
Lavau.
Le Val des Ecoliers. — V. Le Val-
Dieu, Nailly, Notre-Dame-en-
l'Isle.
Le Val-Dieu. — Maison de l'Ordre
du Val des Ecoliers, 150.
Les Basses-Loges. — Carmes, 19.
Les Bons-Hommes. — V. Isle-Au-
mont.
Les Chaises. — V. Hermé.
Les Echarlis. — Abb. O. C., 34.
Les Marets. — Pr., 59.
Les Roches. — Abb. O. C., 87.
Les Sièges. — Pr. 59.
Les Tables. — V. Trainel.
Les Vaux. — Archiprêtré, 106.
Lhuitre. — P., 156.
Libera Vallis. — V. Beugnon.
Libium. — V. le Lys.
Limoreau. — Religieuses de la Merci,
19.
Limoreau, Limorellum, V. Chenoise.
Lirey, Liriacum. — Coll., 132.
Lixiacum, Lixy. — Pr., 59.
Longorolense monasterium Albatorum.
— V. St-Laurent.
Longsols. — Longum Solidum, Pr.,
156.
Lorretum, Lorrez-le-Bocage. — Pr.,
59.
Lorriacum, Lorris. — Pr., 59.
Lucenay-les-Aix. — Pr., 118.

Preudhon. — V. Auxon.
Preuilly. — Abb. O. C., 35.
Pringiacum, Pringy. — Pr., 64.
Providences (Filles de la). — V. Auxerre.
Providencienne. — V. Auxerre.
Provins. — Archidiaconé, 8. — Doyenné, 8. — Coll. de Notre-Dame-du-Val, 11. — de St-Quiriace, 11-12. — Abb. O. S. A., 39. — Pr. conventuel de St-Ayoul, O. S. B., 45. — Capucins, 21. — Cordeliers, 21. — Dominicains, 21. — Oratoriens, 22. — Clarisses, 21. — Filles de la Vierge, 21. — Filles dévotes de l'Ecole de Jésus, 21. — Pr., 64. — Com., 64.
Prulliacum. — V. Preuilly.
Prunevaux. — Augustins, 111. — Capucins, 111.
Puisaie. — Archidiaconé, 72.
Puiseaux, *Puteoli*. — Pr., 64.

Q

Quercus. — V. Le Chêne.

R

Radonis Villare, Radonvilliers. — Pr., 159.
Ramerudum, Ramerupt. — Pr., 159.
Réau. — Pr., 64.
Reclusum. — V. le Reclus.
Récollets. — V. Clamecy, la Charité-sur-Loire, Melun, Montargis, Montereau-sur-Yonne, Nemours, Nevers, Sézanne.
Regiæ. — V. Rhèges.
Reigny. — Abb. O. C., 89.
Religieuses de Notre-Dame. — V. Etampes, Joigny.
Remfroissard. — V. Soulaines.
Remiliacum. — V. Romilly.
Réveillon. — V. Entrain.
Reyntacum. — V. Reigny.
Rhèges. — Pr., 159.
Ricognentum, *Riconorum*. — V. Diges.
Ripatorium. — V. l'Arrivour.
Roiblay. — V. St-Méry.
Romilly. — Pr., 159.
Rosetum. — V. Villechasson.

Rosnacum, Rosnay. — Pr., 159.
Roussemeau. — V. Marsangy.
Rouy, *Royacum*. — Pr., 119.
Rozoy-le-Vieil. — Pr., 64.
Rupes. — V. les Roches.

S

Sacer Portus. — V. Barbeau.
Sacra Cella. — V. Cercanceaux.
Sagy. — Com., 100.

SAINT — SAINTE

St-Aguan. — Pr., 64.
St-Aignan. — V. Cosne.
St-Amatre. — V. Auxerre.
St-Ambroise. — V. Melun.
St-Andelain. — Pr., 100.
St-André. — V. Château-Landon.
St-Antoine. — V. Sens, Troyes.
Ste-Assise. — V. Seine-Port.
St-Augustin. — V. Château-sur-Allier.
St-Ayoul. — V. Provins.
St-Benin-des-Bois. — Pr., 119.
St-Blaise. — V. Troyes.
St-Boud. — V. Sens.
St-Bris. — Com., 100.
Ste-Camille. — V. Pazy.
Ste-Colombe. — Pr., 64-65.
Ste-Colombe. — V. Sens.
Ste-Croix. — V. Château-Landon, Etampes, Laines-aux-Bois, Provins.
St-Cydroine. — Pr., 64.
St-Donin. — V. Marolles-sur-Seine.
St-Ennemond. — Pr., 119.
St-Etienne. — V. Nevers, Troyes.
St-Eusèbe. — V. Auxerre.
St-Fargeau. — Coll., 77. — Augustins Déchaussés, 79. — Bénédictines, 96. — Pr., 65.
St-Fiacre. — V. la Brosse-aux-Briares.
St-Flavit. — V. Villemaur.
St-Florentin. — Doyenné, 8. — Capucins, 22. — Ursulines, 22.
St-Florentin, St-Florentin du Château. — Pr., 65.
Ste-Geneviève-aux-Bois. — V. Châtillon-sur-Loing.
St-Georges. — V. Vallant.
St-Germain. — V. Auxerre, Marolles-sur-Seine.

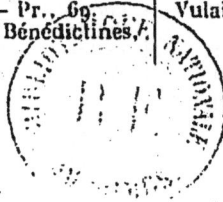

TABLE DES MATIÈRES

Province ecclésiastique de Sens

LIGUGÉ (Vienne). — Imprimerie E. AUBIN.

ARCHIVES DE LA FRANCE MONASTIQUE

ABBAYES ET PRIEURÉS DE FRANCE

NOTICES HISTORIQUES ET BIBLIOGRAPHIQUES

Par le R. P. Dom BESSE

INTRODUCTION

Congrégations monastiques et canoniales.

1 vol. in-8, xxxii-352 p...... 10 fr.

TOME PREMIER

Provinces ecclésiastiques de Paris (Diocèses de Paris, Chartres, Blois, Orléans et Meaux).

1 vol. in-8, xxiv-396 p...... 10 fr.

TOME DEUXIÈME

Provinces ecclésiastiques d'Aix, Arles, Avignon et Embrun....... 12 fr.

TOME TROISIÈME

Provinces ecclésiastiques d'Auch et de Bordeaux.............. 12 fr.

TOME QUATRIÈME

Provinces ecclésiastiques d'Albi, de Narbonne, de Toulouse..... 12 fr.

TOME CINQUIÈME

Province ecclésiastique de Bourges.

1 vol. in-8................ 12 fr.

TOME SIXIÈME

Province ecclésiastique de Sens.

1 vol. in-8................ 10 fr.

LES MOINES DE L'ANCIENNE FRANCE

TOME PREMIER

Période gallo-romaine et mérovingienne, par le R. P. Dom Besse.

1 vol. in-8, xii-571 p.   (épuisé.)

L'Académie française a décerné à cet ouvrage le prix du baron de Courcel (1907).

TOME DEUXIÈME

Période Carolingienne, par le R. Dom Besse.

1 vol. in-8.

(En préparation.)

Les Dépendances de l'Abbaye de Saint-Germain-des-Prés

Par Dom ANGER

TOME PREMIER

Seine-et-Marne.

1 vol. in-8, vii-362 p...... 10 fr.

TOME DEUXIÈME

Seine-et-Oise.

1 vol. in-8, vii-324 p........ 10 fr.

TOME TROISIÈME ET DERNIER, 1 vol. in-8 de 400 p...... 10 fr.

DOCUMENTS ET MÉLANGES MABILLON

Publiés à l'occasion du deuxième anniversaire séculaire de sa mort.

1 volume in-8 de xlviii-376 p. .... 10 fr.

HISTOIRE DE L'ABBAYE DE SAINTE-CROIX DE BORDEAUX

Par M. CHAULIAC

1 volume in-8 de 408 p. .... 10 fr.

Mémoires du R. P. Dom Audebert

De la Congrégation de Saint-Maur (1643-1654)

Publiés par le R. P. Dom Guilloreau. Un vol. in-8 .... 12 fr.

Recueil de Chartes et Documents de Saint=Martin=des=Champs, monastère parisien, par J. DEPOIN,

Secrétaire général de la Société historique du Vexin. — Tome I. —

Un vol. in-8 de 320 pages .... 10 fr.